Can Merey
DER EWIGE GAST

Can Merey

DER EWIGE GAST

*Wie mein türkischer Vater versuchte,
Deutscher zu werden*

Blessing

Sollte diese Publikation Links auf Webseiten Dritter enthalten, so übernehmen wir für deren Inhalte keine Haftung, da wir uns diese nicht zu eigen machen, sondern lediglich auf deren Stand zum Zeitpunkt der Erstveröffentlichung verweisen.

Bildnachweis
Privatarchiv Can Merey: S. 17, 19, 42, 53, 58, 59, 64, 85, 203, 236, 291
Til Mette: S. 284
picture alliance/epa/Tolga Bozoğlu: S. 259

Verlagsgruppe Random House FSC® N001967

1. Auflage, 2018
Copyright © 2018 by Karl Blessing Verlag, München,
in der Verlagsgruppe Random House GmbH,
Neumarkter Str. 28, 81673 München
Umschlaggestaltung: Bauer+Möhring, Berlin
Umschlagabbildungen: Privatfoto und iStock-Bilder
Bildredaktion: Annette Mayer
Satz: Leingärtner, Nabburg
Druck und Einband: CPI books GmbH, Leck
Printed in Germany
ISBN: 978-3-89667-605-4

www.blessing-verlag.de

Für Maria und Tosun

INHALT

VORWORT 9

TEIL 1
DIE ERSTE GENERATION 13

1 EIN WINTERMÄRCHEN 15
2 »UNGELERNTE NATURBURSCHEN FREMDER ZUNGE« 24
3 EIN PARADIES AUF ERDEN 35
4 NONNEN UND EINE REVOLUZZERIN 44
5 KALTER KRIEG UND HEISSE LIEBE 51
6 REINRASSIG 67
7 DIE MÜHEN DER EINBÜRGERUNG 80
8 DIE BEINAHE-AUSBÜRGERUNG 91
9 DER IMAM DER WINDMÜHLEN-MOSCHEE 101
10 »VERFLUCHTE DEUTSCHE!« 115

TEIL 2
DIE ZWEITE GENERATION 129

1 DEUTSCH: SEHR GUT 131
2 SPRICH: DSCHAN 136
3 KEIN ZUTRITT FÜR TÜRKEN 144

4	WIEDERVEREINIGUNG	154
5	BEILEIDSTOURISMUS	158
6	»VORZEIGETÜRKE«	164
7	EINMAL TÜRKE, IMMER TÜRKE?	171
8	FREMD IM EIGENEN LAND?	180
9	NICHT AN ZUWANDERUNG INTERESSIERT	190
10	»WACHT AUF, IHR DEUTSCHEN TRÄUMER«	197
11	»BMW-MURAT UND KICKBOX-HASSAN«	213

TEIL 3
ENTFREMDUNG 221

EXKURS: INTEGRATION, ASSIMILATION, LEITKULTUR?		223
1	RÜCKKEHR IN DIE TÜRKEI	232
2	DER BOSPORUS	240
3	»EUROPÄER DES JAHRES«	248
4	PUTSCHVERSUCH	255
5	DEUTSCHE GEFANGENE	267
6	DEUTSCHE DOPPELMORAL	274
7	ENTTÄUSCHTE LIEBE	285

RESÜMEE	303
DANKSAGUNG	309
ANMERKUNGEN	311
PERSONENREGISTER	319

VORWORT

Ein Camp der Bundeswehr in Nordafghanistan im Jahr 2010. Die Truppe steht kurz vor einer Offensive gegen die Taliban, als ich die deutschen Soldaten besuche. Ein junger Offizier hat die leidige Aufgabe bekommen, mir – dem angereisten Reporter – das Feldlager zu zeigen. Dabei lässt er mich an seiner persönlichen Strategie zum Umgang mit dem Feind teilhaben. »Mit den Taliban ist es wie mit den Kanaken früher in der Schule«, sagt er. »Immer einen auf die Mütze geben, dann lernen sie's irgendwann.« Was der forsche Offizier nicht ahnt: Er führt gerade einen Kanaken durch das Camp. Einen Halb-Kanaken, wenn man es genau nehmen möchte.[1]

Mein Vater Tosun kam vor rund sechzig Jahren aus der Türkei nach Deutschland – nicht als Gastarbeiter, sondern erst als Sprachschüler und dann als Student. Das Anwerbeabkommen mit Ankara war damals noch Zukunftsmusik. Ende der 1950er-Jahre lebten hierzulande nur wenige Türken, Türkenfeindlichkeit gab es nicht. »Kanake« war kein Schimpfwort, sondern eine ebenso wertneutrale wie wenig bekannte Bezeichnung für Einwohner der Südsee-Inselgruppe Neu-Kaledonien.

Nach seinem Studienabschluss entschied Tosun sich für ein Leben in Deutschland. Die vielen Anforderungen, die heute an Ausländer gestellt werden, damit sie sich in die Gesellschaft integrieren, hat er schon vor Jahrzehnten übererfüllt. Staatsbürger der Bundesrepublik ist er viel früher geworden als jene Deutschen, die nach der Wiedervereinigung ihre Ausweise mit Hammer und Zirkel gegen die Reisepässe mit dem Bundesadler eingetauscht haben. Schon lange vorher zahlte Tosun in die

Sozialsysteme ein. Der freiheitlich-demokratischen Grundordnung steht er loyaler gegenüber als solche Deutsche, die Flüchtlingsheime in Brand stecken – und vermutlich auch als viele jener Bundesbürger, die Ausländer am liebsten gleich ganz aus dem Land werfen würden.

Auch in seiner Lebensweise unterscheidet sich Tosun – Nachfahre eines Imams aus Istanbul – kaum von gewöhnlichen Deutschen: Statt in die Moschee geht er ins Wirtshaus, wo er Schweinebraten bestellt, dazu gerne ein Weißbier. 1968 heiratete er Maria, eine geborene Obergrußberger, die auf einem bayerischen Bauernhof aufgewachsen war und mich und meinen Bruder zur Welt brachte. Gemeinsam haben Tosun und Maria eine Familie gegründet, in der von Anfang an nur Deutsch gesprochen wurde. Mehr Integration geht kaum.

Dennoch steht Tosun an seinem Lebensabend vor der bitteren Erkenntnis: Sein Versuch, in Deutschland eine neue Heimat zu finden, ist gescheitert. »Das Schlimme ist, immer wieder vermittelt zu bekommen, als Mensch weniger wert zu sein«, sagt er. Mit dem Gefühl, nur Bürger zweiter Klasse zu sein, ist er unter den Zuwanderern aus der Türkei nicht alleine – im Gegenteil. Dieses Minderwertigkeitsgefühl trägt maßgeblich dazu bei, dass viele Türken in Deutschland zu glühenden Anhängern von Präsident Recep Tayyip Erdoğan geworden sind. Zu ihnen gehörte über Jahre hinweg auch Tosun.

Dieses Buch soll keine Anklageschrift gegen Deutschland sein. Deutschland ist auch mein Land, selbst wenn der rechte Rand der Gesellschaft Menschen wie mir das nicht zubilligen mag. Und Deutschland ist ein Land, auf das ich – als jemand, der viele Jahre lang in anderen Staaten gelebt und die Verhältnisse dort kennengelernt hat – in manchen Momenten stolz bin.

Natürlich gibt es Türken, die jede Integration verweigern. Wer als Ausländer die freiheitlich-demokratische Grundordnung ablehnt, während er gleichzeitig die Vorzüge der Bundesrepublik genießt, der hat aus meiner Sicht hier nichts verloren. Tosuns Geschichte zeigt aber: Integration scheitert nicht nur an unwilligen Ausländern, sondern auch an der deutschen Mehrheitsgesellschaft. Dieser Gesellschaft fällt sogar die Integration jener Ausländer schwer, die sowohl nach den Maßstäben ihrer Herkunftsländer wie auch nach denen Deutschlands zur Elite gezählt werden müssten. Das gilt vor allem dann, wenn diese Zuwanderer aus muslimischen Ländern stammen – und zwar unabhängig davon, ob die Einwanderer selbst überhaupt gläubig sind. Ohne gesellschaftliche Akzeptanz kann Integration nicht funktionieren.

Wenn die Integration aber nicht gelingt: Was droht dann angesichts von fast drei Millionen Menschen mit türkischen Wurzeln in Deutschland, von denen heute schon viele mehr Loyalität gegenüber Staatspräsident Erdoğan empfinden als gegenüber dem Bundespräsidenten? Was droht angesichts der Entfremdung zwischen Deutschland und der Türkei, die nicht nur zwischen den Regierungen, sondern auch zwischen den Gesellschaften beider Staaten rasant voranschreitet? Gleichgültig kann das weder den Deutschen noch den Türken sein: Durch die Türken in Deutschland sind die Bundesrepublik und die Türkei – trotz ihrer kulturellen Unterschiede – so untrennbar miteinander verknüpft wie sonst kaum zwei Länder auf der Welt.

Neben den Momenten, in denen ich stolz auf Deutschland bin, gibt es auch solche, in denen ich an diesem Land verzweifle: Etwa dann, wenn mein Vater mir sagt, dass er Angst davor hat, in bestimmte Regionen in Ostdeutschland zu reisen. Angst davor, dass ihm seine deutsche Staatsbürgerschaft wieder genommen werden könnte. Angst davor, was Menschen wie ihm oder seinen Nachfahren, also seiner Enkelin und mir, drohen könnte, wenn die extreme Rechte stärker wird.

Dabei schien Fremdenfeindlichkeit in Deutschland nach den Gewalttaten in den 1990er-Jahren abzuklingen. Inzwischen hat der Dauerstreit zwischen Berlin und Ankara – für den übrigens nicht nur die türkische Seite Verantwortung trägt – jedoch dazu geführt, dass die Abneigung gegen Deutschtürken wieder zunimmt. Infolge der Flüchtlingskrise wurde zudem das Misstrauen gegen Menschen aus muslimischen Staaten befeuert. Das Ergebnis dieser Entwicklungen: Die AfD ist in den Bundestag eingezogen, Pegida-Demonstranten marschieren, Flüchtlingsheime werden angegriffen.

Ein einzelnes Buch kann gegen Fremdenfeindlichkeit kaum etwas ausrichten. Vielleicht kann es aber jene Deutschen zum Nachdenken anregen, die Mitbürger mit fremden Wurzeln für eine Bedrohung halten. Womöglich kann es auch zu einem differenzierteren Blick auf die Deutschtürken beitragen – und zu mehr Verständnis für deren Lage.

Als ich dieses Buch begann, sollte es sich eigentlich ausschließlich um das Leben meines Vaters drehen. Erst beim Schreiben ist mir bewusst geworden, wie sehr auch mein Leben von Tosuns Herkunft und von meinen türkischen Wurzeln geprägt worden ist – jenen Wurzeln, die ich einst am liebsten verdrängt hätte. Mein Werdegang als Angehöriger der zweiten Generation, der wiederum Tosuns Leben beeinflusst hat, spielt auf den folgenden Seiten also ebenfalls eine Rolle. Die Hauptrolle aber gebührt Tosun. Denn vor allem möchte ich in diesem Buch die Geschichte meines Vaters erzählen. Die Geschichte eines Türken, der auszog, Deutscher zu werden.

TEIL 1

DIE ERSTE GENERATION

1 EIN WINTERMÄRCHEN

Der Schnee leuchtete so weiß, so rein, dass Tosun ihn noch Jahrzehnte später erwähnt, wenn er nach seinen frühesten Eindrücken von Deutschland gefragt wird. Sauber und aufgeräumt erstreckte sich das fremde Land vor ihm. Die Schneeberge links und rechts der ordentlich geräumten Straßen waren weiß und nicht schmutzig grau. Die Wiesen waren verschneit, die Äste der Bäume bogen sich unter den weißen Massen. Dazu strahlender Sonnenschein, alles glitzerte, ein perfekter Winterzauber. »Schöner hätte es nicht sein können«, erinnert sich Tosun Merey an jenen November im Jahr 1958, als er zum ersten Mal nach Deutschland kam. »In Istanbul ist der Schnee nicht so unbefleckt.«

Tosun war damals frischgebackener Abiturient, es war das erste Mal überhaupt, dass er die Türkei verließ. Sein Vater hatte ihm einen Flug spendiert. Ein unerhörter Luxus für die 1950er-Jahre, aber damals warf die Papierfabrik der Familie in Istanbul noch Profite ab, und der älteste Sohn hatte gerade die Eliteschule Galatasaray abgeschlossen. »Die Idee war, dass ich die Fabrik eines Tages übernehmen sollte«, sagt Tosun. Davor sollte er nicht nur studieren, sondern eine weitere Fremdsprache lernen. »Deutsch war damals so eine Art Mode in der Türkei. Und ich hatte keine Ahnung, wie schwierig diese Sprache ist.« Mehrere seiner Klassenkameraden entschieden sich für ein Studium in der Bundesrepublik, obwohl sich Frankreich eher angeboten hätte – auf dem Galatasaray Lisesi wurde vor allem auf Französisch unterrichtet, sodass die Schüler diese Sprache fließend beherrschten. »Deutschland hatte den Ruf eines aufsteigenden

Landes, eines Landes, in dem alles funktioniert«, sagt Tosun. »Es hatte ein positives Image, bis auf die Tatsache vielleicht, dass dort immer noch viele Nazis waren. Aber die meisten Türken glaubten, dass nach dem Krieg ein neues Kapitel aufgeschlagen werde und die Deutschen geläutert seien. Ein jüdischer Freund aus meinem Viertel in Istanbul fragte mich allerdings: ›Wie kannst du in ein Land gehen, in dem solche Horrorgeschichten passiert sind und in dem immer noch viele von den Tätern leben?‹«

Tosun ließ sich davon nicht abbringen. Sein Vater hatte einen Geschäftspartner in Reutlingen: Die Metalltuchfabrik Hermann Wangner lieferte dem Istanbuler Unternehmen Siebtuch zur Papierherstellung. Der deutsche Geschäftspartner meldete Tosun im Goethe-Institut in Blaubeuren am Fuße der Schwäbischen Alb an und schickte eigens einen Mitarbeiter, um den Besucher vom Bosporus am Flughafen Zürich abzuholen. Die Swissair hatte Tosun von Istanbul aus dorthin gebracht. Sein erster internationaler Flug beeindruckte ihn so nachhaltig, dass die Airline in unserer Familie noch über ihr Ende im Jahr 2002 hinaus einen hervorragenden Ruf genoss – obwohl außer meinem Vater wohl nie jemand von uns mit ihr geflogen ist.

Mit einem VW-Käfer fuhr der Angestellte aus Reutlingen Tosun von Zürich nach Blaubeuren. Unterhalten konnten die beiden sich nur radebrechend auf Englisch. Nicht nur die Sprache, auch das Wetter war eine herbe Umstellung: 1958 verzeichnen die Wetterarchive für die Mittlere Schwäbische Alb im gesamten Monat November nur zwanzig Sonnenstunden, in Istanbul waren es im Durchschnitt sechsmal so viele. In Blaubeuren kam Tosun bei einer einheimischen Familie unter, die Wohnraum an Sprachschüler vermietete, sein Zimmer teilte er sich mit einem

Das Goethe-Institut in Blaubeuren 1959

Ägypter. Die kleine Tochter der Vermieter hatte ein Akkordeon, und die Feiertage rückten näher. »Das Mädchen übte ständig *Stille Nacht, Heilige Nacht*, um das Lied an Weihnachten den Eltern vorzuspielen«, sagt Tosun. »Es lag wieder viel Schnee. Alles war sehr idyllisch.«

Mittagessen gab es für die Sprachschüler im *Ochsen*, einer Gaststätte in einem hübschen Fachwerkhaus, die ausweislich der Speisekarte auch gut ein halbes Jahrhundert später noch anbietet, »was der Schwabe gerne isst«, etwa »Alb-Linsen mit Spätzle und Saitenwürstle« für 9,50 Euro. Das Interieur wirkt noch heute, als sei es einem Musterkatalog für bodenständige Wirtschaften mit Hausmannskost entsprungen, rot gepolsterte Bänke an Holztischen, weiße Gardinen an den Fenstern, ein Gemälde an der Wand zeigt einen Ochsenkarren inmitten von

Feldern. »Das Essen war typisch deutsch und kam mir etwas merkwürdig vor«, sagt Tosun. Im *Ochsen* wurde der junge Türke erstmals mit Maggi-Würze konfrontiert, die er großzügig in die Suppe kippte. An den Wochenenden mussten die Sprachschüler selbst für ihre Verpflegung sorgen, dann gönnte sich Tosun im nahen Restaurant *Adler* die Grillplatte für 5 Mark. Pommes frites wurden damals nicht aus der Tiefkühltruhe geholt, sondern aus frischen Kartoffeln geschnitten. Als einzelnes Gericht waren sie im *Adler* der späten 1950er-Jahre nicht zu bestellen. »Nur bei der Grillplatte konnte man eine zweite Portion Pommes bekommen, was natürlich extra gekostet hat.«

Nach sechs Monaten konnte sich Tosun leidlich verständigen. Als er mit dem Angestellten telefonierte, der ihn ein halbes Jahr zuvor am Flughafen abgeholt hatte, sagte dieser: »Sie können nicht der Herr Merey junior sein, der kann ja gar kein Deutsch.« Gemeinsam mit Tosun bemühten sich am Goethe-Institut in Blaubeuren sechs oder sieben andere Türken darum, der schwierigen Sprache Herr zu werden. Ein kostspieliges Vergnügen, aber die Türken am Goethe-Institut stammten allesamt aus wohlhabenden Familien. Gastarbeiter aus Anatolien gab es noch so gut wie keine, nur einige Studenten und Kaufleute aus der Türkei hielten sich zu dieser Zeit in der Bundesrepublik auf.[2]

»Türken waren damals Exoten in Deutschland«, erinnert sich Tosun. »Was mich sehr gewundert hat: dass Deutsche mich immer wieder nach türkischem Honig gefragt haben, was – glaube ich – eine deutsche Erfindung ist.[3] Türken hatten damals kein schlechtes Image, im Gegenteil. Jeder zweite Deutsche sagte, ihr wart doch unsere Kriegskameraden im Ersten Weltkrieg.«

Einige der Schüler, mit denen gemeinsam Tosun (zweiter von links) Deutsch lernte

Wie eng diese Kameradschaft war, darüber geben deutsche Propagandamaterialien aus der Zeit des Ersten Weltkriegs Aufschluss. »Zum Besten des Roten Halbmondes«, war auf eine Feldpostkarte gedruckt, auf einer weiteren stand: »Wir wollen sein ein Volk von Brüdern«. Ein Propagandabild mit dem Titel »Bündnistreue« zeigte den Handschlag eines deutschen und eines türkischen Soldaten. Der unterschiedliche Glaube der Waffenbrüder spielte keine Rolle, zumindest wollte das die deutsche Kriegspropaganda glauben machen. In einem zeitgenössischen Gedicht hieß es: »Sei mir gegrüßt, grüne Prophetenfahne! Dein Feind ist unser! Unser Feind ist Dein! Sei mir gegrüßt, grüne Prophetenfahne! Mein Sieg ist Deiner, und Dein Sieg ist mein!« Aus muslimischer Sicht vielleicht etwas schräg: ein Bierkrug mit den Flaggen der vier Mittelmächte – dem Deutschen Reich, Österreich-Ungarn, Bulgarien und dem Osmanischen Reich – und der Aufschrift: »Bairisch Bier stärkt alle Vier«.[4]

Die Waffenbrüderschaft war so eng, dass Deutsche sogar bei den Massakern an den Armeniern im Osmanischen Reich eine unrühmliche Rolle spielten. Der Autor und Türkei-Korrespondent der *tageszeitung*, Jürgen Gottschlich, sprach in seinem Buch *Beihilfe zum Völkermord* vom »dunkelsten deutschen Kapitel im Ersten Weltkrieg«[5]. Dass der Bundestag im Juni 2016 nicht nur die deutsche Mitverantwortung anerkannte, sondern die Massaker zugleich als Völkermord einstufte, führte zu schweren Verwerfungen im türkisch-deutschen Verhältnis.

Im Zweiten Weltkrieg blieb die Türkei neutral, bis sie sich kurz vor Kriegsende auf die Seite der Alliierten schlug. Dennoch sollte indirekt (und unbeabsichtigt) auch die Machtergreifung Hitlers zur Stärkung der deutsch-türkischen Beziehungen beitragen: Wenig bekannt ist, dass die Türkei zwischen 1933 und 1945 Hunderten deutschen Wissenschaftlern und Künstlern sowie deren Familien Zuflucht bot, die aus dem Dritten Reich fliehen mussten. Die Exilanten bauten wichtige Fakultäten an türkischen Hochschulen auf, sie halfen bei der Modernisierung der Verwaltung – und sie trugen zu den Bestrebungen von Republikgründer Mustafa Kemal Atatürk bei, das Land nach Westen zu orientieren. Zum bekanntesten Vertreter dieser Gruppe wurde Ernst Reuter, der Sozialdemokrat und spätere Regierende Bürgermeister von Berlin lebte von 1935 bis 1946 in der Türkei. In Ankara trägt heute die Deutsche Schule seinen Namen. Auch Ernst Reuters Sohn Edzard Reuter verbrachte einen Gutteil seiner Kindheit in der Türkei, er wurde später Vorstandsvorsitzender der Daimler-Benz AG.

In Ausweispapieren von Flüchtlingen, denen die deutsche Staatsbürgerschaft entzogen worden war, trugen die türkischen Behörden den Vermerk »haymatloz« ein. Das dem deutschen Begriff »heimatlos« entlehnte Wort fand damals Eingang in die türkische Sprache, heute entspricht es in der Schreibweise »haymatlos« dem deutschen Adjektiv »staatenlos«.[6]

»Haymatloz« wurden 1940 auch Fritz Neumark, seine Ehefrau und seine Kinder. Der Wirtschaftswissenschaftler war mit seiner Familie bereits 1933 von Frankfurt nach Istanbul geflohen, nachdem sich die Nationalsozialisten per Gesetz jener Beamten entledigt hatten, die »nicht arischer Abstammung« oder politisch unerwünscht waren. Dass diese Entlassungen in Deutschland mit der Suche nach qualifizierten ausländischen Experten durch die Regierung in der Türkei zusammenfielen, bezeichnete Neumark später als »deutsch-türkisches Wunder«. In seinem 1980 veröffentlichten Buch *Zuflucht am Bosporus*[7] schrieb er: »Das Phänomen einer Emigration deutscher Wissenschaftler, Künstler und Politiker unter dem Druck der nationalsozialistischen Diktatur war gewiss sehr weitschichtig, und in zahlreichen Ländern, wie insbesondere den Vereinigten Staaten von Amerika, hat in den Jahren 1933 ff. die absolute Zahl der Emigranten die derjenigen bei weitem übertroffen, die in der Türkei Zuflucht fanden. Aber ich glaube, dass nirgendwo anders die relative Bedeutung von Emigranten aus dem ›Dritten Reich‹ so nachhaltig und wirksam gewesen ist wie in der Türkischen Republik.« In seinem autobiografischen Werk kommt Neumark auch auf die schwierige Sprache des Gastlandes zu sprechen, eine der größten Herausforderungen für die Emigranten. Die Exilanten hatten sich in den Anstellungsverträgen verpflichten müssen, »Türkisch zu lernen und mindestens ein

Lehrbuch für jedes von uns vertretene Fach zu publizieren. Allerdings haben die türkischen Stellen in kavaliersmäßiger Weise nicht absolut auf der Einhaltung dieser unserer vertraglichen Verpflichtungen bestanden – vor allem, was die erste anlangt –, waren aber umso dankbarer, wenn man sich mit mehr oder weniger Erfolg bemühte, ihnen nachzukommen.« Neumark – der erst sieben Jahre nach Kriegsende nach Frankfurt zurückkehrte – berichtete mit einigem Stolz, ihm sei es nach zwei Jahren gelungen, seine Vorlesungen in Istanbul ohne Übersetzer abzuhalten.

Tosun war nach seinem Deutschkurs beim Goethe-Institut in Blaubeuren noch weit davon entfernt, die fremde Sprache so gut zu meistern. Bis zu seinem Militärdienst hatte er noch Zeit, und vor allem hatte sein Vater Nejdet damals noch Geld, um den Sprössling zu unterstützen. Tosun zog nach München, um dort eine Sprachschule zu besuchen. »Es hätte auch Hamburg sein können«, sagt Tosun heute. »Aber mir hatte irgendwer gesagt, dass München eine schöne Stadt sei.«

Die Münchner kamen ihm zu dieser Zeit »nicht weniger warmherzig vor als die Türken«, sagt er rückblickend. »Eine ablehnende Haltung habe ich damals nicht erlebt. Manchmal fanden sie die Fehler lustig, die ich auf Deutsch gemacht habe.« Etwa in dem noch recht neuen *Wienerwald*-Restaurant in München, wo der junge Sprachschüler sich Hühnchen gönnen wollte (»damals eine Delikatesse«). »Statt einem halben Huhn bestellte ich einen halben Hund. Die Bedienung sagte, sie habe keinen halben Hund. Ich dachte, das ist die türkische Strategie, mir einen ganzen Hund zu verkaufen. Also sagte ich, macht nix, dann bringen Sie mir einen ganzen Hund.« Tosun bekam sein halbes Hendl, ihm gefiel München. Er entschied sich, nach seinem Wehrdienst in der Türkei in München zu studieren.

Im Spätsommer 1961 machte Tosun sich also erneut auf den Weg nach Deutschland, diesmal per Schiff – nicht ahnend, dass aus den geplanten Studienjahren ein ganzes Leben in der Fremde werden sollte. »Es war eine meiner schönsten Reisen«, sagt er. Der schneeweiße Luxusdampfer *Ankara* beförderte den angehenden Studenten von Istanbul nach Neapel. Als *SS Solace* hatte das ehemalige Lazarettschiff einst zur Pazifikflotte der US-Marine gehört, den japanischen Angriff auf Pearl Harbor Ende 1941 hatte es unbeschadet überstanden. 1949 kaufte die Türkei den Dampfer und baute ihn zum Flaggschiff der staatlichen Schifffahrtslinien um, deren elegantes Symbol – zwei gekreuzte Anker – den Schornstein zierten. Bis zu ihrer Verschrottung 1981 durchkreuzte die *SS Ankara* unter türkischer Flagge stolz das Mittelmeer.

Von Neapel aus fuhr Tosun mit dem Zug über die Alpen nach München, wo er sich an der Fakultät für Betriebswirtschaft der Ludwig-Maximilians-Universität einschrieb. Damals wurde das türkische Abitur – anders als heute – als gleichwertig mit dem deutschen Abschluss anerkannt. Eine Einreiseerlaubnis nach Deutschland war auch nicht notwendig: Erst im Jahr 1980 führte die Bundesrepublik die Visumpflicht für Türken ein. Bis dahin konnten diese nach Gutdünken nach Deutschland reisen (wenn auch nicht langfristig dort bleiben oder arbeiten) – heute kaum noch vorstellbar angesichts des Streits, der 2016 zwischen der EU und der Türkei um die Aufhebung der Visumpflicht entflammte.

2 »UNGELERNTE NATURBURSCHEN FREMDER ZUNGE«

Am 18. Oktober 1961 nahm Tosun sein Studium in München auf. Zwölf Tage später trafen die Regierungen in Bonn und Ankara eine schicksalhafte Vereinbarung zur »Regelung der Vermittlung türkischer Arbeitnehmer nach der Bundesrepublik Deutschland«.[8] Das Anwerbeabkommen trat rückwirkend zum 1. September 1961 in Kraft, der Vertrag umfasste gerade einmal zwölf Punkte auf zwei Seiten. Er wurde nicht etwa bei einer feierlichen Zeremonie von hohen Regierungsvertretern unterzeichnet, sondern durch einen simplen Briefwechsel zwischen dem Auswärtigen Amt (»Aktenzeichen 505-83 SZV/3 – 92.42«) und der türkischen Botschaft besiegelt. Der Bedeutung des Abkommens – das nicht nur das Leben von Millionen Menschen, sondern auch Deutschland und die Türkei sowie die Beziehungen der beiden Staaten für immer verändert hat – wurde das kaum gerecht.

Noch vor diesem Abkommen aus dem Jahre 1961 war eine kleine Gruppe Türken nach Deutschland gekommen: die sogenannten Heuss-Türken. Bereits 1957 hatte Bundespräsident Theodor Heuss bei einem Staatsbesuch in Ankara Berufsschulabsolventen eingeladen. Im Jahr darauf folgten 150 junge Männer dieser Einladung, viele fingen bei Ford in Köln an. »Die guten Erfahrungen mit den ›Heuss-Türken‹ brachten viele Unternehmen auf die Idee, auf eigene Faust in der Türkei Arbeitnehmer anzuheuern«, schrieb die *Rheinische Post* im Jahr 2011 zum 50-jährigen Jubiläum des Anwerbeabkommens mit der Türkei.[9]

Im Bundesarbeitsministerium habe damals die Auffassung geherrscht, »dass der türkische Arbeiter leistungsmäßig und in der persönlichen Veranlagung und Haltung keinesfalls gegenüber dem italienischen Arbeiter zurücksteht«.

Mit Italien hatte die Bundesrepublik bereits 1955 ein Abkommen geschlossen – mit deutlich mehr Pomp als sechs Jahre später mit der Türkei. Dieser markante Unterschied wurde auch in dem zitierten Rückblick festgehalten: »Zur Unterzeichnung des ersten deutschen Anwerbeabkommens ausländischer ›Gastarbeiter‹ reiste 1955 ein deutscher Minister nebst Botschafter zur feierlichen Unterzeichnung in Rom an. Für die Türkei gab es keinen Festakt, kein Händeschütteln und auch kein Foto.« Das mag ein frühes Anzeichen dafür gewesen sein, dass die Türken zwar als Arbeiter gebraucht wurden, als Menschen aber weniger erwünscht waren. Zwar zeigte sich die deutsche Gesellschaft in den folgenden Jahren auch gegenüber Gastarbeitern aus katholischen Ländern wie Italien oder Portugal verschlossen. Am meisten fremdelten die Deutschen aber mit den muslimischen Türken.

Fünf Jahre nach dem Vertrag mit Italien folgten 1960 Abkommen mit Spanien und Griechenland. Die »Heuss-Türken« bereiteten den Weg für den besagten Vertrag mit Ankara, der 1961 die Vermittlung türkischer Arbeitnehmer an deutsche Unternehmen regeln sollte. Zu beiderseitigem Nutzen: In der Türkei waren viele junge Menschen arbeitslos, während die Wirtschaft in Deutschland boomte und Unternehmen verzweifelt nach Arbeitskräften suchten. Eine halbe Million Stellen waren frei – bei gerade einmal 150.000 Arbeitslosen. Noch dazu hatten die Gewerkschaften mitten im Aufschwung kürzere Arbeitszeiten durchgesetzt.

Nach dem Abkommen mit der Türkei richtete die Bundesanstalt für Arbeit eine »Verbindungsstelle« in Istanbul ein, bei der sich bis 1973 mehr als zweieinhalb Millionen Türken um eine Arbeitserlaubnis bewerben sollten – angesichts einer Bevölkerung von damals nur 29 Millionen Türken eine geradezu schwindelerregend hohe Zahl. Jeder vierte Bewerber wurde genommen. »Die Menschen, die aus der Türkei nach Deutschland kamen, hatten zwei Dinge gemeinsam: Sie besaßen einen Arbeitsvertrag für Deutschland – und sie waren türkische Staatsbürger«, schrieb die Bundeszentrale für Politische Bildung 2011 in einem Rückblick auf das Abkommen.[10] »Ansonsten einten sie mehr Unterschiede als Gemeinsamkeiten: Es waren Frauen, Männer, Kurden, Tscherkessen, Lasen, Griechen, Armenier, Christen, Juden, Sunniten, Aleviten, Kommunisten, Junge und Alte, meist ungebildet, einige erwähnten bei der Prüfung in der Istanbuler Verbindungsstelle gegenüber den deutschen Beamten lieber nicht, dass sie eine Ausbildung in der Tasche hatten. Das war nicht gewünscht. Gesund und kräftig sollten sie sein.« Die *Zeit* blickte Anfang 1982, also gut zwanzig Jahre nach dem Abkommen, auf die Epoche zurück: »Mit preußischer ›Akribie und Ehrgeiz‹ (ein Bonner Ministerialbeamter) wurden sie in Anatolien angeworben. Nachdem in Berlin die Mauer hochgezogen war und keine Flüchtlinge mehr aus der DDR kamen, nachdem auch der Zustrom aus Italien und anderen Anwerbeländern nachließ, waren die Türken für die nach Arbeitskräften lechzende westdeutsche Wirtschaft in den sechziger Jahren das letzte Aufgebot. Bis 1973 konnte sich jeder Unternehmer, vom Handwerker in Hamburg bis zum württembergischen Fabrikbesitzer, für 300 Mark einen Türken kaufen. Das war die Verwaltungsgebühr, mit der die Bundesanstalt für Arbeit in Nürnberg ihre Anwerbebüros in Anatolien finanzierte.«[11]

Die deutsche Verbindungstelle und die türkische Anstalt für Arbeits- und Arbeitervermittlung arbeiteten Hand in Hand, um Hunderttausende aus Anatolien in Richtung Westen zu verfrachten. »Die Türkische Anstalt sorgt durch die ihr als geeignet erscheinenden Verfahren für die Sammlung der eingegangenen Bewerbungen, für eine Vorauswahl der Bewerber und übernimmt die Vorstellung der Bewerber bei der Verbindungsstelle«, hieß es in Punkt 5 der diplomatischen Note, die dem Abkommen zugrunde lag. »Die Verbindungsstelle stellt ihrerseits fest, ob die von der Türkischen Anstalt vorgestellten Bewerber die beruflichen und gesundheitlichen Voraussetzungen für die jeweils angebotene Beschäftigung und den Aufenthalt in der Bundesrepublik erfüllen.« So kurz und knapp das Abkommen auch formuliert war, die deutsche Handschrift war nicht zu übersehen: Selbst Details wurden penibel geregelt – sogar die Zuständigkeit dafür, dass die Arbeiter pünktlich zum Zug nach Deutschland kamen und dass sie auf der langen Fahrt keinen Hunger leiden mussten. »Die Türkische Anstalt sorgt dafür, dass sich die Arbeitnehmer rechtzeitig zum Abreiseort begeben«, hieß es in Punkt 8. »Von der Verbindungsstelle erhalten die Arbeitnehmer eine nach der Reisedauer bemessene Reiseverpflegung oder einen entsprechenden Barbetrag.«

Auf Ausbeutung der türkischen Arbeiter zielte das Abkommen nicht ab, im Gegenteil: Es war angesichts des extremen Lohngefälles zwischen Deutschland und der Türkei ausgesprochen fair. In der Anlage fand sich ein Muster-Arbeitsvertrag, unter Punkt II. wurde dort festgelegt: »Der türkische Arbeitnehmer erhält hinsichtlich des Arbeitsentgelts, der sonstigen Arbeitsbedingungen und des Arbeitsschutzes keinesfalls eine ungünstigere Behandlung als die vergleichbaren deutschen Arbeitnehmer«.[12]

Kein Wunder also, dass in Anatolien ein regelrechter Run auf Deutschland einsetzte. Registrierte das Statistische Bundesamt 1960 – im Jahr vor dem Abkommen – gerade einmal 3.549 türkische Einwanderer in Deutschland, waren es im Jahr des Vertragsabschlusses schon 8.707. Im Jahr darauf verdoppelte sich die Zahl. In den Folgejahren kamen jeweils Zehntausende, 1969 wurde die Zahl mit 151.142 türkischen Einwanderern erstmals sechsstellig. Ihren Höchststand erreichte sie 1973: 249.670 Türken kamen innerhalb nur eines Jahres nach Deutschland.[13] Heute leben hier rund 2,85 Millionen Menschen mit türkischen Wurzeln. Mehr als die Hälfte davon sind in Deutschland geborene Nachfahren der ursprünglichen Einwanderer, also Angehörige der zweiten oder dritten Generation.[14]

Anfänglich wurden die Ausländer mit offen Armen empfangen, wobei es bei genauer Betrachtung heißen müsste: Anfänglich wurde ihre Arbeitskraft mit offenen Armen empfangen. »Die helfenden Hände aus der Türkei hieß man dankend willkommen«, berichtete die Bundeszentrale für Politische Bildung rückblickend. Der *Spiegel* schrieb bereits im Oktober 1970, der Begriff »Gastarbeiter« sei irreführend: »Gastarbeiter sind in Deutschland keine Gäste. Sie bekommen nichts geschenkt, sie genießen keine Vorrechte, eingeladen sind sie nur zum Produktionsprozess.«[15]

Doch dieser Produktionsprozess geriet ins Stocken. Anfang der 1970er-Jahre rutschte die deutsche Wirtschaft in eine Rezession, die Bundesregierung zog die Notbremse: 1973 erließ sie einen generellen Anwerbestopp für ausländische Arbeitnehmer, von dem nur Italiener ausgenommen waren. »Es ist nicht auszuschließen, dass die gegenwärtige Energiekrise die Beschäftigungssituation in der Bundesrepublik Deutschland in den kommenden Monaten ungünstig beeinflussen wird«, hieß es in einem auf den 23. November 1973 datierten Fernschreiben des Bundesministers für Arbeit und Sozialordnung an den Präsidenten der Bundesanstalt für Arbeit. »Unter diesen Umständen ist es nicht vertretbar, gegenwärtig weitere ausländische Arbeitnehmer über die Auslandsdienststellen der Bundesanstalt für Arbeit für eine Arbeitsaufnahme in der Bundesrepublik zu vermitteln.«[16] Der Anwerbestopp vermochte den Zuzug aus der Türkei zwar zu verlangsamen, aber nicht aufzuhalten. Auch danach bestand für Türken in Deutschland die Möglichkeit, ihre Familien nachzuholen. Laufende Arbeitsverträge galten weiter, und das Ausländergesetz gewährte Arbeitern aus der Türkei Aufenthaltsgenehmigungen.

Schon am 10. September 1964 hatte die Zahl der Gastarbeiter in Deutschland die Millionengrenze erreicht. Die größte Gruppe stellten Italiener, gefolgt von Spaniern, Griechen, Türken und Jugoslawen. Der millionste Gastarbeiter kam allerdings aus keinem dieser Länder, sondern aus Portugal. Dessen Ankunft beschrieb der *Spiegel* in einer Titelgeschichte vom Oktober 1964 so:

Der lange Zug glitt in die Bahnhofshalle zu Köln-Deutz. Aus dem Lautsprecher dröhnte die Aufforderung, der Zimmermann Armando Sá Rodrigues aus dem nordportugiesischen Dorf Vale de Madeiros möge sich melden. Als der Gesuchte

nach mehrmaligem Aufruf verschüchtert aus der Menge seiner 1.200 schwadronierenden, mit Pappkoffern und Schachteln bewehrten Landsleute hervortrat, schmetterte eine Blechkapelle »Wem Gott will rechte Gunst erweisen« und »Alte Kameraden« unter das rußige Bahnhofsdach.
Rundfunk-Mikrophone streckten sich dem Neuankömmling wie einem lang ersehnten Staatsbesucher entgegen, Kameras von Fernsehen und Wochenschau hielten das Bild für die Geschichte fest: Deutschland hatte seinen millionsten Gastarbeiter.
Ein Herr im dunklen Arbeitgeber-Päckchen gebot Ruhe. Die Leistungen der westdeutschen Wirtschaft seien, so rief der Kölner Fabrikant Dr. Manfred Dunkel, den die Bundesvereinigung der Deutschen Arbeitgeber-Verbände zum Willkomm [sic] aufgeboten hatte, ohne die Mithilfe der Gastarbeiter nicht möglich gewesen.
Der Festredner stattete sodann dem verdutzten Armando Sá Rodrigues, der seinen Sombrero verlegen in den Händen drehte und dem ein Priester der Dunkel-Rede Sinn übersetzte, den Dank der Deutschen ab: ein blitzendes Moped, Urkunde und Blumen. Die Kapelle intonierte Portugals Hymne.[17]

Eine Million Gastarbeiter waren nun in der Bundesrepublik, und trotzdem waren 1964 noch immer 600.000 Arbeitsplätze unbesetzt. »Werbekolonnen westdeutscher Arbeitgeber schwärmten über den Kontinent aus, um dem ausgedorrten Arbeitsmarkt frisches Blut zuzuführen«, schrieb der *Spiegel*. »Menschentransporte« aus den südlichen Ländern rollten in die deutschen Bahnhöfe ein, wo durchaus Rücksicht auf kulturelle Befindlichkeiten genommen wurde: »Für 96.000 Kunden bereitete die Weiterleitungsstelle im Bahnhof München vergangenes Jahr das erste deutsche Essen, und die Caritas-Vertretung hält für die neu eintreffenden Türken, die als Mohammedaner kein Schweinefleisch essen dürfen, stets Spezialwurst auf Lager.« Für ihre 150 türkischen Gleisarbeiter habe die Bundesbahn-Direktion Hannover zwei Waggons als rollende Moscheen eingerichtet. »Die vorgeschriebene Richtung des Betenden – sie weist nach Mekka – wird an jedem Standort des Bauzuges mit Hilfe eines Kompasses ermittelt.«

Die Zuzügler erledigten die Arbeit, für die sich die meisten Bundesbürger inzwischen zu schade waren. »Durchweg rücken sie in Berufe ein, die von den Deutschen mehr und mehr gemieden werden«, berichtete der *Spiegel*. »Die Automation macht's möglich, auch ungelernte Naturburschen fremder Zunge produktiv zu beschäftigen. Mehr als die Hälfte der Ausländerarmee ist in den hochtechnisierten Sparten der Eisen- und Metallerzeugung sowie der verarbeitenden Industrie tätig.« Das Fazit: »Nicht als ausgebeutete Menschen zweiter Klasse kommen die Fremden, sondern als gutbezahlte, umworbene Helfer.«

Knapp zwanzig Jahre später attestierte die *Zeit* den Türken, die neue Unterschicht der Gesellschaft in Deutschland gebildet zu haben. »Sie sind nicht nur die meisten, sondern auch die fremdesten. In der sozialen Rangskala der Gastarbeiter nehmen sie den letzten Platz ein.« Als Beispiele führte die Wochenzeitung in dem Bericht aus dem Jahr 1982 an:

- Der deutsche Bergbau lebt von ihnen: Von 100.000 im Steinkohlebergbau unter Tage Beschäftigten sind 22.800 Ausländer, davon 87 Prozent Türken.

- Die Autoindustrie lebt von ihnen: Ford Köln beschäftigt 26.399 Mitarbeiter, davon sind 9.226 Ausländer, davon wieder über achtzig Prozent Türken. Auch in Rüsselsheim würde kaum ein Auto ohne sie »aus dem Ofen« kommen. Gaststätten müssten schließen.
- Viele Städte würden ohne sie im Dreck ersticken, es würden keine öffentlichen Toiletten mehr gereinigt, keine Gräber mehr ausgehoben, keine Straßen mehr gefegt, die Müllabfuhr müsste reduziert werden.
- Auf der Werft Blohm und Voss in Hamburg arbeiten 1.700 Ausländer, davon 1.000 Türken. 13 davon sind in einem Jahr an Krebs gestorben. Die waren Schweißer, Verzinker, Reiniger: Sie hatten die Nase im Dreck.

Die *Zeit* kam zu dem Ergebnis: »Generell gilt, dass die Türken Arbeiten machen, für die kein Deutscher gewonnen werden kann, auch bei 1,7 Millionen Arbeitslosen nicht. Die Türken sind ein Proletariat, über das wir wenig wissen. Nicht nur Kultur und Mentalität sorgen, vor allem die Sprachbarriere sorgt für Abstand.«

Dass die Türken die Drecksarbeit erledigten, änderte nichts an einem gewissen Sozialneid, der bereits 1964 durchschimmerte. Manche der Südländer erhielten »mehr Kindergeld als Lohn«, wusste der *Spiegel* zu berichten. »Auf den Gleisen der Eisenbahnstrecke Duisburg-Düsseldorf warnt ein Türke seine Schotter-Kollegen mit Trompetensignalen vor nahenden Zügen; für seine 33 Sprösslinge kassiert er 1.240 Mark Kinderzuschüsse im Monat.« In einer Fußnote teilte das Magazin seinen Lesern lapidar und ohne jeden Beleg mit, dass das unter Ausländern verbreitete Heimweh »besonders bei Jugendlichen häufig Ursache für Brandstiftung, Sexualverbrechen u.a.« sei. Zugleich versuchte der Artikel allerdings, mit dem von der »westdeutschen Massenpresse« gepflegten »Klischee vom asozialen Fremdstämmigen« aufzuräumen. Das Bundeskriminalamt wurde in dem Bericht mit der Aussage zitiert: »Die Gastarbeiter stellen kein besonderes Problem dar.« Dass der massenhafte Zuzug fremder Arbeitskräfte dennoch nicht ohne Probleme bleiben würde, dafür erkannte das Magazin damals schon Anzeichen:

Der Düsseldorfer Betriebspsychologe Dr. Hellmut Sopp hat festgestellt, dass auf die Beziehungen zwischen einheimischen und ausländischen Arbeitern spätestens nach drei Tagen der erste Reif fällt. Sopp: »Am ersten und zweiten Tag ist das Interesse der Deutschen an ihren neuen Kollegen groß. Aber dann gibt es unweigerlich die erste Panne: Die allesamt sparsamen Gastarbeiter denken nicht daran, am Arbeitsplatz einen Einstand zu geben und Bier zu spendieren.«
Nach dieser ersten Enttäuschung komme »eine Periode der Neckereien«. Den Griechen sage man, dass sie dreckig seien, den Türken, dass sie zu Hause faulenzen und ihren Harem arbeiten ließen, und den Italienern, dass sie schlechte Soldaten seien. Die Südländer zischelten dann zurück, die Deutschen fingen alle Kriege an, könnten aber keinen gewinnen. (...)
»Ultima ratio im Wortkampf«, so der Psychologe Sopp, sei meist, dass die Gastarbeiter durch drastische Gesten ihren deutschen Kollegen klarmachten, dass sie ihre Gegner in Konzentrationslager gesperrt und massakriert hätten.
Dr. Sopp: »Danach kann man von Beziehungen nicht mehr sprechen. Es gibt keine offenen Feindschaften, aber auch keine Freundschaften. Man arbeitet zusammen – aber in der Kantine sitzt man getrennt.«

Mein Vater ahnte schon damals, dass es tiefergehende Probleme geben könnte als getrennte Sitzplätze in der Werkskantine. »Als das mit den Gastarbeitern anfing, haben wir uns darüber unterhalten, wohin das wohl führen mag«, sagt Tosun. Viele der neuen Türken in Deutschland stammten aus ländlichen Gegenden Anatoliens, die seit jeher kosmopolitische Metropole Istanbul sahen sie zum ersten Mal vor ihrer Ausreise in die Bundesrepublik. »Die Türken, die nach Deutschland kamen, waren oft in einem erbärmlichen Zustand«, sagt Tosun. »Sie waren unrasiert, schlecht angezogen und ungebildet. So, dass man sich ein bisschen schämte. Meine Türken in Istanbul waren nicht so.«

3   EIN PARADIES AUF ERDEN

Dasselbe Zimmer, in dem Tosun 1959 für ein paar Monate in München gewohnt hatte, war bei seiner Rückkehr nach Deutschland zufällig wieder frei. Der frisch immatrikulierte Student wurde zum Wintersemester 1961 erneut Untermieter in der Ismaninger Straße, die parallel zur Isar verläuft. Die Wohnung in dem herrschaftlichen Anwesen gehörte einer aus Hamburg stammenden älteren Dame, mit ihr und einer weiteren Untermieterin teilte sich Tosun das einzige Bad der Wohnung. Die Vermieterin hielt sich zu Tosuns Verblüffung einen Papagei. »Für mich damals ein exotisches Tier, wie ich es nie zuvor in der Türkei gesehen hatte«, erinnert er sich.

Weder die Mitbewohnerinnen noch der bunte Vogel konnten verhindern, dass sich Tosun – gerade erst aus dem Militärdienst entlassen – einsam fühlte. »Ich war traurig, ich hatte keine Freunde und kannte niemanden«, erinnert sich mein Vater. Um sich abzulenken, ging Tosun abends alleine essen und Bier trinken. »Bis ich mich eines Tages hingesetzt und festgestellt habe, dass ich im Durchschnitt jeden Tag 25 Mark ausgab. Eine unvorstellbare Summe.« Auch das Zimmer war eigentlich zu teuer für ihn. Bei seiner Suche nach Alternativen hörte der junge Türke vom Maßmannplatz, wie die Wohnheimsiedlung an dem gleichnamigen Platz in der Münchner Innenstadt von heutigen und früheren Bewohnern verkürzt genannt wird. »Gott sei Dank habe ich damals den Maßmannplatz gefunden, das war für mich wirklich ein Segen«, sagt er rückblickend. »Mein Umzug dorthin hat mein Leben entscheidend beeinflusst.«

Das in unserer Familie sagenumwobene Wohnheim am Maßmannplatz gibt es immer noch, der Komplex steht inzwischen unter Denkmalschutz. Gründervater war der Historiker Hermann Mau, der spätere Leiter des *Deutschen Instituts für Geschichte der nationalsozialistischen Zeit* in München, das heute als *Institut für Zeitgeschichte* über die Grenzen Deutschlands hinaus bekannt ist. Mit dem Wohnheim im Herzen Münchens wollte Mau kurz nach dem Ende des Zweiten Weltkriegs viel mehr schaffen als nur eine billige Unterkunft für Studenten. Es sollte Arbeitern genauso offenstehen und soziale ebenso wie nationale Barrieren überwinden helfen. »Es ist zu hoffen, dass das Zusammenwohnen von Studenten und Arbeitern aus Deutschland und dem Ausland einiges dazu beitragen wird, die Klassenschranken niederzureißen, die das Leben in Deutschland so sehr geprägt haben«, hieß es zur Geschichte des Wohnheims in einem Buch zu dessen 50-jährigem Bestehen.[18] »In dem neuen Deutschland sollte nicht wieder die alte Kluft zwischen Akademikern und Arbeitern aufbrechen.«

1948 hatten die zukünftigen Erstbewohner mit dem Bau der Häuser begonnen. Der Student und später preisgekrönte Architekt Werner Wirsing zeichnete für die Planung der Anlage verantwortlich. Zu Werke ging eine bunt gemischte Schar von Hilfs- und Bauarbeitern »aus Lehrlingen, Studenten, Jungarbeitern und Berufsfortsetzern anderer Art, von der ein Teil in Zelten der US Army auf dem Grundstück hauste und in einem eigenen Küchenzelt von der Volksküche verköstigt wurde«, wie der frühere Bewohner Hermann Weiß in dem Buch *Alles ändert sich und bleibt, wie's immer war*[19] zum 50-jährigen Jubiläum schrieb. »Die Bausteine wurden anfangs vor Ort aus zerkleinertem Bauschutt hergestellt, der in dem zerbombten München reichlich vorhanden war.« Die Lehrlinge, Arbeiter und Studenten am Bau bekamen kein Geld, sondern investierten in ihre Zukunft: Ihr Arbeitslohn wurde mit der künftigen Miete verrechnet. Im Winter 1948 wurden die ersten Räume bezogen, später lebten bis zu 180 Menschen in der Wohnheimsiedlung.

Jedes der nur zehn Quadratmeter großen Dreibettzimmer wurde sowohl mit Arbeitern als auch Studenten belegt, im Laufe der Zeit wurden die Unterkünfte etwas komfortabler: Zu Tosuns Zeiten wurden neue Bewohner erst in Doppelzimmern untergebracht, sie hatten später aber die Möglichkeit, in ein Einzelzimmer umzuziehen.[20] Letztere waren mit 5,5 Quadratmetern etwas kleiner als die Mindestfläche von sechs Quadratmetern, die Gefangenen in deutschen Haftanstalten heutzutage zusteht.[21]

Eine schriftliche Hausordnung gab es in dem selbst verwalteten Projekt nicht, wohl aber ungeschriebene Gesetze. Ex-Bewohner Weiß, der 1954 am Maßmannplatz eingezogen war, berichtete: »Die Zimmer durften nicht abgesperrt werden; zu den Veranstaltungen des Gesamthauses oder der einzelnen Häuser wie Vorträgen, Diskussionsabenden oder auch Sitzungen von Gremien der Selbstverwaltung wurde Tee gereicht, Alkohol war verpönt. Das galt natürlich nicht bei allgemeinen Hausfesten wie dem jährlichen Faschingsfest oder Sommerfesten.«

Ein weiteres ungeschriebenes Gebot lautete, Damenbesuch vor Mitternacht wieder aus dem Haus zu bringen; einziehen durften Frauen in das Wohnheim erst ab 1972. Weiß erinnerte sich:

> Verstöße gegen diese Regel, die sicher nicht ganz selten waren, wurden mit Kündigung geahndet – wenn jemand das Delikt öffentlich machte. In der Praxis mag diese Einschränkung

exzessiven Damenbesuchs im Hause, gegen die immer wieder angekämpft wurde, auch dazu genutzt worden sein, unbeliebte oder unverträgliche Hausbewohner loszuwerden, während bei anderen durchaus mildernde Umstände wie nächtliche, anhaltende Wolkenbrüche u. Ä. anerkannt wurden. (…) Gerade die Abweichung von der Regel oder die Regelhaftigkeit der Ausnahme, das Sich-Einsetzen zufälliger Mehr- oder Minderheiten für die Ausnahme und das Suchen nach Kompromissen machte den Maßmannplatz zu einer erstklassigen Schule der Demokratie, von der viele seiner Bewohner und nicht nur die NS-Geschädigten für ihr Leben lernten.

Wie sehr die Erinnerungen an den Nationalsozialismus auch zu Tosuns Zeiten am Maßmannplatz noch nachwirken, zeigt ein Entwurf für ein Rahmenstatut im Jahr 1963. In dem Papier, das in dem Jubiläumsbuch in der Rubrik »Fundsachen« abgedruckt ist, heißt es:

Die Gründung einer solchen Keimzelle gemeinsam geordneten Lebens ist heute noch ein aktuelles Anliegen, weil wir – als verständliche Reaktion auf den Konformismus im 3. Reich – seither leicht in den entgegengesetzten Fehler verfallen und über dem Streben nach materieller Sicherung und egoistischem Lebensgenuss gern jede Verpflichtung für das größere Ganze verleugnen, wie es den Menschen in einer organisch gewachsenen Demokratie selbstverständlich ist.
Da die Zukunft der freien Welt indessen davon abhängt, ob es morgen genügend Menschen geben wird, die bereit sind, sich für überpersönliche Aufgaben selbstlos einzusetzen,

anstatt an die Gesellschaft nur Ansprüche zu stellen, so erblicken wir die Aufgabe des Hauses darin, in jungen Menschen solchen Gemeinsinn zu entwickeln.

Tosun fand sich nach dem Einzug in einer Welt wieder, die ihn begeisterte – und die ihn nachhaltig prägen sollte. »Die großzügigen Freiheiten, die wir genossen haben, waren herrlich«, sagt er. Durch die internationale Ausrichtung war er längst nicht der einzige Ausländer im Wohnheim. Von Fremdenfeindlichkeit spürte Tosun Anfang der 1960er-Jahre ohnehin noch nichts in Deutschland, im Gegenteil. Eher machte er ein freundliches Interesse an Ausländern aus.

So entdeckte er eines Tages einen Aushang, mit dem ausländische Studenten von deutschen Familien in deren Heimatstädte eingeladen werden. Tosun meldete sich an, ein Bus brachte ihn und andere Kommilitonen nach Ulm. »Meine Gastfamilie war sehr nett, die haben sich wirklich mit mir beschäftigt«, erinnert sich mein Vater. »Eine Woche lang haben sie mir Ulm gezeigt.« Ich bin überrascht: Deutsche haben damals einen ihnen fremden Türken tagelang zu sich nach Hause eingeladen, und das aus reiner Neugier? Verdutzt hake ich nach, ob es nicht eine andere Motivation gegeben habe – sicherlich habe die Familie Geld dafür bekommen? »Nicht, dass ich wüsste. Ich habe jedenfalls nichts bezahlt«, sagt Tosun. »Ich glaube, sie wollten einfach einen Ausländer kennenlernen.«

Tosuns erster Mitbewohner in seinem Doppelzimmer am Maßmannplatz war ein deutscher Arbeiter namens Otto Feuerli aus der DDR, er war noch vor dem Mauerbau nach Westdeutschland gekommen. »Otto ließ sein Tonbandgerät von morgens bis in die späte Nacht Barockmusik spielen. Sie wurde die erste

Stufe meiner Liebe zur klassischen Musik, die bei uns zu Hause in Istanbul nicht besonders gepflegt wurde«, sagt Tosun. »Otto wurde wegen seines Scharfsinns und Wissens und seiner Sympathie für den Kommunismus respektiert, deswegen aber nicht unbedingt geliebt. Er war Atheist. Es dauerte nicht lange, bis er mir einen Vortrag darüber hielt, dass es keinen Gott gibt. Ich hörte zu, dachte mir dabei aber, dass Gott uns wegen unserer Zweifel bestrafen würde. Wie viele meiner Freunde und Schulkameraden glaubte ich doch, dass es ein höheres Wesen gibt, auch wenn ich kein praktizierender Muslim war. Mit Otto fing der lange Weg an, an dessen Ende ich selber Atheist wurde.«

Während die Gastarbeiter aus der Türkei unter Tage oder am Fließband schufteten, genoss Tosun den Luxus, tagsüber an der Universität Betriebswirtschaftslehre zu studieren und abends mit seinen Mitbewohnern über Gott und die Welt zu debattieren. Die wöchentlichen Bierabende in der rauchgeschwängerten Bar, die die Bewohner im Keller des Wohnheims eingerichtet hatten, eigneten sich hervorragend dafür. »Auch Nicht-Christen haben sich da gerne mehrere Maß Bier genehmigt«, sagt Tosun, der heute zwar lieber Wein trinkt, aber auch ein kaltes Weißbier schätzt. Politik und Literatur spielten eine wichtige Rolle in den Diskussionen der Maßmannplatz-Bewohner. Einer davon war Klaus Brill, ein Lehramtsstudent, der schon länger in dem Wohnheim lebte und mit dem sich Tosun anfreundete. »Mein Freund Klaus Brill war eigentlich ein einsamer Wolf, sehr belesen und hochintelligent«, sagt mein Vater. »Er war aber auch ein Besserwisser. Eines Tages sah er in meiner Hand ein Buch von Ortega y Gasset. Er sagte, Ortega y Gasset hat faschistische Tendenzen, am besten liest du dieses Buch nicht.

Und ich habe dann tatsächlich aufgehört, das Buch zu lesen. Überhaupt wurde viel gelesen. Meine deutschen Freunde hatten einen riesigen Vorsprung, was die deutsche Literatur betrifft. Allerdings stellte ich fest, dass ich mehr Weltliteratur als sie kannte. In einem Gespräch erwähnte ich zufällig Eugene O'Neill. Keiner hatte von ihm gehört, obwohl er immerhin Nobelpreisträger war. Sie fragten mich, ob ich (Alexander Puschkins Roman) Eugen Onegin meine.«

Nicht nur preiswertes Bier in der Kellerbar bot der Maßmannplatz, sondern auch eine Kantine, die günstiger als die Mensa war. Mittagessen kostete eine Mark, Abendessen siebzig Pfennig, zubereitet wurden die Mahlzeiten von Fräulein Schlecht, der Köchin. »Sie war ein Unikum«, sagt Tosun. »Wenn du dich mit ihr gut gestellt hast, hast du die besseren Stücke bekommen.« Oft wurde Schweinefleisch serviert, das Tosun heute noch gerne isst. Sauerkraut dagegen mied er lange Zeit. Nicht, weil es ihm nicht schmecken würde, im Gegenteil. Ihm war der Appetit darauf vergangen, als er hörte, dass das Kraut mit Füßen gestampft wird.

Unterstützt wurde Fräulein Schlecht von zwei Küchenhilfen aus Schweden, Agnes und Anita. Mit diesen beiden Schwedinnen bändelten wiederum Soner und Mengüç an, zwei ehemalige Schulkameraden von Tosun. Sie waren in Istanbul eine Klasse unter ihm auf dem Galatasaray-Gymnasium gewesen, in München hatte er sie zufällig auf der Straße getroffen.

Auf seinen Tipp hin hatten sich die beiden jungen Türken ebenfalls am Maßmannplatz beworben, wo die Gemeinschaft der Bewohner sie aufnahm. »Schwedenmädchen waren damals schon für ihre lockeren Sitten bekannt«, erinnert sich meine Mutter Maria. Sie meint das keineswegs missbilligend. Schließ-

Foto der Abschlussklasse am Galatasaray-Gymnasium in Istanbul, an dem Tosun – er ist derjenige in der zweiten Reihe, der seinem Mitschüler vor ihm Eselsohren macht – sein Abitur ablegte

lich hat sie selbst auch die rigiden gesellschaftlichen Normen der damaligen Zeit durchbrochen, als sie sich auf Tosuns Werben einließ.

Tosun erinnert sich in diesem Zusammenhang noch gut an jene ungeschriebene Regel, wonach weiblicher Besuch nur bis Mitternacht gestattet war. »Aber niemand regte sich besonders auf, wenn sich eine Dame entschied, länger zu bleiben, solange es einigermaßen diskret zuging. Schließlich hatten wir ja Selbstverwaltung. Die Toleranz am Maßmannplatz war bemerkenswert, wenn man bedenkt, dass es damals das Kuppeleigesetz gab.« Bis 1973 war es in Westdeutschland im Prinzip strafbar, »Gelegenheit zur Unzucht«, also zu vorehelichem Geschlechtsverkehr, zu gewähren oder zu verschaffen. Tosun erinnert sich an folgendes Erlebnis aus seiner Zeit am Maßmannplatz: »Als älterer Bewohner hatte ich bereits ein sehr kleines Einzelzimmer. Spät eines Nachts, als ich schlief, schlich jemand in mein Bett. Erschrocken machte ich die Nachttischlampe an. Ein halb nacktes Mädchen sagte ›Entschuldigung, falsches Zimmer‹ und rannte davon. Sie hatte sich wohl auf dem Rückweg von der Toilette im Dunkeln im Zimmer geirrt. Die meisten Bewohner hatten Freundinnen, von denen sie auch besucht wurden. Das war schon ein großer Unterschied zu den weniger freizügigen türkischen Mädchen.«

Bis heute pflegen Tosun und meine Mutter Maria Freundschaften, die ihren Ursprung am Maßmannplatz haben. Nach dem Studium bildete sich um fünf ehemalige Bewohner und deren Freundinnen oder Ehefrauen eine Gruppe, die sich über Jahrzehnte hinweg regelmäßig traf. »Drei Deutsche, ein Serbe, ein Türke«, sagt Tosun. »Da hat Integration wirklich funktioniert.« Im Mai 2017 starb in München der Erste aus der Fünfer-Clique, der Drehbuchautor Klaus Richter, der unter anderem für das Skript des Erfolgsfilms *Comedian Harmonists* verantwortlich zeichnete. Einer aus dem Freundeskreis hielt eine Grabrede, und sogar in dieser Ansprache ging es um das legendäre Wohnheim am Maßmannplatz.

Was Tosun heute in den Sinn kommt, wenn er an seine Zeit am Maßmannplatz zurückdenkt? »Toleranz, Freiheit, Kameradschaft«, sagt er. »Der Maßmannplatz war für mich ein Paradies auf Erden.«

4   NONNEN UND EINE REVOLUZZERIN

Als Maria am 8. Juni 1940 in Mühldorf am Inn zur Welt kam, wehten überall im Deutschen Reich die Flaggen – natürlich nicht, um die Neugeborene zu feiern, sondern um die deutschen Soldaten zu ehren. Kurz zuvor hatte die Wehrmacht den französischen und britischen Truppen bei Dünkirchen eine vernichtende Niederlage zugefügt. »Die größte Schlacht aller Zeiten wurde durch unsere Soldaten siegreich beendet«, hieß es am 5. Juni 1940 in einem Aufruf Adolf Hitlers, den er aus dem Führerhauptquartier heraus an das deutsche Volk richtete. »Ich befehle deshalb, von heute ab in ganz Deutschland auf die Dauer von acht Tagen zu flaggen. Es soll dies eine Ehrung unserer Soldaten sein.«

Knapp vier Wochen zuvor hatte der Westfeldzug begonnen: Hitler hatte zum Auftakt der Blitzkrieg-Offensive am 10. Mai 1940 einen flammenden Appell an die »Soldaten der Westfront« gerichtet: »Der heute beginnende Kampf entscheidet das Schicksal der deutschen Nation für die nächsten tausend Jahre.«[22] Sechs Tage nach Marias Geburt besetzte die Wehrmacht Paris.

Der elterliche Bauernhof der Obergrußbergers im oberbayerischen Anhaltsberg bei Pleiskirchen war damals noch weit weg von der Front. Anhaltsberg ist heute noch einer jener Weiler, die zu klein für ein gelbes Ortsschild sind und mit der kleinen grünen Variante vorliebnehmen müssen. Damals bestand Anhaltsberg aus vier Bauernhöfen, darunter der der Obergrußbergers, der auf einem Hügel lag und wie eine Festung aufgebaut war: Vier Gebäude umschlossen einen Innenhof, die Tore ließen sich fest verriegeln, und falls doch ein ungebetener Gast reinkam, schlugen Wachhunde an. In den länglichen Gebäuden waren die Scheune und die Stallungen untergebracht. Zwischen den Ställen befand sich der Wohntrakt: Die Tiere – Schweine, Rinder und Ziegen – sollten die Menschen wärmen. »Wir hatten keine Heizung«, sagt Maria. Neben dem Hof stand eine Kapelle. Rings um das Anwesen erstreckten sich auf sanft gewellten Hügeln Felder und Wälder, so weit das Auge reichte.

Bauern wurden zur Versorgung der Bevölkerung im Dritten Reich benötigt, Marias Vater Rupert wurde nicht eingezogen. Die Kindheitserinnerungen meiner Mutter reichen bis in die letzten Kriegsjahre zurück. Als im nahen Mühldorf – wo das Konzentrationslager Dachau ein Außenlager unterhielt – der Bahnknotenpunkt von den Alliierten bombardiert wurde, »haben wir bei uns noch den Feuerschein gesehen«, sagt Maria. Wenn die Kinder auf dem Hof beobachteten, wie in der Ferne Fallschirmjäger vom Himmel schwebten, rannten sie los, um die Fallschirmseide einzusammeln. »Wir haben Luftballons daraus gepustet.« Auf dem Bauernhof arbeiteten Zwangsarbeiterinnen aus Polen, Tschechien und Russland. Dass die Polin nach dem Krieg wegen einer Erkrankung von Marias Mutter Theresia freiwillig zurückkehrte, um bei der Versorgung der Familie zu helfen, lässt darauf schließen, dass die Zwangsarbeiterinnen auf dem Hof ordentlich behandelt worden sind.

Der Krieg war schon fast zu Ende, da wurde Rupert – der nie in die NSDAP eingetreten war – noch von einem Nazi angeschwärzt, weil er in der Scheune zwei alte Fahrräder versteckt hatte, was nach der Erinnerung meiner Mutter bei Strafe verboten war. »Als wir beim Essen saßen, standen da plötzlich zwei Soldaten mit Gewehren«, sagt Maria. »Die wollten meinen Vater erschießen und haben ihn draußen an die Wand gestellt. Die Stelle an der Wand kann ich dir heute noch zeigen. Ich sehe ihn noch da stehen und uns alle drum herum. Die Russin hat die Soldaten dann so dermaßen zusammengeschissen.« Ob der mutige Protest der Zwangsarbeiterin tatsächlich den Ausschlag dafür gab, dass Rupert am Leben blieb, lässt sich nicht mehr rekonstruieren. Jedenfalls zogen die Soldaten wieder ab, allerdings nicht ohne vorher die Fahrräder beschlagnahmt zu haben.

Kurz darauf erschienen auf dem Hof wieder Soldaten, doch diesmal keine deutschen, sondern amerikanische. In Anhaltsberg war der Krieg vorbei. »Vor unserem Küchenfenster stand auf einmal soooo ein langer schwarzer Lulatsch«, sagt Maria und hebt die Arme über den Kopf. »Er hat uns Bananen und Schokolade angeboten, vielleicht auch Kaugummis. Das war für uns etwas ganz Neues, einen Schwarzen zu sehen.«

Deutsche Kriegsgefangene wurden von den Amerikanern vorläufig in der Scheune des Bauernhofs untergebracht. Zwei der Deutschen gelang die Flucht, sie versteckten sich im Wald. »Wir und die Nachbarn haben sie tagelang mit Essen versorgt. Die sind davongekommen«, sagt Maria. Als die anderen Soldaten in ein Gefangenenlager weitertransportiert wurden, ließen sie manches in der Scheune zurück, darunter einen grünen Armeemantel. »Den hat mein Vater dann jahrelang als Motorradmantel benutzt.« Maria ist noch heute im Gedächtnis, wie Rupert – gekleidet in diesen Mantel – mit ihr auf dem Motorrad ins dreißig Kilometer entfernte Burghausen fuhr, als sie zehn Jahre alt war. Der Vater führte seine Tochter aufs Burgfest aus.

»Er wollte mir eine Freude machen«, sagt sie. »Ich habe eine sehr innige Beziehung zu meinem Vater gehabt.«

Insgesamt lebten sieben Kinder auf dem Hof: drei davon aus Ruperts erster Ehe, Maria und drei weitere Kinder aus der zweiten Ehe mit Theresia. Rupert war eigentlich Schreiner und kein Bauer, auf den Hof hatte er eingeheiratet. Seine erste Frau starb im Alter von nur 33 Jahren an Tuberkulose. »Meine Mutter ist danach bestimmt mit ihm verkuppelt worden, nach dem Motto: Da ist noch eine, die ist unverheiratet«, glaubt Maria. Die Eltern der verstorbenen ersten Frau lebten weiter auf dem Hof, wie es den damaligen Gepflogenheiten entsprach, Rente für Bauern gab es noch nicht. Minutiös wurde stattdessen in einem Übergabevertrag aus dem Jahr 1931 geregelt, was die Altbauern von den Nachkommen auf dem Hof für ihren Lebensunterhalt zu erhalten haben: Anspruch hatten sie unter anderem auf jährlich »zehn Zentner gute Speisekartoffeln«, vier gemästete Gänse und je ein paar neue Lederpantoffeln. Wöchentlich standen ihnen fünf Pfund frisches Rindfleisch zu. Jeden Tag erhielten sie »zwei Liter Vollmilch, zwei Eier und einen und einen halben Liter Braunbier«. Weiter heißt es in der Urkunde des Notars: »Den Übergebern ist ferner das Getreide zur Mühle, das Mehl von der Mühle zu bringen, der Mahllohn zu bezahlen, zu backen, zu waschen, das Brennmaterial beizufahren, das Holz klein zu machen, aufzuschichten und nach Bedarf in ihre Austragswohnung zu verbringen, die Kleidung, Leib- und Bettwäsche sowie das Schuhwerk ausbessern zu lassen und allwöchentlich die Austragswohnung aufzuwaschen.« Die Altbauern machten Marias Mutter Theresia, die nach dem Tuberkulose-Tod ihres einzigen Kindes in dessen Fußstapfen getreten war, das Leben zur Hölle. »Die beiden haben ständig gegen meine Mutter gehetzt«, sagt Maria. »Sie hat eine sehr schwere Zeit gehabt.«

Trotz vieler Entbehrungen denkt Maria gerne an die Zeit auf dem Bauernhof zurück. »Sie war eigentlich sehr lustig, wenn auch sehr arbeitsreich.« Alle Kinder mussten auf dem Hof mit anpacken. Besonders verhasst war das wöchentliche Brotbacken, vor dem die Kleinen in den dunklen Backofen kriechen und dort das Feuerholz aufschichten mussten. Wenn geschlachtet wurde, hielt Maria sich die Ohren zu, um das Quieken der Schweine nicht zu hören. Noch heute isst sie so gut wie gar kein Fleisch. Gebadet wurde einmal die Woche in einem Zuber, in den heißes Wasser geschüttet wurde. Als Toilette diente ein Plumpsklo im Innenhof, in dem auch der Misthaufen stand.

Maria besuchte die Volksschule in Pleiskirchen, dem nächsten größeren Ort. Frühmorgens lief sie eine halbe Stunde zur Schule, mittags die gleiche Strecke zurück, auch bei Regen und Schnee. Eigentlich sollte sie – wie damals alle Obergrußbergers – spätestens nach der mittleren Reife abgehen, um eine Lehre zu absolvieren. »Aber dann kam der Direktor der Grundschule vorbei und sagte meinen Eltern, die hat das Zeug, um Abitur zu machen«, sagt meine Mutter. Maria war die Erste aus ihrer Familie, die auf ein Gymnasium und später auf die Universität gehen durfte. Im Gegenzug verzichtete sie auf ihren Erbanteil am Hof. 1954 bestand die 14-Jährige die Aufnahmeprüfung für ein Mädcheninternat in Passau, das von Nonnen geführt wurde: Schloss Freudenhain. Ein hübscher Name, mit dem Maria allerdings weniger hübsche Erinnerungen verbindet.

»Ich habe gedacht, wenn es eine Schule mit Nonnen ist, dann werden alle gleich behandelt, aber das stimmte gar nicht«, sagt Maria. »Ich habe dort das erste Mal erlebt, dass es verschiedene gesellschaftliche Klassen gibt. Es gab Arztkinder, Lehrerkinder und dann Bauernkinder und die Proleten. Schülerinnen, die sagten, sie gehen später ins Kloster, wurden besser untergebracht und besser verpflegt als wir anderen. Aber auch Angestellte wie die Putzfrauen oder die Gärtner wurden von den Nonnen nicht als gleichwertig behandelt. Das waren alles so Sachen, bei denen ich gesagt habe: Wenn das christlich sein soll, dann brauche ich das wirklich nicht.« Jeden Morgen vor der Schule mussten die Mädchen in die Kirche, abends war der Kirchenbesuch ebenfalls Pflicht, und einmal die Woche stand die Beichte an. »Ich wusste gar nicht, was ich alles beichten sollte, ich hatte doch nichts verbrochen«, sagt Maria. Zum Tanzkurs im Internat – Tango, Walzer, Foxtrott – kamen die Jungs aus dem Priesterseminar in Passau. »Wir haben getanzt, aber in jeder Ecke stand eine Nonne und passte auf, dass nichts Ungesetzliches passierte.« Bis heute hat Maria ein gebrochenes Verhältnis zur katholischen Kirche, Nonnen gegenüber ist sie besonders misstrauisch. »Im Internat habe ich gelernt, zur Revoluzzerin zu werden«, sagt sie.

Auch während der Jahre in Passau musste Maria in den Ferien auf dem Hof helfen. »Ich habe den Sommer immer auf den Feldern verbracht. Ich war immer ganz neidisch, wenn die anderen erzählten, wo sie im Urlaub waren.« Nicht nur in den Ferien war die soziale Ungleichheit auf Schloss Freudenhain unübersehbar. Eine Klassenkameradin wurde von der Mutter regelmäßig mit dem Chauffeur abgeholt, um in Passau nach Herzenslust einzukaufen. »Ich habe gedacht: Wenn die mir nur einmal anbieten würden, mit mir in die Stadt zum Klamottenkaufen zu gehen.«

Doch den Obergrußbergers fiel es schon schwer genug, das Geld für das Internat aufzubringen. »120 Mark im Monat, das war viel 1954, so kurz nach dem Krieg. Es gab manche Monate, in denen mein Vater nicht bezahlen konnte. Ich hatte dann jedes Mal Angst, dass es nicht weitergeht. Woher sollte er das Geld für zwei Monate nehmen, wenn er schon den einen nicht bezahlen konnte? Aber er hat es sieben Jahre lang geschafft«, sagt Maria. Die Schülerin bemühte sich, dem Opfer der Familie gerecht zu werden. »Das war ich meinen Eltern schuldig. Ich habe mir gesagt: Ich kann genauso gut sein wie eine Arzttochter.« Beim Abitur gehörte sie mit einem Notendurchschnitt von 1,6 zu den Klassenbesten. Rupert bat die Abiturientin, ihn auf eine Wallfahrt zu begleiten, um Gott für den Abschluss zu danken, auch wenn höhere Wesen aus Marias Sicht wenig mit dem Erfolg zu tun hatten. Drei Stunden dauerte die Wanderung, die zumindest Rupert betend verbrachte, vom Bauernhof in Anhaltsberg über den Inn zum Pilgerort Altötting.

Nach dem Abitur wurde Maria auch die erste »Studierte« aus der Bauernfamilie. 1967 hielt sie das Universitätsdiplom in den Händen. Die frischgebackene Volkswirtin verpackte die Urkunde wie ein Geschenk, das sie dann stolz ihrem Vater überreichte. »Ich sehe ihn noch heute vor mir, als er mein Diplom ausgepackt hat«, sagt sie. »Mein Vater war sehr introvertiert, aber da stand ihm die Freude ins Gesicht geschrieben.«

5   KALTER KRIEG UND HEISSE LIEBE

Als Tosun im Herbst 1961 sein Studium begann, steuerte die Welt auf eine Hochphase des Kalten Krieges zu. Ein Jahr später trieb die Kuba-Krise die Blöcke im Westen und Osten an den Rand eines neuen Weltkriegs. Die Sowjetunion beschloss 1962 die Verlegung von Mittelstreckenraketen auf die Karibik-Insel. Zuvor hatten die USA solche Raketen bereits in der Türkei stationiert.

Die Türkei hatte in den Jahren nach dem Zweiten Weltkrieg klar Position in der neuen Weltordnung bezogen, und zwar auf der Seite des Westens. Als die Nato 1949 gegründet wurde, geschah das zwar noch ohne die Türkei. Der Koreakrieg sollte aber den Weg für eine Aufnahme in das Bündnis ebnen: Im Herbst 1950 schickte Ankara eine 5.000 Mann starke Brigade in das ostasiatische Land, die dort an der Seite der Amerikaner gegen nordkoreanische und chinesische Truppen kämpfte. Die Türken verdienten sich Meriten in dem verlustreichen Einsatz, der maßgeblich zur Aufnahme in die Nato beitragen sollte. 1952 trat die Türkei der Nato bei, drei Jahre früher als die Bundesrepublik. Die Türkei wurde zum östlichsten Frontstaat des Bündnisses.

Seinen Wehrdienst vor dem Studium leistete Tosun als Verbindungsoffizier und Englisch-Dolmetscher ab. Der junge Leutnant – nach einem Offizierslehrgang bekamen die meisten Abiturienten diesen Dienstgrad – war einer der Übersetzer auf einer Artilleriebasis im westtürkischen Çorlu, wo einheimische und amerikanische Nato-Soldaten eingesetzt wurden. Ein Schwarz-Weiß-Foto in einem alten Album zeigt Tosun und einen türkischen

Kameraden, wie sie in einer verschneiten Landschaft auf einem Artilleriegeschütz sitzen. Auf einem weiteren Bild sind drei Soldaten zu sehen, gekleidet in Feldmänteln, im Arm halten sie Karabiner. »Drei Musketiere – Tosun, Osman, Rıfat«, hat mein Vater daruntergeschrieben. »Abfahrt ins freie Wochenende« steht auf einem anderen Foto in dem zerfledderten Album, es zeigt Tosun, der sich noch in Uniform lässig aus einem Zugfenster lehnt, in der rechten Hand eine Zigarette.

Auf dem Stützpunkt westlich von Istanbul stationierten die Türken Kurzstreckenraketen vom Typ *Honest John*[23], der ersten atomwaffenfähigen Boden-Boden-Rakete der US-Armee. Die Atomsprengköpfe, mit denen sie im Falle eines Krieges mit der Sowjetunion munitioniert werden sollten, blieben unter Kontrolle der US-Soldaten in Çorlu. Die Grenze zum Warschauer-Pakt-Staat Bulgarien war knapp 140 Kilometer Luftlinie entfernt, die Raketen hatten allerdings nur eine Reichweite von weniger als 30 Kilometern. Sie waren für einen atomaren Schlag gegen frontnahe feindliche Truppen gedacht, die womöglich bereits in die Türkei eingedrungen waren. »Gott sei Dank wurden sie nie eingesetzt«, sagt Tosun. »Sie hätten uns alle verstrahlt.«

Allein schon aus dem Grund, dass Atomwaffen im Spiel waren, würde man vermuten, dass Wert darauf gelegt wurde, Sprachschwierigkeiten zwischen Türken und Amerikanern in Çorlu tunlichst zu vermeiden. »Ich war aber kein besonders guter Übersetzer«, sagt Tosun. »Ich wurde von der Armee auf Deutsch und Französisch geprüft. Diese Sprachen beherrschte ich gut. Dann hat der Prüfer gesagt, Englisch wirst du schon auch können. Ich sagte, eigentlich nur ein bisschen. Er meinte, das wird schon reichen.« Zwar war Englisch Tosuns zweite Fremdsprache auf dem Galatasaray-Gymnasium gewesen, doch

Tosun (mit Zigarette)

größere Bedeutung hatte er diesem Schulfach nie beigemessen. »Über Alltägliches konnte ich ein bisschen parlieren, aber fürs Militär war mein Vokabular nicht gedacht. Ich wusste nicht einmal, was Gewehrlauf auf Englisch heißt.«

Von Fachtermini der Raketentechnik hatte der junge Offizier schon gar keine Ahnung, was einen türkischen Hauptmann nicht davon abhielt, von ihm die Übersetzung eines Handbuchs über die Trägerrakete zu verlangen. Tosun hat das Handbuch nie übersetzt, und zum Raketentechniker wurde er bei der Armee auch nicht. Dafür machte er bei den Streitkräften den Führerschein. Familienintern sind Tosuns Fahrkünste bis heute nicht weniger umstritten als die damalige Doktrin der nuklearen Abschreckung.

Auch ein gewisser Doug Wright war Ende der 1950er-Jahre in Çorlu im Einsatz. Ich schrieb den früheren US-Soldaten in der vagen Hoffnung an, er könnte Tosun dort kennengelernt haben. Wright verließ die Basis allerdings, kurz bevor mein Vater dort seinen Dienst antrat. Wright hat seine Erinnerungen an die Zeit auf einer Internetseite festgehalten, auf der amerikanische Veteranen »die Errungenschaften des US-Militärs in der Türkei während des Kalten Krieges in ihren eigenen Worten« beschreiben.[24] »Unsere Anwesenheit sollte geheim sein, und uns wurde gesagt, wir dürften unsere Aufgaben nicht diskutieren und besonders die Honest-John-Raketen nicht erwähnen«, berichtet Wright. Nachdem die auf dreiachsigen Lastwagen montierten Abschussvorrichtungen allerdings bei Paraden in Istanbul und Ankara zur Schau gestellt worden seien, »muss die ganze Welt gewusst haben, was wir taten«. Wright erinnert sich noch heute wehmütig an die Zeit – nicht nur an den Dienst auf der Basis, sondern auch an Ausflüge nach Istanbul mit Schwarzmeerwein und Şiş Kebap. Der Veteran – der in seiner E-Mail-Signatur »Gott segne die USA« hinter seinen Namen setzt – arbeitete damals mit einem Leutnant namens Bülent zusammen. Bülent war ein wehrdienstleistender Übersetzer wie Tosun, mit dem er auch andere Eigenschaften gemein gehabt zu haben schien. »Bülent mochte schnelle Autos und attraktive Frauen, vielleicht in der umgekehrten Reihenfolge«, schreibt Wright. »All das hat sich später geändert, als er sich verlobte und später heiratete.« Wright wurde damals von seinem türkischen Kameraden sogar zur Hochzeit eingeladen. »Ein ganz schönes Vergnügen«, erinnert sich der Veteran in einer E-Mail im Winter 2016.

Im Alltag gewöhnlicher Türken machte sich der Kalte Krieg Anfang der 1960er-Jahre weniger bemerkbar als auf der Basis in Çorlu. Ganz anders sah das in Tosuns neuer Heimat Deutschland aus. Kurz vor seinem Studienbeginn in München war in Berlin die Mauer gebaut worden, die die frühere Reichshauptstadt ab dem 13. August 1961 teilte. Völkerrechtlich stand Berlin unter dem Besatzungsstatut der Siegermächte. Der Ostteil war die Hauptstadt der DDR. Der Sonderstatus des Westteils war komplizierter: Im Viermächteabkommen 1971 legten die USA, die Sowjetunion, Frankreich und Großbritannien fest, »dass die Bindungen zwischen den Westsektoren Berlins und der Bundesrepublik Deutschland aufrechterhalten und entwickelt werden, wobei sie berücksichtigen, dass diese Sektoren so wie bisher kein Bestandteil der Bundesrepublik Deutschland sind und nicht von ihr regiert werden«. Die DDR sprach von der »besonderen politischen Einheit Westberlin«. Die Bundesrepublik beanspruchte Berlin (West) – so die offizielle Schreibweise im Westen – dennoch als zwölftes Bundesland für sich.[25]

Die Bundesregierung subventionierte Berlin-Fahrten für Studenten, wohl auch, um die West-Anbindung der komplett von der DDR umschlossenen Stadt zu untermauern. Im Januar 1963 meldete sich Tosun für eine solche Fahrt an. Mit dabei war auch eine ihm bis dato unbekannte Kommilitonin: Maria. Wenige Monate später – am 26. Juni 1963 – würde US-Präsident John F. Kennedy vor dem Rathaus Schöneberg seine berühmte Rede halten, die mit den Worten endete: »Alle freien Menschen, wo immer sie leben mögen, sind Bürger dieser Stadt Westberlin, und deshalb bin ich als freier Mann stolz darauf, sagen zu können: Ich bin ein Berliner.«[26]

Nur 60 Mark kostete die einwöchige Berlin-Reise, darin enthalten waren die Busfahrt, die Unterkunft in einer Jugendherberge, eine Stadtrundfahrt und sogar ein Theaterbesuch.

»Da habe ich mir gedacht, es ist ja billiger, nach Berlin zu fahren, als eine Woche in München zu bleiben«, erinnert sich Maria. Sie überredete eine Freundin namens Ursula, sie zu begleiten. Tosun trat die Busfahrt durch die Transitstrecke und die DDR alleine an. Die blonde Bauerstochter aus Oberbayern fiel dem dunklen Fabrikantensohn aus Istanbul schnell ins (nicht ungeübte) Auge.

»Bei einer Pause, als wir alle kurz aus dem Bus stiegen, merkte ich, dass er sich für mich interessierte«, sagt meine Mutter. Mein Vater ergänzt: »Sie war halt ein hübsches Mädchen. Da war noch eine andere junge Frau dabei«, sagt Tosun, er meint Marias Begleiterin Ursula. An meine Mutter gewandt, fügt er hinzu: »Aber du hast mir besser gefallen.« Daraufhin habe er Maria angesprochen. »Und es sieht fast so aus, als habe sie mich auch nett gefunden.«

In Berlin setzten sich Maria und Tosun von der Reisegruppe ab, gemeinsam erkundeten sie die geteilte Stadt, in deren Westteil ein riesiges Schild mit der Aufschrift »Berlin bleibt frei« in den Himmel ragte. Als sie Ost-Berlin besuchten, mussten sie die Grenze getrennt passieren: Tosun nahm den Übergang für Ausländer, Maria den für Deutsche. Ein DDR-Grenzer entdeckte bei ihr ein Buch: *Der kleine Prinz* von Antoine de Saint-Exupéry, das zwar kaum als Westpropaganda taugt, dem Grenzer aber als Vorwand für eine eingehende Überprüfung der jungen Westdeutschen dient. »Er führte mich dann in ein stilles Kämmerlein, der hätte da wer weiß was mit mir machen können«, sagt Maria. Der Grenzbeamte blätterte das Buch von vorne bis hinten durch, entdeckte aber nichts Verdächtiges und ließ Maria passieren. Dennoch verunsicherte die Kontrolle die 22-jährige Studentin aus Bayern so sehr, dass sie in Ost-Berlin ihren

Personalausweis zerriss und die Fetzen wegwarf. »Ich hatte auch noch meinen Reisepass dabei und hatte Angst, die könnten denken, ich wolle mit dem zweiten Ausweis jemanden rüberholen. Ich dachte, lieber Gott, vielleicht verhaften sie mich, wenn sie merken, dass ich zwei Ausweise dabeihabe.«

Ob sie sich damals schon ineinander verliebt haben? »Na ja, das kam so schrittweise«, sagt Maria. Die Liebesbriefe von damals sind Jahrzehnte später einer Ehekrise zum Opfer gefallen. (»Aber ich würde sowieso nicht wollen, dass du in deinem Buch aus meinen Liebesbriefen zitierst«, sagt meine Mutter empört.) Überlebt haben zwei Fotos, die sich Maria und Tosun im Januar 1964 geschenkt haben: eine Porträtaufnahme von Maria mit Pagenschnitt (»das hing damals im Schaufenster des Friseurs«, sagt sie heute), auf die Rückseite hat sie geschrieben: »Denke oft und gern an Deine freche Matschi«, den Spitznamen haben ihr einst Nachbarn verpasst.

Das andere Bild zeigt einen jungen Tosun, noch schlank und mit vollem Haar, gekleidet mit Sakko und Krawatte. »So sah ich (Dein Tosun) 1961 aus.« Unterzeichnet hat er mit: »Der böse Türke«.

Nach der Berlin-Reise sahen sich Maria und Tosun regelmäßig, und sie unternahmen immer mehr miteinander. Tosun schleppte Maria in die von ihm geliebten Wildwestfilme, die zumeist im Schwabinger Kino »Türkendolch« liefen, wo der Eintritt am Geburtstag gratis war. »Dafür ist er mit mir in die Oper gegangen«, erinnert sich Maria. »Unsere Abmachung war: ein Wildwestfilm gegen eine Oper.« In der Oper kauften die Studenten sich Stehplätze für fünf Mark. »In der Pause haben wir geschaut, ob noch Sitzplätze frei sind, und haben uns dann dort draufgesetzt.« Meine Mutter beeilt sich, den Regelverstoß von

Maria als junge Frau

vor einem halben Jahrhundert zu rechtfertigen: »Das haben aber alle Studenten so gemacht«, versichert sie. Wenn Maria und Tosun sich etwas gönnen wollten, gingen sie essen. In die Gaststätte *Weinschatulle*, die bis vier Uhr morgens geöffnet hatte, oder ins Restaurant *Vollmond*, wo der Schweinebraten nur 2,20 Mark kostete.

Es war eine unbeschwerte Zeit, die allerdings getrübt wurde durch die Folgen des Militärputsches in der Türkei im Jahr 1960. Schon Ende der 1950er-Jahre schlitterte die Wirtschaft in der Türkei in eine Krise, die sich nach der Machtergreifung der

Tosun als junger Mann

Militärs zuspitzte. Auch das Familienunternehmen der Mereys geriet in Nöte, Vater Nejdet konnte seinem Sohn kein Geld mehr nach Deutschland schicken. Tosun drohte der Abbruch des Studiums. In seiner Not beantragte er ein Stipendium beim Deutschen Akademischen Austauschdienst (DAAD). Der Heimleiter am Maßmannplatz, der ein Professor war, und eine Angestellte des DAAD unterstützten ihn dabei. »Das sind die guten Deutschen gewesen, von denen es damals viel mehr gab als von den rechtslastigen«, sagt Tosun. »Das Stipendium war meine Rettung.« Am 22. Februar 1967 bestand der türkische Student die Diplomprüfung für Kaufleute. In der väterlichen Papierfabrik, die einige Jahre nach Nejdets Tod 1974 abgewickelt wurde, liefen die Geschäfte schon damals schlecht.

»Es war klar, dass die Firma mich nicht auch noch würde ernähren können«, sagt Tosun. »Maria und ich haben nicht ernsthaft daran gedacht, nach Istanbul zu gehen.«

Tosun unternahm einen Anlauf, in München zu promovieren, legte den Versuch aber bald zu den Akten. Das Thema, das ihm sein Statistikprofessor in jenem Jahr 1967 zuwies, in dem die US-Firma *Texas Instruments* den ersten Taschenrechner entwickelte, weiß Tosun heute noch: *Die besondere Problematik der numerischen Algebra bei der Verwendung von Tischrechnern.* »Ich habe nie herausgefunden, worin die besondere Problematik lag«, sagt Tosun.

Maria bekam im Rahmen des Bundesausbildungsförderungsgesetzes (BAföG) einen Mix aus Stipendium und Darlehen. Finanziell stand sie aber schlechter da als Tosun mit seinem vergleichsweise luxuriösen DAAD-Stipendium.

»Wenn mein Vater Geld hatte, hat er mir mal eine Monatsmiete bezahlt. Aber ich habe immer gearbeitet neben dem Studium und in den Ferien«, sagt Maria.

Sie jobbte in einer Druckerei, bei der Kitsch-Postkarten für das Oktoberfest bedruckt wurden. Beim bayerischen Landesstudio des ZDF verdiente sie sich ein Zubrot, indem sie Filme abrechnete, die für den Sender gedreht wurden. Bei der Post sortierte sie Mitte der 1960er-Jahre Briefsendungen und Pakete, den Stundenlohn weiß sie bis heute: 2,32 Mark, »egal ob bei Tag oder in der Nacht«. Sie sparte, bis sie sich für exorbitante 700 Mark ein Grundig-Röhrenradio leisten konnte.[27] Das »Musikgerät 2147« funktionierte jahrzehntelang zuverlässig, wenn sich die Röhre in dem braunen Holzkasten langsam aufgewärmt hatte. Noch heute steht das Radio bei meinen Eltern im Keller, auf der Skala leben längst verstummte Sender weiter wie Rias Berlin – der Rundfunk im amerikanischen Sektor und Vorläufer des Deutschlandradios.

Wenn meine Mutter heute von ihrem Job bei der Post erzählt, fallen ihr allerdings nicht nur das Grundig-Radio, sondern kurioserweise auch Sexspielzeug-Kataloge ein – die wilden 68er standen vor der Türe. »Von Beate Uhse wurden immer so schweinische Kataloge verschickt«, sagt Maria. »Wir waren so neugierig, dass wir eines Tages auf die Toilette gegangen sind, um uns die dort anzuschauen.«

Maria wohnte mit einer alten Schulfreundin aus Internatszeiten zusammen. Die beiden jungen Frauen teilten sich das einzige Zimmer der Wohnung, die sonst nur noch Platz für eine Kochnische und ein Bad bot. Die kleine Wohnung lag an der Ecke zwischen der Heß- und der Luisenstraße, auf halber Strecke vom Maßmannplatz zur Uni. »Tosun ist praktisch jeden Tag auf dem Weg zur Uni bei mir vorbeigekommen«, sagt Maria. Als die Freundin zum dritten Mal durchs Examen fiel, zog sie aus. Tosun ergriff die Chance beim Schopf: Er verließ den Maßmannplatz und quartierte sich bei Maria ein.

Das Zusammenziehen ist selbst für Paare mit gleichem kulturellem Hintergrund die erste Nagelprobe, bei der nach dem Abflauen der ersten Euphorie schon der unterschiedliche Umgang mit der Zahnpastatube zu Spannungen führen kann. Von meinem Vater will ich wissen, ob sich bei ihm und Maria damals Missverständnisse oder kulturelle Differenzen offenbart hätten, die der Herkunft geschuldet gewesen seien. »Ich habe damals keine kulturellen Unterschiede gespürt«, antwortet er. »Ich habe mich schließlich auch als Europäer betrachtet.«

Marias und Tosuns Verbindung mag für damalige Zeiten ungewöhnlich gewesen sein, der zeitliche Ablauf folgte dennoch dem klassischen Muster: sich verlieben, zusammenziehen, schließlich Heiratspläne. Mein Vater kann ein Kavalier der alten Schule sein, er verteilt großzügig Komplimente und ist immer zur Stelle, um Damen in den Mantel zu helfen oder die Türe aufzuhalten. Vermutlich deshalb habe ich angenommen, er habe meiner Mutter sicherlich einen besonders romantischen Heiratsantrag gemacht. Ein schönes Abendessen bei Kerzenlicht, rote Rosen auf dem edel gedeckten Tisch, Tosun zieht den Ring aus seiner Anzugtasche und fragt Maria, ob sie ihr Leben mit ihm verbringen will – so in etwa hatte ich mir das vorgestellt. Eine Illusion, wie deutlich wird, als ich meinen Vater nun danach frage, wann er eigentlich um die Hand meiner Mutter angehalten habe. »Ich habe gar keinen Heiratsantrag gemacht«, sagt er. »Es war irgendwann einfach klar, dass wir heiraten, weil wir die ganze Zeit zusammen waren. Das war die Hippiezeit, da haben die Leute keine Anträge gemacht und Blumen gebracht.« Ich wende ein, dass er nicht nur wegen seiner schon damals schütteren Haare nie ein Hippie war. »Das war ich nicht«, räumt er ein. »Aber zu dieser Zeit gab es halt keine romantischen Szenen. Ich kann mich nicht erinnern, dass irgendein Freund von mir vom Maßmannplatz einen solchen Antrag gemacht hätte. Er wäre belächelt worden, glaube ich.

Man hatte halt eine Freundin, und die hat man irgendwann einfach geheiratet.«

Marias Eltern wussten zwar nichts davon, dass Tosun schon bei ihrer Tochter eingezogen war. Dass die beiden aber ein Liebespaar waren, war ihnen bekannt. »Ich habe meinen Eltern erzählt, dass ich einen Türken heiraten werde«, sagt Maria. »Für meinen Vater war das ein großer Schock, aus religiösen Gründen. Seine erste Frage war, wie wir es mit dem Glauben der Kinder halten werden. Ich habe ihm gesagt, die Kinder sollen selbst entscheiden, wenn sie erwachsen sind.« Nach kurzem Zögern fügt Maria hinzu: »Ich habe meinen Eltern schon ganz schön viel zugemutet.«

Tosuns Vater Nejdet und seine Stiefmutter Samia nahmen seine Entscheidung, sein Leben mit einer Deutschen verbringen zu wollen, ohne weitere Aufregung zur Kenntnis. »Sie waren überhaupt nicht böse«, sagt Tosun. Seine Halbschwester Ertem hatte zuvor bereits einen Amerikaner geheiratet, wogegen Nejdet erfolglos Sturm gelaufen war. Womöglich ahnte Nejdet nach der Erfahrung mit Ertem, dass Widerstand bei diesem Thema zwecklos war. »Bei mir hat er jedenfalls nichts gesagt«, sagt Tosun. »Vielleicht hat er auch gedacht, dass ich mit Maria zurückkehre in die Türkei. Was aber nicht so gekommen ist.«

Schon im Jahr vor der Hochzeit stellte Tosun seine deutsche Freundin seiner Familie vor. Er nutzte die Semesterferien, um mit Maria nach Istanbul zu fahren. »Ich war nervös, aber ich war auch todmüde, als wir ankamen, weil wir zwei Tage und Nächte mit dem Zug unterwegs gewesen waren«, sagt meine Mutter. Nejdet und Samia holten das Pärchen nach der Zugreise quer durch Europa vom Bahnhof ab, es wurde ein herzlicher Empfang. »Ich habe mich sofort akzeptiert gefühlt«, sagt

Vater Nejdet und Stiefmutter Samia bei einem Besuch bei Tosun (rechts) in Deutschland Ende der 1950er-Jahre

Maria. Und an noch etwas erinnert sie sich: »Tosuns Vater sagte, ihr übernachtet in einem Zimmer, ich weiß doch, dass ihr schon längst miteinander schlaft.« Ich frage meine Mutter überrascht (schließlich waren die Hippies noch nicht bis in die Türkei vorgedrungen), ob sich die Aussage auf das bloße Zusammenliegen in einem Bett oder etwa auf Sex bezog. »Natürlich Sex«, sagt Maria in ihrer manchmal recht direkten Art, sie lacht dabei. »Sonst hätte er uns doch nicht in ein Ehebett gelegt. Tosuns Vater war doch nicht von gestern! Und der kannte doch seinen Sohn.«

Den türkischen Freund in Oberbayern einzuführen war nicht ganz so leicht. Als Marias Vater Rupert Geburtstag hatte, nahm sie Tosun mit nach Anhaltsberg. »Natürlich war ich nervös«, sagt Maria. »Ich bin auf dem Bauernhof aufgewachsen, und dann komme ich mit einem Türken an.« Das Herz von Theresia, der Mutter, eroberte dieser junge Türke im Sturm. »Meine Mutter fand Tosun toll. Sie machte gleich Pläne für einen Brautstrauß und richtete Möbel, Töpfe und Federbetten für uns her«, sagt Maria. »Mein Vater dagegen war Tosun gegenüber nicht sehr freundlich.« Rupert ließ seine Tochter spüren, dass er von der Verbindung wenig begeistert war. Er unternahm allerdings auch nichts, um seine 27-jährige Tochter von den Heiratsplänen abzubringen, die für die erzkatholische Region doch sehr unorthodox waren. »Er hat uns das Leben deswegen nicht schwer gemacht.« Vermutlich wusste Rupert, wie schwierig es ist, Maria etwas auszureden, das sie sich einmal in den Kopf gesetzt hat.

Der wortkarge Bauer, dessen Kontakte zu Ausländern sich bis dahin auf NS-Zwangsarbeiter und US-Besatzungstruppen beschränkt hatten, sprang über seinen Schatten. »Meine Mutter und mein Vater sind beide zur Hochzeit gekommen«, sagt Maria. Am Freitag, dem 16. Februar 1968, wurden sie und Tosun im Standesamt in München getraut. Nejdet und Tosuns Stiefmutter Samia reisten aus Istanbul an. Die Trauzeugen waren Klaus Brill, Tosuns Freund vom Maßmannplatz, und Marias Mutter Theresia. Tosuns Vater spendierte das Festessen für die 16-köpfige Hochzeitsgesellschaft im Schlosshotel Grünwald, einem gediegenen Hotel mit Panoramablick auf das Isartal. Die Welt war in Ordnung: Die Familien aus Oberbayern und Istanbul hatten die ungewöhnliche Verbindung akzeptiert. Alles deutete darauf hin, dass Maria und Tosun ihr Glück in Deutschland machen würden – einem Land, das zunehmend liberaler und moderner wurde.

Die Flitterwochen fielen allerdings noch bescheiden aus. Das Hochzeitspaar schlitterte in seinem VW-Käfer auf Sommerreifen für ein Wochenende ins nahe Garmisch-Partenkirchen. Es lag wieder Schnee – wie damals, knapp zehn Jahre zuvor, als Tosun das erste Mal nach Deutschland gekommen war.

6 REINRASSIG

Maria und Tosun ließen der standesamtlichen Heirat keine kirchliche Trauung folgen. Dafür hätte Tosun konvertieren müssen, was die beiden nie erwogen haben. Der Türke, auf dem Papier weiterhin ein Muslim, im Herzen aber längst Atheist, sollte sich zum Katholizismus bekennen? Eine absurde Vorstellung, zudem Maria seit ihrer Zeit im Nonnen-Internat ohnehin mit der Kirche auf Kriegsfuß stand. Ebenjene Kirche setzte nun noch einen drauf: Wegen der Hochzeit mit einem Muslim schloss sie Maria von den Sakramenten aus. Maria reagierte, indem sie nun auch offiziell mit der Kirche brach: Sie trat aus. Aus Marias Sicht war das nur konsequent. Besonders ihr zutiefst katholischer Vater aber, das wusste sie, würde den Schritt nicht auf die leichte Schulter nehmen. Ihren Eltern verschwieg sie den Austritt deshalb. »Mein Vater wäre darüber sehr traurig gewesen«, sagt Maria. Die katholische Kirche unternahm noch einen halbherzigen Versuch, das bockige Schäflein wieder zurück zur Herde zu führen. »Der Pfarrer suchte mich auf und fragte, ob ich mir diesen Schritt reiflich überlegt hätte«, sagt Maria. »Als ich das bejahte, ließ er sich nie wieder blicken.«

Damit gehörten für Maria nicht nur Kirchenbesuche der Vergangenheit an, sondern auch Kirchensteuern. Sie setzte dieses Geld künftig an anderer Stelle ein, wo es aus ihrer Sicht dringender benötigt wurde: »Meine Mutter bezog eine sehr niedrige Rente. Statt Kirchensteuer zu bezahlen, überwies ich ihr jeden Monat den doppelten Betrag.«

Drei Tage nach der Hochzeit trat Maria beim Marktforschungsinstitut Infratest ihren ersten Job als Diplom-Volkswirtin an. Sie und Tosun hatten ihre Studien mit der gleichen Note abgeschlossen, einer Drei. Obwohl Tosun viel mehr Bewerbungen schrieb als Maria, hatte er am Ende weniger Jobangebote in der Tasche als sie: Der Diplom-Kaufmann bekam ein einziges Angebot, und zwar von einem internationalen Konzern, nicht von einem deutschen Unternehmen. »Es war mir zu dem Zeitpunkt nicht bewusst«, sagt Tosun. »Aber nachträglich denke ich, dass die Schwierigkeiten wegen meiner türkischen Herkunft vielleicht schon damals angefangen haben.«

Am 1. April 1967 – dem Jahr vor der Hochzeit mit Maria – wurde Tosun als »Nachwuchsführungskraft« bei Olivetti in München eingestellt. Er war 27 Jahre alt, als er hoffnungsfroh seine Karriere bei dem Büromaschinen-Konzern begann. 1969 zogen Maria und er nach Frankfurt am Main, wo Tosun »Systembetreuer« bei Olivetti wurde (und wo ich 1972 zur Welt kommen sollte). Seine Aufgabe: »Verkaufsunterstützung für komplexe Datenverarbeitungs- und Datenübertragungsanlagen«. In inzwischen längst eingestellten Fachblättern wie den *adl-nachrichten – Zeitschrift für Informationsverarbeitung*, einer der frühesten IT-Publikationen in Deutschland, verfasste der Jungmanager Artikel. Einer dieser Berichte warb 1970 für die »On-Line-Technik im Rahmen der Bankenautomation«. Der Text aus einer Ära, in der Telefone noch Wählscheiben hatten, behandelte die Vorteile der Vernetzung von Geldinstituten über Datenleitungen (»Die von der Deutschen Bundespost erhältlichen Leitungen ermöglichen Übertragungsgeschwindigkeiten bis zu 4.800 Baud«). 1972 übernahm Tosun die von ihm mitaufgebaute Verkaufsstelle Rheinland – »aufgrund seiner bis dahin erfolgreichen Tätigkeit und der sehr guten Fachkenntnisse«, wie sein Arbeitgeber ihm bescheinigte. Unsere Familie zog nach Weilerswist in der Nähe von Köln. 1975 kehrten wir dorthin zurück, wo Marias Herz bis heute schlägt: nach Bayern. Tosun wurde Leiter der größeren »Verkaufsstelle Süd der Verkaufsdirektion Systeme« und Chef von acht Mitarbeitern in München.

Dort wurde Tosun erstmals bewusst, dass seine Herkunft zum Problem werden könnte. »Ein wichtiger Kunde fragte meinen Vorgänger, mit dem er befreundet war, ob es ein Türke sein müsse, der ihn nun betreut. Der Kunde wollte mit Türken nichts zu tun haben«, erinnert sich mein Vater. »Niedergeschlagen war ich darüber damals nicht, eher verärgert. Ich dachte, der soll mir den Buckel runterrutschen. Ich habe das damals wirklich für einen Einzelfall gehalten. Das mit der Stimmung gegen Türken braute sich erst so allmählich zusammen, wie ein Nebel. Weniger mir persönlich gegenüber, es war eher die generelle Einstellung gegenüber Türken. Hass war es damals nicht, aber Herablassung.«

Tatsächlich zeigt ein Blick auf die damalige Berichterstattung in den Medien, wie sehr sich bereits in den 1970er-Jahren die Stimmung gegenüber Türken in Deutschland verändert hatte. Im Juli 1973 bemühte der *Spiegel* Begriffe aus dem Krieg: »Städte wie Berlin, München oder Frankfurt können die Invasion kaum noch bewältigen«, schrieb das Magazin. »Offizieller Zuzug, illegaler Zustrom und natürlicher Zuwachs haben Kreuzbergs Türken-Kolonie innerhalb der letzten zwölf Monate um eine ganze Brigade (4.000) verstärkt.« Das Titelbild dieser Ausgabe zeigte eine türkische Großfamilie, deren acht Mitglieder sich in ein kleines Fenster gezwängt hatten, um einen

Blick aus ihrer Bruchbude zu werfen.« »Gettos in Deutschland – Eine Million Türken« steht darunter. Die Überschrift der Titelgeschichte: »Die Türken kommen – rette sich, wer kann«.[28]

Im April 1976 veröffentlichte die *Zeit* einen Artikel mit der Überschrift »Tore zu – die Türken kommen«[29]. Wenn ich den Bericht heute lese, wecken Teile davon bei mir Assoziationen an das Buch *World War Z*, jenen apokalyptischen Horrorroman, in dem sich Zombies allem Widerstand von Regierungen und Armeen zum Trotz anschicken, die Welt zu überrennen. Die *Zeit* meinte allerdings Türken, nicht Untote, als sie schrieb: »Im Wettlauf mit den Behörden drängen die Gastarbeiter immer weiter nach Norden.« In dem Artikel ging es darum, dass »Türken, Jugoslawen und Griechen« vor allem aus süddeutschen Städten abwanderten, wo sie oftmals schon mehr als 15 Prozent der Bevölkerung ausmachten:

> Dort, wo sie herkommen, ist es den Gastarbeitern zu ungastlich geworden: Sie gelten amtlich als unerwünscht – in jetzt dreißig Ballungsgebieten, zwanzig davon liegen allein in Bayern und Baden-Württemberg. In einem Wettlauf gegen die Behörden suchen deshalb Tausende von ihnen Arbeitsplatz und Wohnung in Regionen, die ihnen noch nicht versperrt sind – vorwiegend nördlich der Main-Linie.
> Die Stadtväter von drei Hauptzielorten der neuen Wanderungsbewegung haben bereits die Notbremse gezogen: Zum 1. April erklärten sich Berlin, Köln und Hannover zu »überlasteten Siedlungsgebieten« und lassen seitdem keine weiteren Türken, Griechen, Jugoslawen, Spanier und Portugiesen mehr in die Stadt.

Um überlastete Infrastruktur gehe es den Behörden dabei nur in zweiter Linie, schrieb die *Zeit* damals. Vor allem sei das Ziel der »Sperrbeschlüsse«, deutsche Arbeitnehmer vor der Konkurrenz zu schützen. Dass die Bundesregierung gleichzeitig verspreche, »den in der Bundesrepublik bereits lebenden und arbeitenden Ausländern die Eingliederung in das gesellschaftliche Leben unseres Landes zu erleichtern«, müsse den Gastarbeitern »wie Hohn« vorkommen. Weiter hieß es in dem Artikel:

> Das einzige existierende Instrument jedoch, den ungeliebten Ausländern das Leben noch schwerer zu machen, ist die Bund-Länder-Vereinbarung gegen eine drohende Überfremdung, die jetzt ein Jahr probeweise in Kraft ist. Ursprünglich erdacht, um die sozialen Folgen der Gastarbeiterbeschäftigung für einzelne Ballungszentren zu begrenzen, wird der »Türken-Sperrvertrag« jetzt massiv benutzt, um die Chancen der deutschen Arbeitslosen weiter zu verbessern – lange bevor die kritische »Sozialgrenze« von zwölf Prozent Ausländeranteil erreicht ist.
> Das geht ganz einfach: Überschreitet der Ausländeranteil einer Stadt oder Region die Sechsprozentgrenze, so heißt es in der Bund-Länder-Vereinbarung, »bleibt es den zuständigen Behörden auf Landesebene unbenommen, solche Regionen … ebenfalls zu überlasteten Siedlungsgebieten zu erklären«. Bei einem Anteil von zwölf Prozent tritt die Zuzugssperre sogar automatisch ein.

Die meisten türkischen Gastarbeiter nahmen zu dieser Zeit gar nicht wahr, was in deutschen Medien über sie berichtet wurde. Mein Vater schon. »Ich habe damals sogar ausschließlich deutsche

Zeitungen gelesen«, sagt er. Noch heute studiert Tosun jeden Tag den Politikteil der *Süddeutschen* – auf Papier, wenn er in Deutschland ist, online, wenn er sich in der Türkei aufhält. Je stärker in den 1970er-Jahren die Ressentiments gegen Türken in der Bundesrepublik wurden, desto mehr wuchsen die Sorgen meines Vaters darüber, was das für seine Familie bedeuten könnte, die inzwischen weiter gewachsen war: 1975 war mein Bruder Kenan in München zur Welt gekommen.

Schon kurz vor meiner Geburt drei Jahre zuvor hatte meine Mutter aufgehört zu arbeiten. »Dabei hatte Maria eigentlich bessere Berufschancen als ich«, sagt Tosun. Ich frage ihn, ob sie vor diesem Hintergrund denn nicht überlegt hätten, dass er bei den Kindern bleibt und Maria Karriere macht. »Das wäre zum Beispiel etwas, was ein Türke sich nicht vorstellen könnte«, antwortet er. »Aber das hat Maria auch nie verlangt.« Tosun war nun jedenfalls der Alleinverdiener der Familie. Immer häufiger fragte er sich, ob es nicht verantwortungslos gewesen sei, als Türke eine deutsche Familie zu gründen. »Als du vier, fünf Jahre alt warst, dachte ich mir das erste Mal, was habe ich da bloß getan?«, sagt er mir heute. »Die armen Kinder, die arme Frau.« Bald darauf stieß Tosun in einer Tageszeitung auf eine vielversprechende Stellenanzeige: Standard Elektrik Lorenz (SEL), eine deutsche Telekommunikationsfirma, suchte einen Vertriebsrepräsentanten für den Nahen Osten mit Sitz in Teheran. »Ich ahnte damals, dass es für mich als Türke vielleicht besser wäre, ins Ausland zu gehen.«

Im Sommer 1978 zog unsere Familie in den Iran. Weit weg von der zunehmend türkenfeindlichen Stimmung in Deutschland, so glaubten Tosun und Maria – ein Irrtum. Als ich an der Deutschen Schule in Teheran eingeschult werden sollte, bestand die Schulleitung wegen Tosuns Herkunft zunächst darauf, mich in den Zweig für iranische Schüler zu stecken, in dem auch auf Farsi unterrichtet wurde. Vielleicht lag dem die Logik zugrunde, dass der Halbtürke besser zu den einheimischen Muslimen passen würde als zu den Deutschen (auch wenn Türken vor allem Sunniten und Iraner Schiiten sind). Tosun erinnert sich, dass ich die Schwierigkeiten damals mitbekommen habe. »Du hast mir als Sechsjähriger gesagt: Gell, Papa, die wollen mich nicht.«

Maria protestierte und wandte sich in ihrer Verzweiflung sogar ans Auswärtige Amt. Ihr Einspruch trug Früchte: Ich durfte doch in den deutschen Zweig. Doch es war nur ein Teilerfolg, wie meine Mutter bald feststellen musste. Mein Bruder Kenan – anders als ich blond und hellhäutig – sollte nicht mit den Deutschen spielen. Das Aufnahmegespräch im Kindergarten der Deutschen Schule hat sich meiner Mutter ins Gedächtnis eingebrannt, sie erinnert sich daran wie folgt: »Tosun hatte Kenan auf dem Arm, als wir reinkamen. Die Kindergartenleiterin sagte: ›Wenn ich Sie so anschaue – Sie sind kein Deutscher?‹ Tosun antwortete: ›Nein, ich bin Türke.‹ Daraufhin sagte die Frau: ›Tut mir leid, aber in unseren Kindergarten nehmen wir nur reinrassige Kinder auf.‹ Ich habe ihr dann gesagt: ›Wissen Sie, was, ich will mein nichtreinrassiges Kind gar nicht in Ihren reinrassigen Kindergarten geben.‹ Danach sind wir gegangen.« Tosun sagt rückblickend: »Die Haltung ging eher in die Richtung, wie wir es überhaupt wagen können, Kenan dort anmelden zu wollen.« Die fehlende Reinrassigkeit bescherte meinem Bruder frühe Englischkenntnisse, die ihm dann der internationale Kindergarten in Teheran vermittelte.

Als das Schuljahr 1978/1979 begann, herrschte im Iran bereits Aufruhr. Die Demonstrationen gegen Schah Reza Pahlavi wurden immer größer. Revolutionsführer Ajatollah Ruhollah Chomeini stand kurz vor der Machtübernahme. »Die Deutsche Schule war umstellt von Panzern«, erinnert sich Maria. Eine Bekannte riet ihr dazu, Vorräte anzulegen, weil die Regale in den Supermärkten schon fast leer seien. »Es war tatsächlich kaum noch etwas zu haben.« Die dem Mangel geschuldete Zusammenstellung des Warenkorbs am Ende des Hamsterkaufes hat Maria bis heute nicht vergessen: »Nüsse, tiefgefrorene Krabben, Eier, Thunfisch in Dosen und Wasser, Wasser, Wasser.«

Jeden Abend um neun Uhr begann die Ausgangssperre. »Um fünf nach neun fingen die Demonstrationen gegen den Schah an«, sagt Maria. »Die Demonstranten trugen weiße Leichentücher, um zu zeigen, dass sie bereit waren zu sterben.« Die Regimegegner zogen an unserem Haus vorbei, das an der Straße lag, die zum Palast des Schahs führte. Aus der Ferne waren die Schüsse der Polizisten zu hören. »Die Demonstranten, die wir gesehen haben, waren alle friedlich. Wir standen auf der Dachterrasse und haben zugeschaut, wie alle Leute aus der Nachbarschaft«, sagt Maria. »Es war eine sonderbare Mischung. Unser Vermieter, der über uns wohnte, war ein Schah-Anhänger. Im Haus gegenüber wohnten dagegen Chomeini-Anhänger, die feuerten die Demonstranten an.«

Wegen der Unruhen fiel der Schulunterricht immer öfter aus. Tosun arbeitete im Büro des amerikanischen Konzerns International Telephone & Telegraph Corporation (ITT), zu dem die deutsche SEL damals gehörte. Die USA unterstützten den Schah bedingungslos, in Teheran wuchs der Hass auf Amerika. Das ITT-Büro wurde mit Steinen beworfen, Fensterscheiben gingen zu Bruch. Im Iran – einem der Länder mit den weltweit größten Erdölvorkommen – wurde Benzin rationiert. Der weiße

Chevrolet und die rote Citroën-Ente meiner Eltern standen nutzlos vor der Tür. Wohlhabende Iraner sahen zu, dass sie ihr Vermögen ins Ausland brachten. Bargeld wurde knapp. »ITT sagte, im Notfall holen wir euch raus«, erinnert sich Maria. »Das war schon beruhigend. Und als die Lage eskalierte, kamen Anfang November zwei Leute von ITT mit Koffern voller Bargeld und mit Flugtickets. Jeder kriegte Geld und Tickets in die Hand gedrückt. Kindern und Müttern wurde geraten auszureisen. Von der Firma blieben nur wir und noch eine Familie.«

Ich selber erinnere mich heute nur noch schemenhaft an die Zeit. Was mir im Gedächtnis geblieben ist: wie wir alle zusammen im Wohnzimmer sitzen und meine Eltern so tun, als gäbe es keinen Grund zur Sorge. Als meine Mutter von der Zeit damals erzählt, frage ich sie, warum wir dem eigentlich vernünftig klingenden Rat zur Ausreise damals nicht sofort gefolgt sind. »Wir hatten eben erst eine schöne Wohnung gefunden, und alles lief doch gerade«, sagt sie. Meine Mutter ist alles andere als ängstlich, wie mir spätestens 2010 bewusst werden sollte, als sie mich auf eine Reise nach Kabul begleitete. Im Alter von 70 Jahren wollte sie unbedingt Afghanistan mit eigenen Augen sehen.

Als im Iran allerdings das Gerücht die Runde machte, der Flughafen in Teheran würde auf unbestimmte Zeit gesperrt, wurde Maria doch bange. »Das war am Nikolaustag, am 6. Dezember 1978, ich weiß es noch ganz genau. Um fünf Uhr morgens war die Ausgangssperre zu Ende. Um fünf nach fünf fuhren wir zum Flughafen. Als wir ankamen, war dort alles voll von Menschen. Manche hatten dort sogar übernachtet. Ich wollte fast schon wieder umkehren.« Tosun kannte einen Mitarbeiter von Lufthansa, dem es in dem Chaos doch noch gelang, meine Mutter, meinen Bruder und mich in das nächste

Flugzeug zu bringen. Mein Vater selbst blieb noch über den Sturz des Schahs und die Machtübernahme Chomeinis hinaus in Teheran, um die Geschäfte abzuwickeln. »Bedingt durch die politische Situation im Iran, kehrte Herr Merey im Sommer 1979 nach Stuttgart zurück«, bescheinigte SEL ihm knapp zwei Jahre später in einem Zwischenzeugnis. »Seine langjährige Erfahrung, seine detaillierten überdurchschnittlichen Fachkenntnisse sowie seine sehr guten englischen Sprachkenntnisse führten dazu, dass er sein Aufgabengebiet als Firmenrepräsentant im Ausland bestens beherrschte.« Das Fazit der Firma in dem Zeugnis: Tosun leistete »ausgezeichnete Arbeit«.

Tosuns verschiedene Aufgaben bei SEL sollten ihn in der Folge noch häufiger ins Ausland führen, nach Singapur, Kairo und Istanbul – aber stets auch wieder zurück nach Stuttgart, in die Zentrale der Telekommunikationsfirma. Während Tosun bei der kosmopolitischen Olivetti anfangs schnell die Karriereleiter hinaufklettern konnte, hatte er bei der schwäbischen SEL bald das Gefühl, an eine gläserne Decke zu stoßen. »Die negative Haltung gegenüber Türken in Deutschland war inzwischen so stark ausgeprägt, dass mir klar war, dass ich in dieser Firma nicht weiter aufsteigen würde. Ich hatte es bis zur untersten Stufe eines leitenden Angestellten geschafft, und weiter hinauf würde ich auch nicht kommen«, sagt Tosun. »Ich hatte das Gefühl, gegen Windmühlen zu kämpfen.« Sosehr er auch versucht habe, sich anzupassen: In der Firma sei er stets als Ausländer wahrgenommen worden. »Wenn zum Beispiel in Kairo Anrufe aus der Zentrale in Stuttgart kamen, sprachen die Anrufer oft Englisch, obwohl ich selber Deutsch mit ihnen sprach. Die haben dann trotzdem in gebrochenem Englisch versucht, mir irgendetwas zu erklären.«

Sogar in Kairo erfuhr Tosun Ablehnung, weil er Türke war. »Wir wollten damals Kommunikationsanlagen in Ägypten verkaufen. Ein Ingenieur aus der Zentrale kam auf einer Dienstreise vorbei und traf einen ägyptischen Kunden, der ihn fragte: ›Habt ihr als deutsche Firma keine anderen Leute als Türken, die ihr uns schicken könnt?‹ Der deutsche Ingenieur gab das dann an die Zentrale in Stuttgart weiter. Ich war empört und fragte meinen Chef, was dem Ingenieur einfalle, so etwas zu berichten. Der Chef antwortete mir: ›Aber wenn es der Wahrheit entspricht, dann muss er das berichten.‹ Da hatte er recht. Aber ich war trotzdem entsetzt. Das war der Moment, an dem ich angefangen habe, daran zu zweifeln, ob ich jemals ein Deutscher werden kann.«

Aufgeben wollte Tosun dennoch nicht. 1987 verließen wir Kairo, nach vier Jahren beorderte SEL meinen Vater zurück in die Zentrale. Er hoffte damals noch, in einer anderen Firma bessere Aufstiegschancen zu haben. Mit zunehmender Verzweiflung bewarb er sich auf Stellenangebote. Ich erinnere mich noch daran, wie meine Eltern abends zusammensaßen und Maria die Bewerbungen Korrektur las. Kein noch so geringfügiger orthografischer Fehler sollte sich in seine Anschreiben einschleichen, kein Arbeitgeber sollte denken, Tosun beherrsche die deutsche Sprache nicht. »Ich habe Dutzende Bewerbungen geschickt auf Annoncen, insgesamt vielleicht hundert«, sagt mein Vater. »Nicht ein einziges Mal wurde ich auch nur zu einem Vorstellungsgespräch eingeladen.« Nicht aus menschlicher, aber aus kaufmännischer Sicht kann Tosun diese schweigende Ablehnung sogar verstehen. »Ich würde in einem Verkaufsjob in Deutschland auch keinen Türken einsetzen«, sagt er. »Weil ein Türke bei der Stimmung in Deutschland am Ende negative Gefühle beim Käufer wecken würde.«

Tosun blieb nichts anderes übrig, als weiter bei SEL seine Arbeit zu verrichten. Eines Tages fragte er den Personalchef, ob er nicht eine andere Aufgabe in der Firma übernehmen könne. »Als er mir nichts anbot, fragte ich ihn, ob man mit meiner Arbeit nicht zufrieden sei. Er sagte mir, es gehe nicht um Qualifikation. Er wisse aber nicht, ob ich als Türke von Untergebenen akzeptiert würde.«

Tosuns eigene Erfahrungen bestätigten diesen Verdacht. 1990 entsandte ihn SEL in ein Nato-Beratungsgremium, in dem eine Forschungsgruppe aus Vertretern verschiedener Unternehmen Studien zur militärischen Kommunikation für das bevorstehende Jahrtausend entwickeln sollte. Tosun war kaufmännischer Leiter der Gruppe, der unter anderem auch zwei deutsche Ingenieure angehören sollten – die den Auftrag aber ablehnten. »In der Firma hörte ich später, dass sie nicht unter einem Türken arbeiten wollten.«

Es waren diese frustrierenden Erfahrungen, die dazu führten, dass Tosun schon 1996 darum bat, in den vorzeitigen Ruhestand entlassen zu werden – im Alter von gerade einmal 56 Jahren. Gemeinsam mit Maria baute er im Südwesten der Türkei ein kleines Hotel auf. Diesen Neuanfang immerhin hatte ihnen der Job bei SEL ermöglicht, der außerdem stets für ein gutes Einkommen gesorgt hatte, während der Auslandsaufenthalte sogar für ein sehr gutes.

Auch deswegen erzählt Tosun von seinen negativen Erfahrungen als Angestellter in der Regel nur, wenn man ihn ausdrücklich danach fragt. Er fügt dann stets hinzu, ihm sei bewusst, dass er auf einem hohen Niveau klage. Mit Genugtuung blickt mein Vater auf sein Berufsleben allerdings nicht zurück. »Vielleicht wäre das auch zu viel verlangt. Aber obwohl ich bei SEL viele Länder gesehen habe, habe ich im Nachhinein das Gefühl, meine Zeit verschwendet zu haben«, sagt Tosun. Er ist davon überzeugt, dass er es weiter hätte bringen können – wenn er nicht als Türke in Deutschland versucht hätte, Karriere zu machen.

Ich wende in einem unserer Gespräche ein, dass es natürlich auch noch eine andere Möglichkeit geben könnte: dass er vielleicht nicht gut genug in seinem Job war und deswegen nicht weiter aufstieg. »Das kann natürlich sein«, räumt er ein. »Aber wie viele Türken kennst du, die es in großen deutschen Firmen in verantwortungsvolle Positionen geschafft haben?« Davon gibt es tatsächlich noch heute verschwindend wenige, selbst wenn man das generell niedrigere Bildungsniveau zugrunde legt: Gerade einmal zwei Prozent der Erwerbstätigen mit türkischen Wurzeln haben es laut *Datenreport 2016* des Statistischen Bundesamtes in die Gruppe der höheren Angestellten geschafft – verglichen mit 16 Prozent bei denjenigen ohne Migrationshintergrund. Die größte Gruppe macht immer noch das, wofür die Türken vor Jahrzehnten nach Deutschland geholt wurden: Während nur 12 Prozent der Deutschen ohne ausländische Wurzeln ihr Geld als einfache Arbeiter verdienen, sind es bei Erwerbstätigen mit türkischem Hintergrund 42 Prozent.[30]

7 DIE MÜHEN DER EINBÜRGERUNG

Am 23. Februar 1981 setzte Tosun seine Unterschrift unter ein Dokument, mit dem der 40-Jährige große Hoffnungen verband. Unter Punkt 13 – »Begründung des Einbürgerungsantrags« – schrieb er: »Ich lebe seit 1961 in der Bundesrepublik Deutschland. Meine Frau und meine beiden Kinder besitzen die deutsche Staatsangehörigkeit. Da ich mehr als die Hälfte meines bewussten Lebens in der Bundesrepublik verbracht habe, fühle ich mich [in] diesem Land verwurzelt und möchte mein Leben in diesem Land verbringen. Aus diesem Grund strebe ich eine sichere Rechtsbasis für meine Existenz und die meiner Familie an.«

Tosun sagt heute, sein Wunsch, Deutscher zu werden, sei eine logische Konsequenz aus seinem damaligen Lebensweg gewesen. »Nach der Uni habe ich mir einen Job in Deutschland gesucht, ich habe Maria geheiratet und eine Familie gegründet. Ich hatte nicht die Absicht, in die Türkei zurückzukehren. Eigentlich dachte ich, ich sei ein Teil Deutschlands.« Zu Beginn seines Einbürgerungsmarathons im Jahr 1981 war Tosun jedenfalls schon so gut integriert, dass er das achtseitige Din-A-4-Formular mit deutscher Gründlichkeit ausfüllte. Bei Punkt 9 – »Straftaten und Ordnungswidrigkeiten des Einbürgerungsbewerbers« – listete er gewissenhaft sein gesammeltes Fehlverhalten auf. In seinem Fall handelte es sich allerdings nur um unspektakuläre Verstöße gegen die Straßenverkehrsordnung: In den Jahren 1972, 1973, 1974, 1977 war er dabei erwischt worden, zu schnell zu fahren, 1973 missachtete er außerdem eine rote Ampel. Er sammelte

Punkte in Flensburg, einmal musste er ein Bußgeld von 150 Mark bezahlen (»Überschreiten der zulässigen Höchstgeschwindigkeit um 31 km/h«, schrieb er schuldbewusst daneben). Entschuldigend merkte er in einer Fußnote an, »dass ich in diesen Jahren beruflich mehr als 50.000 Kilometer p.a. gefahren bin«.

Auf der letzten Seite des Antrags wurde das Bürgermeisteramt in Steinheim an der Murr, dem damaligen Wohnort unserer Familie in Baden-Württemberg, um eine Stellungnahme gebeten. Zur Frage, ob der Bewerber »einen unbescholtenen Lebenswandel« geführt hat, vermerkte die Behörde: »Hier nichts Nachteiliges bekannt.« Weiter hieß es: »Unterkunft in einem neuen Haus ausreichend«, die »wirtschaftlichen Verhältnisse« seien »geordnet«. Daneben prangte ein Schwarz-Weiß-Passbild Tosuns, auf dem der Aspirant Anzug und Krawatte trägt und mit dem gebotenen Ernst in die Kamera blickt.

Mehr als viereinhalb Jahre sollten von der Antragstellung bis zur Einbürgerung vergehen. Aufgrund der Umzüge unserer Familie wanderte der Antrag auf die Schreibtische in verschiedenen Landratsämtern in Baden-Württemberg und Bayern: Erst war die Behörde in Ludwigsburg zuständig, in deren Einzugsbereich Steinheim an der Murr fiel, dann waren es die Ämter in Traunstein und in Rosenheim. Vor allem das Landratsamt Rosenheim war mit Tosuns Fall befasst, und dieser Behörde verdanke ich, dass ich heute so detailliert über Tosuns mühevollen Einbürgerungsprozess berichten kann.

Als ich in Rosenheim um Akteneinsicht für dieses Buch bat, rechnete ich nicht mit einem positiven Bescheid. Doch das Amt mauerte nicht, ganz im Gegenteil: Unbürokratisch und innerhalb kürzester Zeit gab es meiner Bitte statt. Manche Dokumente in der dicken Akte zum »Einbürgerungsvorgang Herr

Tosun MEREY« zeugen davon, wie sich einzelne Beamte für meinen Vater einsetzten. Andere Papiere lassen die Behörde vielleicht nicht im allerbesten Licht dastehen. Dass sie mir dennoch uneingeschränkten Zugang gewährt hat, zeugt von einer Transparenz, die ich in den oft gescholtenen deutschen Amtsstuben nicht erwartet hätte (und an die bei türkischen Behörden nicht im Traum zu denken wäre). Stundenlang durfte ich mich an einem Tag im November 2016 durch den Aktenordner wühlen – der einen wahren Schatz an alten Dokumenten barg.

Die Behörden an allen bisherigen Wohnorten Tosuns in Deutschland wurden zur Stellungnahme zu dem Einbürgerungsantrag aufgefordert. In Ulm – zuständig für Blaubeuren, wo Tosun 1958/1959 seinen Deutschkurs am Goethe-Institut besuchte –, in München, in Königstein im Taunus, in Weilerswist bei Köln und an anderen Orten in der Republik beschäftigten sich Beamte mit dem Fall. In dem Vordruck wurde in den Unterpunkten a) bis h) unter anderem abgefragt, ob »in krimineller Hinsicht Nachteiliges« über den Bewerber vorliegt oder ob Tatsachen bekannt sind, »die die Annahme rechtfertigen, dass der/die Einbürgerungsbewerber(in) die innere oder äußere Sicherheit der Bundesrepublik oder eines deutschen Landes gefährdet«. Die örtlichen Dienststellen wurden um Auskunft darüber gebeten, ob der Bewerber Steuerrückstände hat, im Schuldnerverzeichnis eingetragen ist oder Sozialhilfe bezogen hat. In Unterpunkt e) wurde gefragt, ob der Bewerber »häufig den Arbeitsplatz wechselt und damit Zweifel an der Zuverlässigkeit bestehen. Arbeitsscheu?«

Keine der Behörden unterstellte meinem Vater, arbeitsscheu zu sein. Auch sonst lagen an Tosuns früheren Wohnorten keine »Bedenken gegen die beantragte Einbürgerung« vor. Es folgte die nächsthöhere Ebene: Das Landesamt für Verfassungsschutz und das Landeskriminalamt legten ebenfalls kein Veto ein. (Dass Tosun in den Formblättern dieser beiden Behörden als »weiblich« eingestuft wurde, weckt allerdings kein gesteigertes Vertrauen in die Sicherheitsüberprüfung.) Schließlich nahm die Bundesanwaltschaft Tosun unter die Lupe, ergebnislos: Eintragungen zu seiner Person im Bundeszentralregister gab es nicht.

Das Gesundheitsamt kam zu dem Urteil, dass »der einzubürgernde Untersuchte arbeits- und erwerbsfähig auf dem allgemeinen Arbeitsmarkt« ist. Tosun war – »soweit hier feststellbar« – weder »Dauerausscheider der Erreger ansteckender Krankheiten« noch mit körperlichen und geistigen Gebrechen geschlagen. »Bestehen vom gesundheitlichen Standpunkt Bedenken gegen die Einbürgerung und gegebenenfalls welche?« Die Amtsärztin schrieb: »nein«. Die Gesundheitsprüfung ist Tosun heute noch in Erinnerung. »Die Ärztin war sehr freundlich«, sagt er. »Sie hat mir in den Mund geschaut und gesagt: ›Gebiss saniert.‹ Es war ein bisschen wie beim Pferdekauf.«

Zwischenzeitlich wurde Tosuns Antrag von der Regierung von Oberbayern zurückgestellt – »wegen der Unterbrechung des Inlandsaufenthaltes 1978/1979«, als Tosun für die deutsche SEL im Iran arbeitete. Dass mein Vater inzwischen für dieselbe Firma in Singapur eingesetzt war, machte die Einbürgerung nicht leichter, als der Vorgang wieder sehr langsam Fahrt aufnahm. Aus Singapur heraus schickte Tosun einen Brief ans Landratsamt in Traunstein, das seinen Fall zu dem Zeitpunkt bearbeitete. »Betreffend meine Kenntnisse der deutschen Sprache sende ich Ihnen Kopien einiger von mir verfasster Artikel. Da ich an der Universität München das Studium der Betriebswirtschaftslehre abgeschlossen habe, musste ich während des Studiums auch Verfassungs- und Verwaltungsrecht studieren (bei Prof. Dr. Maunz). In Anbetracht der Tatsache, dass ich mich (vorübergehend) in Singapur befinde, und unter Berücksichtigung der obigen Angaben hoffe ich, dass Sie von der Prüfung meiner Deutschkenntnisse und Kenntnisse der staatlichen Ordnung der BRD absehen können.«

Dass Tosun sich mit Professor Theodor Maunz ausgerechnet auf einen »Kronjuristen« des Dritten Reichs[31] berief, wirkt im Nachhinein zwar etwas bizarr, spielte aber wohl keine Rolle dafür, dass sein Begehr abschlägig beschieden wurde. »Leider kann auf Prüfung Ihrer Kenntnisse der staatlichen Ordnung der Bundesrepublik Deutschland nicht verzichtet werden«, teilte das Landratsamt Traunstein ihm lapidar mit.

»Ich musste einen Zeitungsartikel vorlesen und mit eigenen Worten erklären, was der Inhalt war«, erinnert sich Tosun an den Test in Traunstein. »Der Prüfer sagte, ich hätte einen leichten Akzent. Was ich lustig fand: dass er selber mit einem extrem starken bayerischen Dialekt sprach.« Tosun musste ein Mini-Diktat mit folgendem Inhalt schreiben: »Der Senat ist dazu berufen, zu den Gesetzesvorlagen der Staatsregierung auf deren Ersuchen gutachtlich Stellung zu nehmen.« (Als ich bei meiner Buchrecherche auf das Dokument stoße, weise ich Tosun besserwisserisch darauf hin, dass es »gutachterlich« hätte heißen müssen – und werde nach einem Blick ins Wörterbuch prompt eines Besseren belehrt.) Zu Tosuns Leseprobe vermerkte der bayerische Prüfer: »liest fließend«. Mündliche Unterhaltung mit Tosun sei »sehr gut möglich«, Kenntnisse der staatlichen Ordnung seien »vorhanden«. Die abschließende Bewertung fiel positiv aus: »erfüllt alle Voraussetzungen«.

Tosun und Maria (Mitte) bei einem Biergarten-Besuch mit einer Freundin im Jahr 1982 in Chieming am Chiemsee

Immerhin musste mein Vater keinen Gesinnungstest über sich ergehen lassen – anders als Türken, die sich ab 2006 in Baden-Württemberg einbürgern lassen wollten. Die Bewerber mussten unterschreiben, dass falsche Angaben zur nachträglichen Aberkennung der Staatsbürgerschaft führen können, selbst wenn der Betroffene dann staatenlos würde – was das Grundgesetz in Artikel 16 ausdrücklich nicht gestattet. Der 30 Punkte umfassende Leitfaden[32] des CDU-geführten Innenministeriums in Stuttgart fragte unter anderem ab: »Stellen Sie sich vor, Ihr volljähriger Sohn kommt zu Ihnen und erklärt, er sei homosexuell und möchte gerne mit einem anderen Mann zusammenleben. Wie reagieren Sie?« Gut möglich, dass darauf auch stramme Katholiken eine Antwort geben würden, die liberalen Werten eher nicht entspräche. Allerdings: Der Gesinnungstest galt ausschließlich für Einbürgerungswillige aus muslimischen Staaten – ein klarer Fall von religiöser Diskriminierung. In Frage 23 hieß es: »Sie haben von den Anschlägen am 11. September 2001 in New York und am 11. März 2004 in Madrid gehört. Waren die Täter in Ihren Augen Terroristen oder Freiheitskämpfer? Erläutern Sie Ihre Aussage.« Das erinnert an die Behörden in den USA, die vor der Einreise abfragen: »Waren Sie jemals oder sind Sie gegenwärtig an Spionage- oder Sabotageakten, an terroristischen Aktivitäten oder an Völkermord beteiligt, oder waren Sie zwischen 1933 und 1945 in irgendeiner Weise an Verfolgungsmaßnahmen im Zusammenhang mit dem Nazi-Regime oder dessen Verbündeten beteiligt?« Jedes Mal, wenn ich bei USA-Reisen »Nein« ankreuzte, fragte ich mich: Erwarten die Behörden darauf wirklich eine ehrliche Antwort? Würde beispielsweise jemand, der gerade an einem Genozid beteiligt war und sich nun ein Wochenende in New York gönnen will, in sich gehen und sein Kreuz bei »Ja« setzen? Im Fall des baden-württembergischen Gesinnungstests: Wäre ein ausländischer Islamist in Deutschland, der die Mühen der Einbürgerung auf sich nimmt, tatsächlich so naiv, Al-Kaida-Terroristen in einem Fragebogen der Behörden als Freiheitskämpfer zu bezeichnen – und das auch noch in der erbetenen Ausführung zu begründen? Fünfeinhalb Jahre später – als die grün-rote Landesregierung die Geschäfte in Stuttgart übernahm – wurde der Gesinnungstest wieder gekippt.

In Tosuns Fall trat die Regierung von Oberbayern als Einbürgerungsbehörde auf. Aus ihrer Sicht waren auch nach Tosuns Einbürgerungstests noch nicht alle Hürden beseitigt. Während seines Studiums hatte mein Vater ein Stipendium vom Deutschen

Akademischen Austauschdienst (DAAD) erhalten. Die Einbürgerungsbehörde musste nun darüber befinden, ob sie die Beihilfe zurückfordert. Die Entscheidung fiel zuungunsten meines Vaters aus: »Eine Reduzierung der Höhe der Stipendienrückzahlung ist nicht möglich.« Tosun musste sich zur Rückzahlung des Gesamtbetrags in Höhe von knapp 19.000 Mark verpflichten. »Mir wurde damals zur Begründung gesagt, das Stipendium sei Entwicklungshilfe für die Türkei gewesen«, erinnert er sich. »Ich habe dann angeboten, den Betrag an die türkische Regierung zu überweisen. Das war aber nicht gewollt.« Unsere Familie lebte inzwischen in Kairo, wo Tosun in der deutschen Botschaft vorstellig wurde und erklärte: »Ich erkenne an, der Bundesrepublik Deutschland, vertreten durch das Auswärtige Amt, dieses vertreten durch den Präsidenten des Bundesverwaltungsamtes in Köln, den Betrag von 18.994,43 DM (achtzehntausendneunhundertvierundneunzig Deutsche Mark und dreiundvierzig Pfennig) zu schulden. Der Gesamtbetrag ist fällig am Tag meiner Einbürgerung und von diesem Tag an mit zwei von Hundert über dem jeweiligen Diskontsatz der Deutschen Bundesbank zu verzinsen.« 100 Mark berechnete die Botschaft für die Niederschrift. Zusätzlich zur Rückzahlung des Stipendiums wurde später noch eine Gebühr von 2.455 Mark für die Einbürgerung fällig.

Insgesamt beliefen sich die Kosten also auf mehr als 22.000 Mark. »Das war sehr viel Geld für uns«, sagt mein Vater. »Daran sieht man vielleicht, wie wichtig mir die Einbürgerung war.« So weit war es allerdings nach dem Termin in der Botschaft noch nicht. Eine letzte Hürde stand noch aus, sie sollte sich als hoch erweisen.

Mit Schreiben vom 15. Juni 1984 erhielt Tosun eine »Einbürgerungszusicherung«, die bis zum 9. Oktober 1985 gültig war. Die Regierung von Oberbayern sagte ihm die deutsche Staatsbürgerschaft zu, machte aber zur Voraussetzung, dass »der Verlust der türkischen Staatsangehörigkeit nachgewiesen wird«. Tosun musste also von der Regierung in Ankara aus der türkischen Staatsbürgerschaft entlassen werden, wofür in der Türkei ein Kabinettsbeschluss notwendig war. Als er den entsprechenden Antrag beim türkischen Konsulat in München stellte, wurde ihm mitgeteilt, dass er mit einer Wartezeit von zwei Jahren rechnen müsse. Daraufhin schrieb er »hochachtungsvoll« an das Landratsamt Rosenheim: »Ich bin in der Exportwirtschaft tätig und muss des Öfteren ins Ausland reisen. Dabei ist mein türkischer Pass ein Hindernis. Da ich des Öfteren dem Wunsch meines Arbeitgebers, einen wichtigen Kunden im Ausland kurzfristig zu besuchen, wegen langwieriger Visa-Formalitäten nicht entsprechen kann, wurde mir von meinem Arbeitgeber angedeutet, dass ich den Anforderungen meiner Arbeit wegen mangelnder Reisefähigkeit nicht genüge. (...) Da ich meinen Arbeitsplatz nicht gefährden möchte, bitte ich Sie zu prüfen, ob ich die deutsche Staatsbürgerschaft bereits jetzt erhalten und den Nachweis über die Entlassung aus der türkischen Staatsangehörigkeit nachträglich nach dem Abschluss des Verfahrens in der Türkei erbringen kann.«

Sein Arbeitgeber SEL, aber auch die Behörde in Rosenheim unterstützten meinen Vater nach Kräften. »Bei Herrn Merey handelt es sich um einen atypischen Fall«, schrieb der Sachbearbeiter des Landratsamtes an die Regierung von Oberbayern. »Eine alsbaldige Einbürgerung dürfte im öffentlichen Interesse stehen, damit Herr Merey für seine Tätigkeit im Bundesgebiet erhalten werden kann. Die dringende Notwendigkeit ist aus dem beigefügten Schreiben des Arbeitsgebers zu erkennen. (...)

Eine Einbürgerung unter vorübergehender Hinnahme der Mehrstaatigkeit wird vom Landratsamt Rosenheim ausnahmsweise – aber dringend – befürwortet.« Doch die bayerische Staatsregierung und die inzwischen ebenfalls mit dem Fall befasste Bundesregierung blieben hart.

Das bayerische Innenministerium teilte SEL in einem Schreiben vom 19. November 1984 zum Antrag ihres Mitarbeiters mit: »Der Bundesminister des Inneren und das Auswärtige Amt haben im Hinblick auf die Gleichbehandlung mit zahlreichen anderen Fällen einer vorzeitigen Einbürgerung des Herrn Merey nicht zugestimmt. Das Auswärtige Amt hat außerdem davon abgesehen, derzeit auf die türkischen Behörden einzuwirken, um eine schnelle Entscheidung der türkischen Behörden zu erlangen. Es ist der Auffassung, dass eine amtliche deutsche Intervention zum jetzigen Zeitpunkt eher Unwillen auslösen und dem Anliegen des Herrn Merey eher schaden könnte.« Worauf diese Auffassung gründete, geht aus dem Schreiben nicht hervor. Tosun wurde aufgefordert, sich »nach Ablauf etwa eines Jahres« selbst an das türkische Innenministerium zu wenden.

Danach passierte lange gar nichts. »Ich habe irgendwann kaum noch geglaubt, dass es mit der Einbürgerung überhaupt noch klappen würde«, sagt Tosun heute. Am 26. August 1985 wandte er sich wieder an das Landratsamt: Er bat um eine Verlängerung der Einbürgerungszusicherung, deren Frist ergebnislos abzulaufen drohte. Einen Monat später bekam Tosun das Dokument erneut ausgestellt, diesmal gültig bis zum 22. September 1987 – Voraussetzung war wieder seine Entlassung aus der türkischen Staatsbürgerschaft.

Bald darauf drohte Tosuns Versuch, Deutscher zu werden, ins Kafkaeske abzugleiten: Das türkische Innenministerium sicherte ihm am 8. Oktober 1985 zu, dass er *nach* der Einbürgerung durch die deutschen Behörden ausgebürgert würde. Womöglich wollten die türkischen Behörden damit verhindern, dass Tosun in die Staatenlosigkeit entlassen würde. »Sobald der Genannte urkundlich den Erwerb der deutschen Staatsangehörigkeit nachweist, wird ihm eine Ausbürgerungsurkunde aus dem türkischen Staatsverband ausgestellt und ausgehändigt werden«, hieß es in dem Schreiben des Ministeriums in Ankara. Das war allerdings genau jene Urkunde, die die deutschen Behörden vorgelegt haben wollten, *bevor* sie ihn einbürgerten. Ein Patt.

Die deutsche Seite war es letztlich, die Tosun aus der verzwickten Lage befreite: Das Landratsamt Rosenheim bat die Regierung von Oberbayern in einem mit dem Zusatz »EILT!« versehenen Schreiben darum, »die Einbürgerungsurkunde umgehend auszustellen und zu übersenden«. Und die Regierung von Oberbayern machte nun tatsächlich eine Ausnahme. Tosun wurde »die vorübergehende Beibehaltung der bisherigen Staatsangehörigkeit« genehmigt. Er musste sich nur verpflichten, »die Entlassungsurkunde zu beantragen und nach Erhalt umgehend vorzulegen«, was Tosun wenige Wochen später tat. Nach mehr als vier Jahren hatte Tosun sein Ziel erreicht: »Einbürgerungsurkunde« steht in fetten Lettern auf dem in Hellgrün gehaltenen einseitigen Dokument, dessen Schlichtheit keinen Rückschluss auf die Mühen zulässt, die es gekostet hat. Am 17. Oktober 1985 wurde Tosun Deutscher – zumindest auf dem Papier.

8 DIE BEINAHE-AUSBÜRGERUNG

Tosun war jetzt stolzer Besitzer eines Reisepasses, auf dem der goldene Bundesadler prangte. Wer die Hürden der Einbürgerung einmal bewältigt hat, bleibt bis an sein Lebensende Deutscher – normalerweise. »Der Erwerb der deutschen Staatsangehörigkeit gilt grundsätzlich auf Dauer«, heißt es bei der Beauftragten der Bundesregierung für Migration, Flüchtlinge und Integration.[33] Das Grundgesetz besagt in Artikel 16: »Die deutsche Staatsangehörigkeit darf nicht entzogen werden. Der Verlust der Staatsangehörigkeit darf nur auf Grund eines Gesetzes und gegen den Willen des Betroffenen nur dann eintreten, wenn der Betroffene dadurch nicht staatenlos wird.«[34] Die Sicherheit, die diese Worte vermitteln, kann allerdings trügerisch sein. Wie trügerisch, das bekam Tosun 25 Jahre nach Erwerb der Staatsbürgerschaft zu spüren.

Es begann mit den Planungen für eine harmlose Urlaubsreise meiner Eltern. 2010 wollten sie nach Neu-Delhi fliegen, wo meine Frau und ich arbeiteten, kurz zuvor war dort unsere Tochter auf die Welt gekommen – Marias und Tosuns erstes Enkelkind. Als die beiden ihre Visa für Indien beantragen wollten, fiel ihnen auf, dass Tosuns Reisepass nicht mehr lange genug gültig war. Mein Vater bat bei der Gemeindeverwaltung um einen neuen Ausweis. Gemeldet waren Maria und Tosun in Bernau am Chiemsee, einem Ort im oberbayerischen Voralpenland. Manche Bernauer mögen das Bild des grantelnden Bayern pflegen, unter der rauen Schale tragen sie aber oft ein großes Herz. Auf den Wanderwegen in der idyllischen Umgebung ruft man auch Wildfremden ein aufmunterndes »Grüß Gott« entgegen.

Bernau ist seit Langem der Fixpunkt unserer Familie, die ansonsten viel durch die Weltgeschichte gezogen ist. Im Jahr 1982 kauften meine Eltern dort eine Wohnung, was sie nach bayerischen Maßstäben zwar immer noch zu »Zuagroasten« macht, also zu Zugezogenen. Aber so ganz fremd ist man sich nach all den Jahrzehnten dann doch nicht mehr, immerhin stammt meine Mutter aus Oberbayern, und wenn sie ihren Dialekt aktiviert, zweifeln daran auch Einheimische nicht.

Zwei Bankfilialen hat der Ort, die Sparkasse und die Volks- und Raiffeisenbank liegen einander in friedlicher Koexistenz gegenüber, die Sparkasse etwas näher am stattlichen Bernauer Maibaum. Auf der anderen Straßenseite, neben der alles überragenden katholischen Kirche, ist der *Alte Wirt*, der das »alt« ganz zu Recht im Namen trägt. Auf den bis dato prominentesten Gast weist ein Schild hin: »In dieser Wirtschaft des frommen Christian Seiser übernachtete am 26. Oktober 1504 Kaiser Maximilian I. auf seinem Zuge gegen die Veste Marquartstein« ist in Frakturschrift in die Marmortafel gemeißelt. Ein paar Meter weiter liegt das *Charly's Inn*, das zumindest insofern historisch ist, als dass hier ganze Generationen von Jugendlichen das Weißbiertrinken gelernt haben. An der Einrichtung der Kneipe hat sich so gut wie nichts geändert, seit ich sie vor mehr als dreißig Jahren das erste Mal betrat. Im *Charly's* wird die Stammkundschaft mit Namen begrüßt, auf den Banken ebenso, und auch die Leute im Rathaus kennen ihre Mit-Bernauer. Statt übermäßiger Bürokratie herrscht Bürgernähe im wahrsten Sinne des Wortes, die Verwaltung bemüht sich in aller Regel darum, den Menschen das Leben zu erleichtern, statt es unnötig kompliziert zu machen.

Anträge auf neue Reisepässe werden in Bernau prompt bearbeitet. Der Antrag meines Vaters landete allerdings bei der Ausländerbehörde im Landratsamt in Rosenheim – auch wenn Tosun schon seit einem Vierteljahrhundert Deutscher war. Wahrheitsgemäß hatte mein Vater auf dem Antragsformular angegeben, dass er die türkische Staatsbürgerschaft nach seinem Austritt wieder erworben hatte, zusätzlich zur deutschen. Er hatte sie wegen einer Erbschaftsangelegenheit in der Türkei beantragt und war nun Doppelstaatsbürger. Vor dem Jahr 2000 war das nicht nur nach türkischem, sondern auch nach deutschem Recht grundsätzlich legal – sofern der Betroffene seinen Wohnsitz oder seinen dauernden Aufenthalt in der Bundesrepublik hatte.[35]

Diese sogenannte Inlandsklausel öffnete eingebürgerten Deutschen bis zu einer Gesetzesreform im Jahr 2000 eine Hintertür, über die sie ihre alte Staatsbürgerschaft zurückbekommen konnten. Das wusste auch die türkische Regierung, die eine fragwürdige Rolle bei den Doppelstaatern spielte. Ankara verfolgte das Ziel, dass möglichst viele der neudeutschen Extürken ihre alte Staatsbürgerschaft wieder annehmen. Je mehr türkische Staatsbürger in Deutschland leben, so die Logik, desto größer ist der Einfluss der Türkei in der Bundesrepublik. Umso besser, wenn diese Türken zugleich Deutsche sind – und damit ihrerseits entsprechenden Einfluss in Deutschland haben. Mit der Bescheinigung, aus der türkischen Staatsbürgerschaft entlassen worden zu sein, händigten diplomatische Vertretungen der Türkei oft gleich den Antrag auf Wiedereinbürgerung aus.

Wegen der steigenden Zahl der Doppelstaater zog die Bundesregierung mit der Reform zum 1. Januar 2000 die Reißleine: Die sogenannte Inlandsklausel wurde abgeschafft, der Passus zu Wohnsitz und Aufenthalt im Staatsangehörigkeitsgesetz ersatzlos gestrichen.[36] Wer von nun an eine zweite Staatsbürgerschaft beantragte und erwarb, verlor den deutschen Pass in der Regel – unabhängig davon, ob er in Deutschland wohnte oder gemeldet war.

Die diplomatischen Vertretungen der Türkei händigten allerdings auch nach der Reform Anträge auf Wiedereinbürgerung aus, ohne auf die Neuregelung hinzuweisen. Zugleich verweigern die Botschaft und die Konsulate den deutschen Behörden bis heute jede Auskunft darüber, wer türkischer Staatsbürger und damit möglicherweise Doppelstaater ist. Die Bundesregierung wollte illegalen Doppelstaatern im Jahr 2005 auf die Schliche kommen. Außer Frage steht, gegen welche Gruppe sich die groß angelegte Enttarnungsoperation richtete: Intern sprechen Behördenmitarbeiter bis heute von der »Türkenaktion«. Die Meldeämter schrieben all diejenigen an, die nach der Reform im Jahr 2000 Deutsche wurden, und fragten, ob sie ihre alte Staatsangehörigkeit wieder angenommen hätten. Rund 48.000 Deutschtürken antworteten wahrheitsgemäß – womöglich aus Unwissenheit oder weil die Angaben verpflichtend waren. Jedenfalls waren sie damit die längste Zeit Deutsche gewesen: Sie verloren die Staatsbürgerschaft wieder.[37]

Tosun war rechtlich immer auf der sicheren Seite. Fast elf Jahre lagen seine deutsche Ein- und seine türkische Ausbürgerung zurück, als die türkische Regierung ihm am 24. Juli 1996 – also weit vor der Reform aus dem Jahr 2000 – wieder die alte Staatsbürgerschaft verlieh. Zu diesem Zeitpunkt war er ordnungsgemäß in Bernau gemeldet, auch die Voraussetzung zum deutschen Wohnsitz war also erfüllt. Dennoch wurde ihm 2010 um ein Haar die deutsche Staatsbürgerschaft wieder aberkannt.

Der Vorgang seiner beinahe erfolgten Ausbürgerung ist in der Akte zu seiner Einbürgerung festgehalten, die ich im November 2016 im Landratsamt Rosenheim einsehen konnte. Das ist zwar logisch, weil für beide Vorgänge dieselbe Behörde zuständig gewesen ist. Trotzdem entbehrt es nicht einer gewissen Ironie.

Die zuständige Mitarbeiterin im Rathaus in Bernau, nennen wir sie Frau Bader, teilte dem Landratsamt 2010 mit, dass Tosun einen neuen Reisepass beantragt hatte. Frau Bader fragte nicht nach, ob sie das Dokument ausstellen dürfe. Stattdessen wies sie darauf hin, dass Tosun die türkische Staatsbürgerschaft wieder beantragt und erhalten hatte – und bat um Überprüfung, »ob Herr Merey die deutsche Staatsbürgerschaft weiterhin behalten kann«.

Über diesen Zeilen findet sich ein Auszug aus dem Melderegister, dort markierte Frau Bader mit leuchtendem Gelb, dass sich Tosun am 20. Oktober 1993 aus Bernau abgemeldet und am 19. Januar 1995 – aus der Türkei kommend – wieder angemeldet hatte. Tatsächlich hatte SEL, für die mein Vater damals noch arbeitete, ihn für diese Zeit nach Istanbul entsandt, wo er am Aufbau eines Mobilfunknetzes mitarbeiten sollte. Die Wohnung in Bernau behielten meine Eltern in der Zeit, Maria war weiterhin dort gemeldet. Tosuns Auslandsaufenthalt in diesem Zeitraum hätte für die Frage seiner Staatsbürgerschaft eigentlich irrelevant sein müssen: Damals war er ausschließlich Deutscher.

Dennoch setzten sich die Mühlen der Bürokratie in Gang. Der Vorgang landete im Landratsamt bei Frau Kant, die wie Frau Bader nicht wirklich so heißt und bei der Tosun in Rosenheim vorstellig werden musste – ohne zu wissen, wo eigentlich das Problem lag. Auf knapp eineinhalb getippten Seiten gab er dort eine von ihm unterschriebene Erklärung ab, in der er schilderte, wann und warum er die türkische Staatsbürgerschaft wieder erworben hatte, warum er einen neuen deutschen Reisepass brauchte und wie es um seine Lebensverhältnisse und die seiner Familie bestellt war.

Das reichte nicht aus. Er musste einen Notar aufsuchen, bei dem er eine eidesstattliche Versicherung dazu abgab, wann genau er wieder Türke geworden war. Tosun erklärte außerdem sein Einverständnis, »dass die Staatsangehörigkeitsbehörde des Landratsamtes Rosenheim bei der türkischen Auslandsvertretung nachfragen kann, wann ich die türkische Staatsbürgerschaft erworben habe«. Dabei hatte mein Vater das am Tag zuvor schon selbst erledigt. Aus dem Auszug aus dem türkischen Personenstandsregister – ausgestellt vom Konsulat in München zur Vorlage bei den deutschen Behörden – geht eindeutig hervor, dass er erst am 24. Juli 1996 neben der deutschen wieder die türkische Staatsbürgerschaft erhalten hatte.

Das Landratsamt scheint damals in einen Aktionismus verfallen zu sein, der sich heute nicht so recht nachvollziehen lässt. Die Behörde rief sämtliche früheren Meldeadressen meiner Mutter, meines zu dem Zeitpunkt bereits verstorbenen Bruders und von mir ab – ohne unser Wissen. Die Auszüge aus den amtlichen Melderegistern, die bis Anfang der 1980er-Jahre zurückreichen, finden sich ebenfalls in Tosuns dicker Akte. Besiegelt wurde die Angelegenheit mit einer »Niederschrift«, in der Tosun zu seiner Zeit in der Türkei von Herbst 1993 bis Anfang 1995 unter anderem erklären musste:

> Die eheliche Lebensgemeinschaft zu meiner Frau hat damals bestanden und besteht heute noch. Ich hatte damals während meines Auslandsaufenthaltes immer Bezugspunkte in

Deutschland. Für diese Annahme spricht auch, dass vom damaligen Arbeitgeber damals Pflichtbeiträge an die deutsche Rentenkasse entrichtet wurden. (...) Es wurde mir daher vom Landratsamt Rosenheim erklärt, dass ich deshalb nach § 25 Abs. 1 Satz 1 RuStAG die deutsche Staatsangehörigkeit nicht verloren habe. (....) Die Gemeinde Bernau am Chiemsee wurde telefonisch verständigt, dass für mich ein deutscher Reisepass ausgestellt werden darf.

Was ging Frau Kant das Eheleben meiner Eltern an? »Keine Ahnung«, sagt Tosun heute. »Die Sachbearbeiterin hat mir das damals diktiert.« Das war sicherlich gut gemeint, Frau Kant wollte meinem Vater vermutlich eine Brücke bauen: Sie konstruierte, dass er während seiner Zeit in Istanbul ständige Verbindungen nach Deutschland hatte. Damit schuf Frau Kant eine vermeintliche Lösung für ein Problem, das nur in ihrem Kopf bestand: Als Tosun 1996 wieder Türke wurde, lebte er schon längst wieder in Deutschland. Er war damit rechtlich nicht in einem grauen, sondern im grünen Bereich.

»Ich war schockiert«, erinnert sich mein Vater an die Vorgänge von damals. »Ich war sicher, dass alles, was ich gemacht habe, ganz legal war. Ich war am Boden zerstört und konnte nicht mehr schlafen.« An zwei aufeinanderfolgenden Tagen habe er bei Frau Kant im Büro gesessen und um seine deutsche Staatsbürgerschaft gebangt. »Sie arbeitete nebenher und führte Telefongespräche. Und wir unterhielten uns, auch über persönliche Dinge wie die Familie. Irgendwann sagte sie sogar, sie finde mich sympathisch. Ich habe mich gefragt, oh Gott, was wäre, wenn sie mich nicht sympathisch fände?« Frau Kant tröstete ihren verunsicherten Besucher im Büro vorsorglich für den

Fall, dass sie ihm den deutschen Pass wegnehmen würde, wie sich Tosun erinnert. »Sie sagte mir, ich könne dann eine unbefristete Aufenthaltserlaubnis bekommen.«

So weit kam es dann doch nicht. »Als endlich klar war, dass es keinen juristischen Grund gab, mir den Pass zu entziehen, durfte ich gehen«, erinnert sich Tosun. »Beim Gehen sagte ich automatisch ›Auf Wiedersehen‹. Sie antwortete: ›Ich glaube nicht, dass Sie mich wiedersehen wollen.‹ Da fragte ich mich, ob ich die Sprache doch nicht so gut beherrsche, wie ich glaubte. Natürlich war sie die letzte Person, die ich wiedersehen wollte. Ich hatte mir aber angewöhnt, beim Gehen ›Auf Wiedersehen‹ zu sagen. So wie Adieu.«

Als ich im November 2016 Tosuns Einbürgerungsakte im Landratsamt einsehen kann, treffe ich zufällig auf Frau Kant. Sie ist so freundlich, mir meine Fragen zu dem Fall zu beantworten. So recht kann sie den Vorgang von damals aber nicht erklären. Verunsichert räumt sie beim Blättern durch Tosuns Akte zunächst ein, dass der drohende Passentzug womöglich von vornherein »hinfällig« gewesen sein könnte. Dann stößt sie auf eine verblasste Notiz, die sie damals mit Bleistift verfasst hatte und die heute nur noch teilweise lesbar ist. »Mit Ausstellung des ... 94/95 zu klären«, steht dort, das Wort in der Mitte ist nicht mehr zu entziffern. Dennoch ist Frau Kant nun merklich erleichtert. Den nur noch lückenhaft lesbaren Vermerk deutet sie dahingehend, dass es damals womöglich Hinweise gegeben habe, dass Tosun schon früher als von ihm angegeben wieder Türke wurde: nämlich zu der Zeit, als er nicht in Deutschland gemeldet war.

In diesem Fall hätte es tatsächlich eine Rechtsgrundlage dafür gegeben, ihm die deutsche Staatsbürgerschaft wieder zu entziehen. Allerdings weist die Akte kein einziges Dokument auf, das einen solchen Verdacht stützen würde. Ich frage Frau Kant, woher solche Hinweise hätten kommen können. Sicherlich telefonisch von der Gemeinde in Bernau, sagt sie und gibt die Verantwortung damit schnell nach unten ab. Rätselhaft bleibt, woher die Gemeinde solche Hinweise hätte haben können – wenn es sie denn je gegeben hat.

Auch Frau Kant kann dafür keine plausible Erklärung anbieten. Vermutlich habe es sich letztlich um ein »zwischenmenschliches Missverständnis« bei der Weitergabe von Daten aus der Gemeinde gehandelt, wie sie am Telefon halt passierten, meint sie. Möglicherweise habe die Sachbearbeiterin in Bernau auch einfach »die falsche Brille« aufgehabt und Jahreszahlen falsch abgelesen. Wie gut, dass damals nicht eine »falsche Brille« zur Aberkennung der Staatsbürgerschaft meines Vaters geführt habe, merke ich angesichts der Erklärungsversuche einigermaßen verblüfft an. Aus Frau Kants Sicht wäre auch das kein Weltuntergang gewesen. Sie sagt mir: »Er hätte sie neu beantragen können.«

Mein Vater hält das für wenig realistisch. »Ich hätte die ganze Prozedur noch mal durchlaufen müssen«, sagt er mir nach meinem Besuch im Landratsamt. »Das wäre überhaupt nicht praktikabel gewesen.« Die Akte mag längst geschlossen sein und in einem Schrank in der Behörde in Rosenheim verstauben. Für Tosun wirkt das Trauma von damals aber noch heute nach, was seine Sorgen erklärt, die jedes Wiederaufflammen der Debatte um die doppelte Staatsbürgerschaft bei ihm auslöst. Ich kann meinem Vater noch so oft versichern, dass Gesetze in Rechtsstaaten wie Deutschland nicht rückwirkend geändert werden und dass Menschen wie ihm der deutsche Pass nicht aberkannt werden wird. Ihn beruhigt das nicht. »Du kannst dich nicht als Deutscher fühlen, wenn so etwas von nationalen Launen abhängt«, sagt er. »Ich habe damals das Gefühl bekommen, dass man die deutsche Staatsbürgerschaft schlicht und einfach wieder wegnehmen kann. Wie ein Kinderspielzeug.«

9   DER IMAM DER WINDMÜHLEN-MOSCHEE

Das erzkonservative Istanbuler Arbeiterviertel Kasımpaşa hat einen weltberühmten Sohn hervorgebracht: den türkischen Staatspräsidenten Recep Tayyip Erdoğan. Erdoğan hat seine Herkunft nie vergessen oder gar verleugnet, im Gegenteil: Ihn erfüllt mit Stolz, dass er es allen Widrigkeiten zum Trotz aus einfachsten Verhältnissen ganz nach oben geschafft hat. Auch heute noch lässt er sich in dem vergleichsweise ärmlichen Viertel am Goldenen Horn blicken, in dem er verehrt wird und dessen Fußballstadion sogar seinen Namen trägt. Als Kind besuchte Erdoğan die schmucklose Piyalepaşa-Grundschule in Kasımpaşa. Als Präsident kehrte er dorthin zurück, im Foyer erinnert eine Fotokollektion an den hohen Besuch zu Beginn des Schuljahres 2015/2016. Auf einem der Fotos zeigt der Staatschef einer Klasse ein gerahmtes Schwarz-Weiß-Bild, auf dem er selbst als Schüler zu sehen ist: ein Junge mit einem schmalen Gesicht, der ernst in die Kamera blickt.

Auf einem zugigen Hang über dem Goldenen Horn findet sich in Kasımpaşa der Ortsteil namens Kadı Mehmet, er hieß einst Yeldeğirmeni, was auf Deutsch Windmühle bedeutet. Wenige Schritte von der Piyalepaşa-Schule entfernt liegt die Yeldeğirmeni-Camii. In der Windmühlen-Moschee predigte ein anderer Sohn Kasımpaşas, an den sich heute hier niemand mehr erinnert: Mein Urgroßvater İsmail Hakkı Merey war dort Imam. 1591 war die Moschee eingeweiht worden, knapp 140 Jahre nach der Eroberung Konstantinopels, Sultan Murad III.

herrschte damals im Osmanischen Reich. Mit den Prachtbauten des kurz zuvor verstorbenen Großmeisters Sinan, dem berühmtesten Architekten des Osmanischen Reiches, kann es die kleine Yeldeğirmeni-Camii nicht aufnehmen. Sie findet sich in keinem Reiseführer, versteckt liegt sie in einer Gasse hinter dem Militärkrankenhaus von Kasımpaşa.

Statt einer glänzenden Kuppel prangt auf dem zweistöckigen Hauptgebäude der Windmühlen-Moschee ein gewöhnliches graues Dach, statt filigraner Türme ragt ein einsames Minarett in den Himmel, das ein wenig dick geraten ist. Unter der schmucklosen Spitze dieses Minaretts wölbt sich der Austritt für den Muezzin hervor – ein Anachronismus aus einer Zeit, als noch nicht über Lautsprecher zum Gebet gerufen wurde.

Im Vorraum der Moschee hängt der schwarze Umhang des Imams an der Garderobe, eine schlichte Tracht, deren einziger Schmuck goldene Bordüren an den Ärmeln sind. An der Wand ist eine Uhr angebracht, die unter der aktuellen Uhrzeit die fünf Gebetszeiten des Tages anzeigt. Der Gebetsraum ist mit rotem Teppichboden ausgelegt, ein Kronleuchter hängt von der Holzdecke. Die untere Hälfte der Wände schmücken blau-weiß-rote Fliesen mit Blumenmustern, die nur auf den ersten Blick wie jene edlen Keramiken aus der Stadt İznik wirken, die die Paläste und Moscheen aus dem Osmanischen Reich zieren. Aus dem Obergeschoss ragt eine Art Balkon in den Raum, auf dem die Frauen beim Beten vor potenziell sündigen Männerblicken geschützt sind.

Die Vorfahren meines Urgroßvaters İsmail waren Krimtataren, ein kriegerisches Volk, das unter anderem Sklavenhandel trieb und unter der Schutzherrschaft des Osmanischen Reiches stand. İsmail selber verfasste einst eine Art Stammbaum, den sein Sohn Nejdet – Tosuns Vater – aus der arabischen in die lateinische Schrift transkribierte und fortschrieb. Jahreszahlen sind nicht überliefert, vor İsmail sind aber väterlicherseits neun Generationen aufgeführt – bis zu einem Urahn namens Ahmet Kadı, der auf der Krim lebte. Auch wenn Tosun den (durch nichts belegten) Mythos pflegt, wir stammten von Dschingis Khan ab, liefert der Stammbaum keinerlei Hinweise auf kriegerische Gene in der Familie: Ahmet Kadı war Lehrer an einer Schule. Seine Nachfahren folgten entweder seinem Vorbild oder wurden Bauern – wie İsmails Vater, der von der Krim nach Rumänien übersiedelte und dort in Mangalia, einer Hafenstadt am Schwarzen Meer, begraben liegt. Ausweislich des Stammbaums gehörte İsmail zur ersten Generation der Familie, die in Istanbul lebte. Womöglich war seine Mutter mit ihren fünf Kindern nach dem Tod des Vaters in die Türkei gekommen. Die Familie folgte auf ihrer Wanderung den Grenzen des immer weiter schrumpfenden Osmanischen Reiches: Die Krim kam 1792 unter russische Oberhoheit, Rumänien wurde 1877 unabhängig.

İsmail wurde 1859 geboren, er muss nach der Erinnerung meines Vaters in den Zwanziger- und Dreißigerjahren des vergangenen Jahrhunderts in der Windmühlen-Moschee gepredigt haben. Wie anders die Verhältnisse damals waren, wird mir deutlich, als ich in dem Buch *Midnight at the Pera Palace*[38] über ein Bild stolpere. Das packende Werk handelt von der »Geburt des modernen Istanbul«, das Foto zeigt eine Gruppe farbiger Männer, sie sitzen oder stehen um einen Tisch herum und blicken in die Kamera. »Frühere ›Schwarze Eunuchen‹ des Imperialen Osmanischen Harems, bei einem Treffen in den späten 1920ern oder den 1930ern«, heißt es in der Bildunterschrift. Die Eunuchen hatten ihre ursprünglichen Aufgaben verloren, die unter anderem darin bestanden, den Harem zu bewachen. Der Harem war Geschichte: Sultan Mehmet VI. wurde 1922 des Amtes enthoben, nach mehr als 620 Jahren war das Osmanische Reich am Ende. 1923 wurde die Republik ausgerufen. Präsident Mustafa Kemal, den das Parlament später als »Vater der Türken« (Atatürk) ehrte, führte das Land auf einen Kurs in Richtung Europa – ein Kurs, dem Erdoğan in den vergangenen Jahren entgegengesteuert hat, was unter seinen vielen Anhängern in Kasımpaşa durchaus Zuspruch findet.

Im Herbst 2016 besuchen meine Eltern und ich die einstige Wirkungsstätte meines Urgroßvaters. Mein Vater und meine Mutter sind mit einem Taxi gekommen und haben mir die Wegbeschreibung durchgegeben, als sie die Moschee endlich gefunden haben. Das kleine Gebäude liegt aber so versteckt, dass ich trotz Beschreibung zunächst daran vorbeifahre, ohne es überhaupt wahrzunehmen. Auch der Imam, der heutzutage in der Windmühlen-Moschee predigt, ist nicht so leicht aufzutreiben. Er heißt Süleyman Günaydın, und wie sein Gotteshaus trägt er einen illustren Namen: Der Familienname bedeutet auf Deutsch »Guten Morgen«. Am Vormittag unseres Besuches scheinen wir ihn mit unserem hartnäckigen Klopfen aus dem Schlummer in seiner Wohnung hinter der Moschee gerissen zu haben. Trotzdem empfängt er uns mit einem zwar verschlafenen, aber sehr freundlichen Lächeln.

Der Name seines Vorgängers aus längst vergangenen Zeiten sagt Günaydın nichts, was nicht verwunderlich ist. Dass Erdoğan um die Ecke zur Schule gegangen ist, weiß der Imam aber natürlich. »Mit großer Wahrscheinlichkeit ist er als junger Mann auch hier in die Moschee zum Beten gekommen«, sagt er.

Deutscher Besuch ruft bei Günaydın unwillkürlich Erinnerungen an Bochum hervor, wo er von 2002 bis 2006 das Wort

Gottes verkündet hat. Die türkische Religionsbehörde Diyanet entsendet Imame in die Bundesrepublik, eine in Deutschland inzwischen umstrittene Regelung. Günaydın sagt, er habe die Deutschen »im Allgemeinen als positiv« empfunden. Mit wenig Begeisterung erinnert er sich allerdings an seinen deutschen Nachbarn, dem seine türkischen Mitbürger stets zu laut gewesen seien. »Als hätte er immer darauf gewartet, sich beschweren zu können.« Der Nachbar sei kinderlos gewesen und habe sich belästigt gefühlt, wenn Kinder in dem türkischen Gebets- und Kulturzentrum in Bochum gespielt hätten. Der Imam wundert sich bis heute darüber, er sagt: »Bei uns lieben diejenigen, die keine eigenen Kinder haben, andere Kinder umso mehr.«

Günaydıns Vorgänger, mein Urgroßvater İsmail Hakkı Merey[39], konnte über Kinderlosigkeit nicht klagen, und über einen Mangel an Ehefrauen schon gar nicht. Fünf davon hatte er – nicht etwa in Form eines Harems, sondern weil er vier von ihnen überlebte. 1944 starb İsmail in dem für damalige Verhältnisse stolzen Alter von 85 Jahren. Tosun erinnert sich an Erzählungen seiner Eltern, wonach der schwer kranke İsmail ihn – seinen fünfjährigen Enkel – vor seinem Tod noch einmal habe sehen wollen.

Tosuns Vater Mustafa Nejdet stammte aus İsmails dritter Ehe mit einer Frau namens Firdevs, die neben tatarischem auch tscherkessisches Blut in sich trug. Imame waren Anfang des 20. Jahrhunderts Respektspersonen, aber nicht besonders wohlhabend, schon gar nicht, wenn sie an einer so kleinen und unbedeutenden Moschee wie der Yeldeğirmeni-Camii predigten. Seinen Kindern ließ der Geistliche dennoch eine hervorragende Ausbildung zukommen – und vor allem eine weltliche. Mustafa Nejdet wurde Jurist, seine Schwester Remziye Apothekerin.

Bruder Saim machte Karriere als Frauenarzt (und als Frauenheld, wie mein Vater anmerkt). Er leitete später das Militärkrankenhaus in Gümüşsuyu, ganz in der Nähe des Istanbuler Taksim-Platzes und um die Ecke von der Wohnung, in der ich heute mit meiner Familie in Istanbul lebe. Ein Foto, das Ende der 1920er-Jahre entstanden sein muss, zeigt İsmail mit seinen Söhnen Mustafa Nejdet und Saim sowie deren Mutter Firdevs, Tochter Remziye ist nicht auf dem Bild. İsmail hat einen kurzen grauen Bart und eine Glatze, wie sie männliche Mitglieder der Familie offensichtlich seit Generationen plagt. Er schaut streng in die Kamera, die Mundwinkel zeigen missmutig nach unten. »Aber er soll ein lieber Vater gewesen sein«, beteuert Tosun.

Auf den Spuren meines Urgroßvaters waren Tosun und ich einige Zeit vor dem entscheidenden Hinweis zunächst an der falschen Moschee in Kasımpaşa gelandet: an der Camiikebir-Moschee, dem zentralen Gotteshaus in dem Viertel. Hier hat Erdoğan zur Begeisterung der Anwohner im Februar 2016 an seinem 62. Geburtstag am Freitagsgebet teilgenommen. In einem angrenzenden Teehaus trinken mein Vater und ich türkischen Kaffee, der junge Kellner wundert sich, dass wir Deutsch sprechen. Aus seinen Fragen entspinnt sich ein kurzes Gespräch, der junge Türke erzählt, dass er in seiner Freizeit Arabisch lerne, um den Koran im Original lesen zu können. Strenggläubige Muslime lehnen es ab, Gottes Wort zu übersetzen. Er sehe sich nicht als Europäer, sagt der Kellner. »Aber wir sind doch hier in Europa«, erwidert Tosun. Aus geografischer Sicht ist ihm da schwerlich zu widersprechen. Die Atmosphäre in Kasımpaşa, in diesem Punkt hat der Kellner allerdings recht, erinnert kaum an Europa.

Als wir vor der Moschee auf der Suche nach dem Imam einen bärtigen Gläubigen ansprechen, lädt der Mann uns dazu ein, am Mittagsgebet teilzunehmen. »Lass uns lieber weggehen«, raunt mein Vater mir auf Deutsch zu. »Wenn die merken, dass wir nicht beten können, werden sie uns verachten.« In Kasımpaşa ist nicht mehr viel übrig vom Säkularismus, den Atatürk der Türkei verordnet hat. Bei Tosun hat Atatürk dagegen ganze Arbeit geleistet. Imam İsmail würde sich womöglich im Grabe umdrehen, wüsste er, dass sein Enkel nicht einmal das muslimische Gebet korrekt zu verrichten weiß.

Bei unserem Ausflug in Tosuns Kindheit verlassen wir Kasımpaşa und schlängeln uns auf meinem Motorrad durch den Istanbuler Verkehr, mein Vater hält sich tapfer auf dem schmalen Soziussitz. Kasımpaşa grenzt an den Tarlabaşı Bulvarı an, auf dessen anderer Seite in den Augen der Strenggläubigen die Sünde regiert: Dort finden sich nicht nur schicke Restaurants, Einkaufstempel und Bars, sondern auch schummrige Nachtclubs, Wettbüros und Prostituierte. Wir nehmen den Tunnel unter dem Taksim-Platz, in dessen Nähe Tosun als Kind einige Jahre gewohnt hat, vorbei an dem Betonklotz, der das Hilton-Hotel beherbergt, hinter dem Militärmuseum biegen wir rechts ab. Wenige Minuten brauchen wir von Kasımpaşa ins schicke Nişantaşı, wo die Familie hinzog, als Tosun zehn Jahre alt war.

Tosun kam in der Hauptstadt Ankara zur Welt, am 10. November 1939, auf den Tag genau ein Jahr nach Atatürks Tod. Obwohl Atatürks Erbe unter Erdoğan verblasst, ertönen auch heute noch an jedem 10. November zur Todeszeit des Republikgründers um 9.05 Uhr die Sirenen in der Türkei. Autofahrer stoppen ihre Fahrzeuge, Fußgänger bleiben stehen, das Land hält zwei Minuten inne, um Atatürks zu gedenken. Im Istanbuler Dolmabahçe-Palast, wo der Gründer der Republik im Alter von nur 57 Jahren an den Folgen einer Leberzirrhose starb, stehen die antiken Uhren immer noch auf fünf nach neun.

Tosuns Vater Mustafa Nejdet Merey trug denselben ersten Namen wie Atatürk, der nach dessen Reformen aber nicht mehr in die Zeit zu passen schien. Er ließ sich daher nur mit seinem mittleren Namen rufen. »Mustafa mochte er nicht, weil das zu Arabisch klang«, sagt Tosun. »Mustafa Kemal Atatürk hat sich später auch nur noch Kemal genannt.« Nejdet erkrankte in jungen Jahren an Tuberkulose, damals glaubte man, es sei ein probates Gegenmittel, die Erkrankten regelrecht zu mästen. Auf einem Foto, das Nejdet vermutlich als Abiturienten zeigt, ist er noch ein fescher und vor allem schlanker junger Mann. Auf einem Bild von 1936 – drei Jahre vor Tosuns Geburt – hat er deutlich an Gewicht zugelegt. Nejdet überwand die Krankheit, fand aber nie wieder zu seiner alten Form zurück, später erkrankte er an Diabetes.

Nach seinem Jurastudium schlug Nejdet die Beamtenlaufbahn ein. Er wurde zunächst Zollinspektor, Tosun erinnert sich noch an die abenteuerliche Geschichte einer Dienstreise seines Vaters, als dieser per Pferd und bewaffnet durch die unwegsamen Kurdengebiete in der Nähe der syrischen Grenze ritt. Später wurde Nejdet Direktor in einem staatlichen Kohlebergwerk. Gemeinsam mit einem Kollegen schrieb er ein Fachbuch über das *Bergbaurecht in der Türkei*, das 1942 erschien und zum Standardwerk wurde. Ein Originalexemplar des naturgemäß eher trocken geschriebenen Wälzers mit seinem schwarzen Einband steht bei uns im Bücherregal, darin eine Widmung des Co-Autors: »Meinem treuen Bruder Nejdet Merey«.

Bücher zu schreiben scheint damals sehr lukrativ gewesen zu sein. Nach Tosuns Erinnerung ermöglichten es die Erlöse seinem

Vater jedenfalls, den Beamtenjob an den Nagel zu hängen und sich selbstständig zu machen. Nejdet kaufte sich als Partner bei einem Unternehmen in Istanbul ein, wobei die politischen Umstände da mitgeholfen haben mögen: Der Firmeninhaber hatte griechische Wurzeln.

Die Griechen, die in der Türkei lebten, waren 1923 zum überwiegenden Teil vertrieben worden, dasselbe Schicksal traf umgekehrt die meisten Türken in Griechenland. Grundlage war das Abkommen von Lausanne, das die Grenzen der modernen Türkei festlegte. Vertragspartner waren die Türkei als Nachfolgerin des Osmanischen Reiches auf der einen und Großbritannien, Frankreich, Griechenland sowie andere Siegermächte des Ersten Weltkriegs auf der anderen Seite. Ausgenommen von dem dort vereinbarten Bevölkerungsaustausch – ein Euphemismus für die staatlichen Zwangsumsiedlungen – waren Griechen in Istanbul, die aber in den Folgejahren diskriminiert oder im schlimmsten Fall zum Opfer von Ausschreitungen wurden. »Ich nehme an, dass sich der Grieche von der Partnerschaft meines Vaters auch Schutz erhofft hat und mein Vater daher zu sehr günstigen Konditionen in die Firma einsteigen konnte«, sagt Tosun.

Die Firma stellte Isolationsmaterial her, wofür damals Papier benötigt wurde. Nejdet trennte sich später von seinem Partner und gründete eine eigene Papierfabrik in Istanbul, das Gelände in Kazlıçeşme nahe der alten Stadtmauer ist heute ein Park. Der Jurist, der durch seinen Erfolg als Buchautor vom Beamten zum Unternehmer wurde, stampfte nun alte Bücher ein, um daraus neues Papier herzustellen. Meine Eltern erinnern sich an einen Besuch in Istanbul Ende der 1960er-Jahre: In einem Antiquariat kauften sie eine gebundene Molière-Ausgabe. Als Nejdet das sah, sagte er: »Dafür gebt ihr Geld aus? Davon habe ich ein ganzes Zimmer voll!« Meine Eltern bedienten sich freizügig aus Nejdets Altpapier und luden ihren weißen VW-Käfer voll mit historischen Buchausgaben von Werken der Weltliteratur: Die älteste davon – *La Paysanne Parvenue ou Les Mémoires de Madame la Marquise de L. V.* – ist eine ledergebundene Ausgabe aus dem Jahr 1757. Noch heute hat dieses Buch im Regal meiner Eltern einen Ehrenplatz.

Geschäftlich lief es für Nejdet damals gut, privat eher nicht: Tosun stammte bereits aus der zweiten Ehe, und auch die ging nach langen Streitereien in die Brüche. Tosuns Mutter Fatma Bedia heiratete nach der Scheidung einen Oberst, der in die Südosttürkei abkommandiert wurde. Tosun und sein Bruder Uğur blieben beim Vater, Stiefmutter Samia wollte die Kinder der Verflossenen aber möglichst wenig um sich haben. Tosun besuchte das Galatasaray Lisesi, und obwohl die Schule mit den haushohen schmiedeeisernen Toren ganz in der Nähe der elterlichen Wohnung in Nişantaşı lag, musste er dort im Internat bleiben, das eigentlich für Schüler von außerhalb gedacht war. Auch sein Bruder Uğur wurde auf ein Internat in Istanbul geschickt, aber an den Wochenenden waren beide in Nişantaşı. Die Brüder hatten im Dachgeschoss des Hauses ihre Zimmer, sogar mit Zugang zu einer eigenen kleinen Terrasse.

Nişantaşı war damals ein Viertel der Oberschicht, aber nicht des Luxus. Heute ist es nicht nur luxuriös, sondern auch hip. Cafés und Boutiquen säumen die engen Straßen, über die Trottoirs flanieren Frauen in Miniröcken und mit Designerhandtaschen. Nirgendwo ist Istanbul so westlich wie hier, der Kontrast zu Kasımpaşa könnte kaum größer sein. An der Ecke schräg gegenüber der historischen Polizeiwache von Nişantaşı liegt ein

Schreibwaren- und Tabakladen, heute heißt er *Nejdet Güler Shop*. Als *Alaaddins Laden* hat ihm Literatur-Nobelpreisträger Orhan Pamuk in mehreren seiner Werke ein Denkmal gesetzt. Schon zu Tosuns Zeiten war dieser Laden ein Sehnsuchtsort für die Jungen im Viertel. »Alle, die ihre Jugend in Nişantaşı verbrachten, haben irgendwelche Erinnerungen daran«, sagt Tosun. »Dort gab es unwahrscheinlich viel Spielzeug und Bücher. Bücher, die die Jugend von damals beeinflusst haben.« Tosun verschlang die französischen Geschichten vom Meisterdieb Arsène Lupin und vom Ritter von Pardaillan.

Heute handelt der *Nejdet Güler Shop* immer noch mit Lesestoff, außergewöhnlich wirkt er in der Fülle der Läden im Viertel aber kaum noch. Die Bedeutung, die er für Generationen von Kindern und Jugendlichen im Viertel hatte, lässt sich nicht mehr erahnen. Neben türkischen Zeitungen liegen für die westliche Kundschaft der *Guardian*, der *Economist* und die *Financial Times* bereit. Ein Aushang warnt davor, den letzten Tag vor der Lotto-Ziehung zu verpassen, auf einer Fußmatte schläft eine grau-weiße Katze in der Herbstsonne. Ein wenig Spielzeug gibt es immer noch, im Schaufenster liegt ein kleines Krokodil aus Kunststoff, eine Puppe mit Frisierzeug und ein einsamer Plüschbär warten auf Käufer. Darüber hängt ein Schnellfeuergewehr aus schwarzem Plastik, ein Zettel dazu verspricht Licht- und Toneffekte.

Um die Ecke, in der Haci-Emin-Efendi-Straße 26, liegt das einstige Haus der Mereys. Es ist ein schmuckloses vierstöckiges Eckhaus, keines der hübschen Art-Nouveau-Gebäude, die Nişantaşı schmücken. Das Haus hat längst den Besitzer gewechselt, trägt über der Eingangstür aber noch seinen alten Namen: Çamlıca, benannt nach dem höchsten Hügel Istanbuls, der Ausflüglern einen spektakulären Rundumblick über die Bosporus-Metropole erlaubt. Diesen Namen hatte sich damals Tosuns Stiefmutter gewünscht. Gegenüber vom Haus der Familie liegt heute ein Friseursalon namens *Hair Mafia*, auf der anderen Straßenseite ein Schnellrestaurant namens *Burgerhood*, es wirbt mit der Parole: »For Real Burger Lovers«. Im Untergeschoss des Hauses – dem einstigen Kohlenkeller – residiert der *Yildiz Wine and Tobacco*-Laden, in dessen Schaufenster sich Flaschen mit zehn Jahre altem Single Malt aneinanderreihen. »Früher war hier ein Schuster drin, ein Armenier«, sagt Tosun. »Einer von denen, die nicht umgebracht wurden.« Abends habe die Familie des Schusters in dem Laden Meze gegessen, die traditionellen Vorspeisen, und Rakı getrunken, den türkischen Anis-Schnaps. »Ich kam oft dazu, wenn sie mich auf einen Rakı eingeladen haben.« Wenige Häuser weiter lebte ein früherer Regierungschef. »Daran siehst du, dass die Türkei damals weniger korrupt war«, sagt Tosun bei unserem Ausflug in seine Vergangenheit. »Ein Exministerpräsident wohnte in dieser Zeit verhältnismäßig bescheiden.« Tosun pflegte als Jugendlicher vor allem Beziehungen zur Enkelin des Politikers, die etwas jünger war als er. »Ich weiß nicht, ob du das schreiben willst«, sagt er mir, »aber wir haben im Treppenhaus geknutscht.« (Später bittet mich Tosun, den Namen des Politikers nicht zu erwähnen – aus Sorge um den Ruf der Tochter, die heute weit über siebzig Jahre alt sein muss. »Wenn sie noch lebt und das irgendwer liest, dann lästern vielleicht ihre Verwandten darüber«, befürchtet mein Vater.)

Die dreimonatigen Sommerferien verbrachte Tosun mit seiner Familie auf Büyükada, der größten der Prinzeninseln im Marmarameer, eine Stunde Dampferfahrt von Istanbul entfernt. Nejdet hatte dort über viele Jahre hinweg ein Köşk gemietet, eines jener Holzhäuser, die immer noch den Charme der Inseln ausmachen. Das Familienoberhaupt pendelte in den heißen Sommermonaten mit dem Schiff zur Papierfabrik. Die Prinzeninseln vor den Toren der hektischen Metropole sind bis heute grüne Oasen der Ruhe, hier dürfen keine Autos fahren. Über die Inseln bewegt man sich gemächlich per Fahrrad oder Pferdedroschke.

Für Tosun waren die Sommer eine sorgenfreie Zeit. »Ich bin gegen zehn Uhr aufgestanden«, erzählt er. »Dann bin ich zum Schwimmen oder zum Tennis, oder ich habe mit Mädchen geflirtet.« Nachdem Nejdet seinen Sohn in ein Internat gesteckt hatte, plagte ihn ein schlechtes Gewissen, das er mit Geld und Geschenken zu kompensieren versuchte. Tosun bekam in den Ferien so viel Taschengeld zugesteckt, dass er mittags in Restaurants essen konnte. Auch eine Kodak-Kamera schenkte ihm Nejdet, Tosun hat sie heute noch, auch wenn sie längst nicht mehr funktioniert. Es sollte aber noch besser kommen: »Mein Vater kaufte mir ein Tonband, was in der Türkei eine absolute Rarität war. Wir sind dann in einen Nachtclub auf der Insel und haben dort die Schallplatten auf Band aufgenommen. Wir hatten klasse Musik.« Nachmittags wurde getanzt und getrunken. »Wir hatten einen großen Garten, und es war bekannt, dass es jeden Mittwoch eine Party bei Tosun gibt. Jeder musste eine Flasche mit Alkohol mitbringen. Manchmal kamen vierzig Gäste.« Abends machte man sich schick, um Pendler aus der Stadt wie Tosuns Vater am Anleger zu empfangen. Am Steg wurde flaniert, jeder wollte sehen und gesehen werden. Dort entschieden Tosun und seine Freunde auch, wie sie den Rest des Abends verbringen wollten: Rakı und Bier im Restaurant,

Fahrrad- oder Kutschtour über die Insel oder doch lieber Sommerkino? »Es war ein dekadentes Leben«, sagt mein Vater rückblickend. Seinen letzten unbeschwerten Sommer auf den Prinzeninseln verbrachte er 1961 – bevor er seine Koffer packte, um zum Studium nach München zu reisen.

10   »VERFLUCHTE DEUTSCHE!«

Voller Enthusiasmus kam Tosun damals nach Deutschland, in jenes Land, das er gerne zu seiner Heimat gemacht hätte. Heute bereut mein Vater, sich für ein Leben in der Bundesrepublik entschieden zu haben. Es ist ein schwieriges Thema im Gespräch mit mir, dem eigenen Sohn, den es nicht gäbe, wäre sein Entschluss damals anders ausgefallen. Tosun betont, er wolle auf keinen Fall so verstanden werden, dass er die Entscheidung bereue, Maria geheiratet und unsere Familie gegründet zu haben. Unter rationalen Gesichtspunkten, so meint er, wäre es rückblickend aber sinnvoller gewesen, ein anderes Land als Deutschland zu wählen. Eines der Argumente, das er dabei anführt: »Ausländer werden in Deutschland nicht so akzeptiert wie in den USA oder Kanada.«

Tosun war nicht das einzige Kind der Familie, das ins Ausland ging. Seine fast neun Jahre ältere Halbschwester Ertem wagte einen noch weiteren Sprung als er: nach Amerika. Die USA sind – anders als Deutschland – natürlich schon immer ein klassisches Einwanderungsland gewesen. Inzwischen wird Deutschland allerdings zumindest von der Bundesregierung auch als Einwanderungsland definiert.[40] Das Beispiel USA zeigt vielleicht, was für ein weiter Weg noch vor der Bundesrepublik liegt, bis dieser Begriff mit Leben gefüllt wird. Obwohl in den vergangenen Jahrzehnten Millionen Gastarbeiter, Aussiedler und EU-Bürger ins Land gekommen und dort geblieben sind, lehnen viele Deutsche eine Definition ihrer Heimat als Einwanderungsland immer noch strikt ab.[41]

Als Tosun mir erzählte, dass er seine Entscheidung für Deutschland bereut, fragte ich mich: Wie sieht das eigentlich Ertem nach all den Jahren in den USA? Hält sich meine Tante für eine Amerikanerin, oder fühlt sie sich – wie mein Vater – als Türkin? Und wie ist das bei Ertems Sohn Orhan, meinem Cousin, der fünf Jahre älter ist als ich: Sorgen sein türkischer Name und seine Herkunft in seinem Leben für Komplikationen, oder spielen sie im Land der angeblich unbegrenzten Möglichkeiten keine Rolle?

Ertem und Tosun haben ein so enges Verhältnis, wie das über Tausende Kilometer Distanz möglich ist. Über die Jahrzehnte und die Kontinente hinweg hielten sie Kontakt und besuchten sich mit ihren Familien, wann immer das machbar war. Dabei kannten sich die beiden als Kinder zunächst gar nicht – obwohl sie in Nejdet denselben Vater hatten und obwohl sie beide in Istanbul aufwuchsen.

Ertem durchlebte eine wesentlich schwierigere Kindheit als Tosun. Kurz nach Ertems Geburt im Februar 1931 trennte sich Nejdet von der Mutter, seiner ersten Ehefrau. Ertem wuchs beim Großvater mütterlicherseits auf. Die Mutter kämpfte mit ihren eigenen Problemen und kümmerte sich nicht um ihr einziges Kind, zum Vater hatte das Mädchen in den ersten Jahren überhaupt keinen Kontakt. »Mein Großvater nahm mich unter seine Fittiche«, sagt Ertem, als ich sie im Dezember 2016 in den USA besuche. »Ich wurde verwöhnt, ich war sein erstes Enkelkind.« Großvater Yusuf Zia Özer war ein prominenter Parlamentsabgeordneter und ein persönlicher Freund Atatürks. Ertem erinnert sich, dass eines Tages Polizisten vor dem Haus der Familie auf Büyükada standen, der größten der Prinzeninseln im Marmarameer vor Istanbul. »Sie sagten meinem Großvater:

Atatürk bittet um Ihre Gesellschaft.« Der Republikgründer wollte mit Ertems Großvater zocken, er lud ihn zum Kartenspiel in den traditionsreichen Club Anadolu am Nordufer der Insel ein.

Erst nach dem Tod Özers 1947 lernte Ertem ihren Vater näher kennen – und damit auch ihren Halbbruder. »Nejdet nahm mich auf eine Reise nach Bursa mit, da war auch Tosun dabei, er muss sieben oder acht Jahre alt gewesen sein. Wir gingen auf einem Hügel spazieren, und Tosun nahm einen Stock und sagte: Schwester, hier könnten Schlangen sein, lass mich vorangehen. Ich dachte mir: Was für ein Gentleman.«

Aber auch nach dem Tod des Großvaters zog Ertem nicht zur Familie des Vaters, der inzwischen mit seiner zweiten Ehefrau verheiratet war, mit Tosuns Mutter Bedia. »Ich glaube, meine Mutter wollte nicht, dass Ertem bei uns wohnt«, sagt Tosun rückblickend. Ertem lebte nun bei der Familie eines Onkels mütterlicherseits, nach dem sie später ihren Sohn Orhan benannt hat. »Ich habe ihn geliebt, aber er war durch und durch verantwortungslos«, sagt Ertem über den Onkel. »Er hatte immer Geliebte. Ich dachte damals, das sei ganz normal und bei allen Männern so.« Mit einer seiner Affären verschwand Onkel Orhan irgendwann, zurück blieb die Tante, die sich nun nicht nur um die zwei Söhne kümmerte, sondern auch um Ertem.

Nejdet scheint sich nach dem Tod des Großvaters bemüht zu haben, sein schäbiges Verhalten gegenüber Ertem zumindest halbwegs wieder wettzumachen. Der Kontakt zur Tochter nahm zu, und Nejdet finanzierte Ertem (wie später auch Tosun) eine Ausbildung an einer Eliteschule: Sie besuchte das amerikanische Mädchengymnasium in Istanbul, wo sie Englisch lernte und nach dem Abschluss ein Stipendium für die USA bekam.

Im Alter von 18 Jahren machte Ertem sich 1949 auf den langen Weg nach Amerika. Heute dauert ein Direktflug von Istanbul nach New York immer noch mehr als elf Stunden. Damals war die Strecke über den alten Kontinent und den Atlantik nur mit mehreren Zwischenstopps zu bewältigen. Die Ausfuhr von Devisen aus der Türkei war streng reglementiert, Nejdet hatte Ertem Dollar-Banknoten in den Mantel einnähen lassen, um den Zoll auszutricksen. Die junge Türkin reiste nach Massachusetts, wo sie das Mount Holyoke College besuchte, später wechselte sie an die Drexel University in Philadelphia. Zunächst studierte sie Soziologie, »aber irgendwann dachte ich, das bringt mir nichts. Und ich habe mich gefragt: Was liebst du? Bücher.«

Als Ertem ihren Abschluss als Bibliothekswissenschaftlerin machte, hatte sie ihren späteren Ehemann Robert (Bob) Beckman schon kennengelernt. Die Bürgerrechtsbewegung in den USA nahm gerade an Fahrt auf, zu ihrem Anführer wurde später Martin Luther King (»wir brannten alle für ihn«). Ertem lernte den Rassismus in den USA kennen – und sie lernte, ihn zu verachten. Als sie 1952 oder 1953 mit einer schwarzen Freundin deren Familie in North Carolina besuchte, konnten die beiden auf der langen Autofahrt nicht einmal dieselbe Toilettenanlage aufsuchen. »Schwarze durften sie nicht benutzen«, erinnert sich Ertem. »Wir gingen dann gemeinsam in die Büsche.« Als sie bei der Familie zu Gast war, riefen Rassisten dort an. »Sie sagten: Bringt das weiße Mädchen aus eurem Haus heraus.«

Bei einer Veranstaltung der Bürgerrechtsbewegung in Boston traf Ertem auf Bob, dessen Vorfahren aus Schweden in die USA gekommen waren. Kurioserweise ist ihr von der ersten Begegnung mit ihrem künftigen Ehemann besonders in Erinnerung geblieben, dass er das Besteck in die Brusttasche seines Sakkos steckte, während er ein Tablett mit Essen holte. »Ich dachte, was ist das wohl für ein sonderbarer Brauch?«

1954 heirateten Ertem und Bob – gegen den erklärten Willen Nejdets, der Ertem während des Studiums weiterhin Geld überwies, soweit es die türkischen Devisengesetze zuließen, danach aber auf die Rückkehr der Tochter und deren Hochzeit mit einem Türken in der Heimat hoffte. Bevor Bob ins Spiel kam, hatte Samia – Nejdets inzwischen dritte Ehefrau – die Stieftochter aufgefordert, »das Geld zu sparen für die Mitgift«, sagt Ertem. »Sie schickte mir eine lange Liste, was ich brauchen würde: So und so viele Betttücher, so und so viele Handtücher und so weiter. Natürlich habe ich nichts dergleichen gemacht. Ich habe das Geld ausgegeben!« Als Nejdet von den Hochzeitsplänen erfuhr, forderte er seine lange vernachlässigte Tochter auf, umgehend zurückzukehren. »Mein Vater sagte, ich werde dir ein Ticket schicken, und du wirst sofort nach Hause kommen. Er war dagegen, dass ich einen Amerikaner heirate.«

Die Hochzeit vor einem Zivilrichter war kein großer Festakt. »Man kann da einfach hingehen und sich verheiraten lassen«, sagt Ertem. »Nur Bob und ich waren da, und Bob hatte noch zwei Menschen als Trauzeugen aufgetrieben, die ich aber gar nicht kannte.« Vor dem Richter wurde Ertem von ihren Gefühlen überwältigt. »Ich fing an zu weinen, weil ich auf einmal merkte, was das für einen tiefen Einschnitt in meinem Leben bedeutete: Ich werde die Ehefrau dieses Mannes sein und verpflichte mich zu einem Leben in den USA.«

Bob nahm Ertem mit nach Westfield, seinem kleinen Heimatort im Bundesstaat New York. Hier, am Ufer des Lake Erie und ganz in der Nähe der kanadischen Grenze, siedelten sich im späten 19. Jahrhundert vor allem Einwanderer aus Skandinavien an. »Als wir dorthin kamen, waren alle unglaublich neugierig darauf, die Neue kennenzulernen«, erinnert sich Ertem. »Wie ist sie wohl? Hat sie vielleicht Hörner? Ich wurde von allen Seiten unter die Lupe genommen.« Ob ihre Herkunft aus der muslimischen Türkei eine Rolle gespielt habe? »Es war überhaupt kein Thema, dass ich Türkin war«, sagt Ertem. »Und die Menschen in Westfield waren alles Christen, die hatten wahrscheinlich gar keine Ahnung davon, was eine Moschee ist.«

Wie auch meine Eltern zogen Ertem, Bob und die drei Kinder der Beckmans durch die Welt. Bob hatte in Harvard studiert, er arbeitete als Finanzmanager, unter anderem lebte die Familie jahrelang in Saudi-Arabien. Ertem entschied sich, die Staatsbürgerschaft ihres Ehemannes anzunehmen – mit einem amerikanischen Pass lässt es sich leichter reisen und im Ausland leben als mit einem türkischen.

Aufwendig sei es nicht gewesen, US-Staatsbürgerin zu werden, sagt Ertem – kein Vergleich zur Prozedur, die Tosun auf seinem Weg zum deutschen Pass durchlief. »Ich musste beantworten, wer der erste Präsident der USA war. Ich sagte: George Washington. Und ich musste sagen, dass ich Englisch lesen und schreiben kann.« Nachdem sie außerdem nachweisen konnte, dass sie in den USA nicht straffällig geworden war, musste Ertem den Eid für Neubürger ableisten: Sie schwor, dass sie die Verfassung der USA verteidigen wird – und dass sie »alle Gefolgschaft und Treue« jenem ausländischen Staat entsagt, dessen Bürgerin sie bislang war: der Türkei.

»Ich habe geweint«, erinnert sie sich. »Amerika war zwar das Land, in das jeder wollte. Aber ich dachte, jetzt bist du

Amerikanerin und hast die Verbindungen zur Türkei gekappt. Auch wenn emotionale Verbindungen natürlich immer bestehen bleiben.« Erst später erfuhr sie, dass sie neben dem amerikanischen auch einen türkischen Pass haben darf. »Mein Vater sagte mir, nein nein, du musst deine Staatsbürgerschaft nicht aufgeben!« Nejdet kannte jemanden in der Passbehörde, und dass in der Türkei vieles über Beziehungen läuft, galt damals noch viel mehr als heute. Die frischgebackene Amerikanerin bekam wieder einen türkischen Reisepass.

Heute weiß Ertem nicht einmal, wo in ihrem Haus das alte Dokument mit dem Halbmond und dem Stern liegen könnte. »Ich habe den türkischen Pass auslaufen lassen«, sagt sie. »Ich habe ihn schon lange nicht mehr benutzt. Ich bin zur Amerikanerin geworden. Meine Kinder sind Amerikaner. Mein ganzes Leben ist amerikanisch. Ich hatte das Gefühl, es wäre schon fast unehrlich, einen türkischen Pass zu benutzen.« Als ich Ertem frage, wie sie das meint, antwortet sie: »Es ist schwierig zu beschreiben. Die Türkei gehört zu meiner Vergangenheit. Wenn ich eine türkische Zeitung in die Hand bekomme, sehe ich Wörter, die ich nicht mehr erkenne. Aber wenn ich über die Türkei lese, verstehe ich die Hintergründe. Mein Kern ist türkisch. Aber ich fühle mich nicht mehr als Teil dieses Landes.«

Für Tosun ist Istanbul immer noch seine Heimatstadt. Für Ertem gilt das längst nicht mehr. »Wenn ich in die Türkei reise, fühle ich mich als Ausländerin«, sagt sie. »Vielleicht nicht ganz, aber ich fühle eine Distanz. Selbst die Anatomie meines Mundes hat sich dem Englischen angepasst. Ich spreche sogar Französisch mit amerikanischem Akzent. Ich kann auf Türkisch noch alltägliche Gespräche führen, aber jemand sagte mir mal: Du sprichst wie eine Amerikanerin.«

Ertem ist schon lange nicht mehr in Istanbul gewesen, sie ist 85 Jahre alt, als ich sie in den USA besuche. Auf einer ihrer letzten Reisen in die Metropole am Bosporus erlebte sie, »dass mich ein Straßenverkäufer ansprach – in gebrochenem Englisch! Ich dachte, mein Gott, er hält mich für eine Amerikanerin. Weißt du, es verändert alles, wenn du dich dafür entscheidest, Teil eines anderen Landes zu werden. Sogar die Art, wie du denkst. Sogar die Art, wie du läufst.«

Ertem ist inzwischen Witwe, sie lebt gemeinsam mit ihrer Enkelin Emily und deren Ehemann Chris in einem hübschen Haus in Brighton, einem Vorort von Rochester im Bundesstaat New York. Ihr Sohn Orhan wohnt mit seiner Familie nur ein paar Minuten entfernt. Am Flughafen von Rochester heißt ein großes Plakat Soldaten willkommen, die von einem der vielen Auslandseinsätze der US-Streitkräfte zurückkehren. Andere Plakate am Airport werben für medizinische Dienstleistungen, das Gesundheitswesen ist inzwischen ein wichtiges wirtschaftliches Standbein der Region. Früher war die Stadt vor allem bekannt dafür, der Sitz der Eastman Kodak Company zu sein, dem einstmals größten Arbeitgeber in der Gegend. Der Niedergang der Weltfirma, bedingt vor allem durch das Aussterben der Filmfotografie, hat Rochester hart getroffen.

Anders als in der Innenstadt ist im Vorort Brighton von ökonomischen Schwierigkeiten allerdings nichts zu sehen. Hinter den großzügigen Einfamilienhäusern liegen ausladende Gärten. In den Auffahrten vor den Garagen, die sich per Fernbedienung wie von Geisterhand öffnen, parken eher drei als zwei Autos, darunter wuchtige Pick-ups oder spritfressende SUV aus amerikanischer Produktion. Neben den Auffahrten stehen Basketballkörbe, vor einigen Anwesen weht die Flagge der Vereinigten

Staaten. In den Vorgärten warnen dezente Schilder von Sicherheitsfirmen davor, falsche Schlüsse aus der Abwesenheit von Zäunen zu ziehen. Die Bewohner hier sind freundlich, sie grüßen, wenn sie ihre Hunde ausführen, von denen die meisten zu satt und zu träge erscheinen, um die vielen flinken Eichhörnchen zu jagen. Für die vierbeinigen Haustiere des Viertels hat die Postbotin, die in der Vorweihnachtszeit eine Nikolausmütze trägt, Hundekekse in Knochenform dabei.

Eine blinde Begeisterung für Amerika pflegt Ertem nicht. Als im Monat vor meinem Rochester-Besuch Donald Trump die Präsidentenwahl gewinnt, schreibt sie mir in einer E-Mail: »Wir trauern alle. Ist dies noch das Land, von dem ich glaubte, dass es die Heimat der Demokratie wäre? Vielleicht solltest Du Deine Reise überdenken.« Als ich antworte, dass ich Trump nicht erlauben würde, unser erstes Wiedersehen seit vielen Jahren zu sabotieren, schreibt sie mir zurück: »Wenn Du uns bei Deiner Ankunft nicht vorfindest, werden wir wahrscheinlich in Kanada sein – einem viel vernünftigeren Land.«

Alles in allem hält Ertem die amerikanische Gesellschaft dennoch für »großartig«. Nach 67 Jahren in den USA kann sie sich an keinen einzigen Moment erinnern, in dem sie wegen ihrer türkischen Wurzeln diskriminiert worden wäre. »Ich habe wegen meiner Herkunft in meiner ganzen Zeit in den Vereinigten Staaten nie Feindseligkeiten erfahren. Das macht Amerika möglich: Egal, woher du stammst, du kannst ein vollwertiger Amerikaner werden«, sagt Ertem. Dann fügt sie hinzu: »Solange du weiß bist.« Zwar habe der Rassismus in den vergangenen Jahrzehnten abgenommen, wofür die Wahl von Barack Obama zum US-Präsidenten Beleg gewesen sei. Farbige seien aber weiterhin benachteiligt. »Die Tatsache, dass Obama gewählt werden konnte, sagt viel darüber aus, wie sich die Dinge geändert haben. Das heißt aber nicht, dass die USA in Sachen Rassismus aus dem Schneider sind.«

Dass sich der Rassismus in den USA gegen Farbige und nicht gegen Türken richtet, macht ihn natürlich keinen Deut besser. Dass Türken in Amerika nicht im Visier von Rassisten stehen, erleichtert Menschen wie Ertem aber die Integration. Zur besseren Integration trägt auch bei, dass es in den USA viel weniger Türken als in Deutschland gibt: Während auf rund 80 Millionen Einwohner in Deutschland fast drei Millionen Menschen türkischen Ursprungs kommen, sind es in den USA nur rund 200.000 – bei einer Bevölkerungszahl von mehr als 320 Millionen.[42] Stellen in Deutschland türkischstämmige Bürger die mit Abstand größte Gruppe der Einwanderer, so leben in den USA sogar mehr Menschen mit Wurzeln in Trinidad und Tobago als mit Wurzeln in der Türkei. Die Gruppe der Einwohner mit armenischem Hintergrund ist in Amerika sogar mehr als doppelt so groß wie die Gruppe derjenigen türkischen Ursprungs. Die geringe Zahl der Türken in den USA erschwert letztlich die Gettobildung, die in deutschen Großstädten seit jeher Gift für die Integration gewesen ist: Ein Türke in Berlin kommt mit Türkisch durch den Alltag, wenn er es darauf anlegt. Einem Türken in New York wird das kaum gelingen.

Auch ist der Einfluss des türkischen Staates auf die Türken in den USA viel geringer als auf die in Deutschland. Zwar reicht beispielsweise der lange Arm der Religionsbehörde Diyanet sogar bis nach Amerika, wo das Diyanet Center of America (DCA) landesweit mehr als zwanzig lokale Ableger unterhält.[43] Das ist aber kein Vergleich zur Bundesrepublik: Gerade einmal rund zwei Dutzend Imame hat Diyanet in die USA geschickt. Mehr als 1.000 Imame und weibliche Islamgelehrte arbeiten dagegen an den rund 900 Moscheen der Türkisch-Islamischen Union der Anstalt für Religion (Ditib)[44] in Deutschland. Sie alle sind von Diyanet ausgewählt, geschult und entsandt worden.[45]

Ertem sagt, bei ihren zwei Söhnen und ihrer Tochter sei ihr zwar wichtig gewesen, dass sie über die Türkei und ihre Herkunft Bescheid wüssten. Ihr sei aber nie in den Sinn gekommen, ihre Kinder als Türken zu erziehen. »Sie wissen, dass sie türkisches Blut in sich haben. Vielleicht sehe ich das zu sehr aus einem westlichen Blickwinkel, aber was hätte ich ihnen an türkischen Eigenschaften vermitteln sollen? Gastfreundschaft, das schon. Aber Nationalismus? Das ganz sicher nicht.« Als Kind sei ihr von Onkeln und Tanten erzählt worden, wie grausam die Armenier zu den Türken gewesen seien – bis heute führen türkische Nationalisten armenische Übergriffe als Rechtfertigung für die Massaker an der Minderheit im Ersten Weltkrieg an. »Erst in den USA habe ich gelernt, dass es andersherum war«, sagt Ertem. »Wir sind voll von solchem Mist, der uns als Kind eingetrichtert wurde.«

Wie sie – als gebürtige Muslimin – es bei der Kindererziehung mit der Religion gehalten habe? Ertem lacht. »Was den Glauben angeht, unterscheide ich mich nicht groß von Missy«, sagt sie, sie meint ihre Katze, die es sich auf einem Wohnzimmersessel gemütlich gemacht hat. »Ich halte mich nicht für eine Muslimin. Ich bin sicherlich vom Islam beeinflusst worden, aber ich bin keine Anhängerin des Islam. Ich wurde auch vom Christentum beeinflusst. Vielleicht bin ich eine Promenadenmischung.« Religion habe in ihrem Leben nie eine Rolle gespielt, auch in ihrer Kindheit nicht. »Ich glaube nicht, dass es da oben jemanden gibt, der mir zuhören würde. Ich habe humanistische Ideale.«

Ertems Sohn Orhan sagt von sich selber, er sei Atheist wie seine Mutter. Was seine türkische Herkunft für ihn bedeutet? »Das ist eine Art Fußnote für mich«, meint er nach einigem Überlegen. Orhan käme nie auf die Idee, sich als Halbtürke zu betrachten. »Da könnte ich ja genauso gut sagen, ich bin Halbschwede«, sagt er mit Blick auf die Herkunft seiner Vorfahren väterlicherseits. »Ich bin zu hundert Prozent Amerikaner.« Als Jugendlicher sei er ein einziges Mal mit seinem türkischen Ursprung konfrontiert worden, erinnert sich der 49-Jährige. »Eine Mitschülerin mit kurdischen Wurzeln sprach mich an und fragte: Weißt du eigentlich, was ihr Türken unserem Volk alles angetan habt? Ich sagte, wovon redest du? Ich bin Amerikaner.«

Mein Cousin mag kaum glauben, dass Deutsche mit türkischen Namen in der Bundesrepublik schlechtere Berufschancen haben. »Niemand hat je infrage gestellt, dass ich Amerikaner bin«, sagt er. »Und wenn ich mich um einen neuen Job bewerben würde, wäre meine türkische Herkunft das Letzte, worüber ich mir Gedanken machen würde.« Als er seine inzwischen 15-jährige Tochter nach seiner verstorbenen Schwester Renan benannt hat, habe er gar nicht darüber nachgedacht, dass das ein türkischer Name sei – weil das in den USA keine Rolle spiele. »Renan erfüllt es sogar mit einem gewissen Stolz, türkisches Blut zu haben, weil das für sie irgendwie einzigartig ist«, sagt Orhan. »Das ist nichts, wofür sie sich schämt, im Gegenteil, sie betrachtet das als eine Art Ehrenabzeichen.« Ob er selber denn stolz darauf sei, Amerikaner zu sein? »Sehr«, sagt Orhan ohne Zögern. Zwar stehe außer Frage, dass auch in den USA nicht alles perfekt laufe. Dennoch glaube er immer noch, »dass wir ein leuchtendes Beispiel für Demokratie sind«.

Ertem bereut rückblickend nicht, nach Amerika ausgewandert zu sein, auch wenn das Leben dort schwere Schicksalsschläge für sie bereitgehalten hat. »Ich hatte Glück, nach Amerika zu kommen«, meint sie bei unseren Gesprächen, bei denen ich ihr auch davon erzähle, wie sehr ihr Bruder – mein Vater – mit seinem Leben in Deutschland hadert. »Es macht mich traurig, wenn Tosun an seinem Lebensabend das Gefühl hat, die falsche Entscheidung getroffen zu haben«, sagt Ertem. »Aber man kann sich nicht wünschen, man hätte ein kleines Detail in seinem Leben anders gemacht. Das würde ja den ganzen Rest der Geschichte auch ändern.« Dass Tosun sich in Deutschland nicht akzeptiert fühle, sei dennoch deprimierend. »Ich hätte fast gesagt: Verfluchte Deutsche!«, sagt meine Tante. »Aber jetzt sitzt du mir gegenüber – als Deutscher.«

TEIL 2

DIE ZWEITE GENERATION

1 DEUTSCH: SEHR GUT

Aus Berlin meldeten sich am 14. September 2015 die Grünen bei mir im Büro der Deutschen Presse-Agentur (dpa) in Istanbul. Parteichef Cem Özdemir wolle am Tag darauf versuchen, in die kurdische Stadt Cizre in der Südosttürkei zu gelangen. Ob ich Interesse hätte, ihn zu begleiten? Die türkische Regierung hatte gerade eine neuntägige Ausgangssperre aufgehoben, während der die Stadt von der Außenwelt abgeriegelt war. Sicherheitskräfte und Kämpfer der verbotenen kurdischen Arbeiterpartei PKK hatten sich in Cizre heftige Gefechte geliefert. Es war der Vorgeschmack auf die erneute schwere Eskalation des Kurdenkonflikts in der Türkei, nachdem Friedensgespräche und eine Waffenruhe zusammengebrochen waren.

Özdemirs Delegation – zu der auch eine deutsche Europaabgeordnete der Grünen gehörte – und ein paar mitreisende Journalisten trafen sich vor Sonnenaufgang am Atatürk-Flughafen in Istanbul. Die Frage, die alle beschäftigte: Würden uns die Sicherheitskräfte nach Cizre lassen, wo die Lage immer noch angespannt war? Özdemir ist in der Türkei bekannt, in weiten Teilen der Bevölkerung aber alles andere als beliebt. Dass er türkische Wurzeln hat und dennoch lautstark Kritik an Staatspräsident Erdoğan übt, bringt ihm unter dessen Anhängern den Ruf des Vaterlandsverräters ein. Erdoğan selber bezeichnete Özdemir als »sogenannten Türken« und als »charakterlos«. (Das islamfeindliche deutsche Blog »Politically Incorrect« sieht im »Super-Türken Cem Özdemir« dagegen den »bekanntesten und engagiertesten Verfechter nationalistisch-türkischer Interessen im Deutschen Bundestag«.[46])

Vom Flughafen Mardin aus fuhren wir mit einem Minibus Richtung Cizre, immer entlang der Grenze zu Syrien. An einer Raststätte in Nusaybin legten wir eine Pause ein, Özdemir machte sich nach der nächtlichen Anreise aus Berlin frisch. Vor der Weiterfahrt twitterte der Türkei-Korrespondent der *Welt*, Deniz Yücel, ein Selfie von uns: »Deutscher Abgeordneter @cem_oezdemir & deutsche Journalisten @CanMerey @Besser_Deniz @OezlemTopcu, Fahrt nach #Cizre.«[47]

Verglichen mit ihrem Anteil an der Gesamtbevölkerung, sind Menschen mit türkischen Wurzeln im Bundestag und in deutschen Medien unterrepräsentiert. Auf dieser Reise galt das ganz und gar nicht. Die Eltern Özdemirs, Yücels und der *Zeit*-Kollegin Özlem Topçu stammen aus der Türkei, bei mir ist es zumindest der Vater. Özdemir wurde in Bad Urach am Fuße der Schwäbischen Alb geboren, Yücel – der später in der Türkei unter absurden Vorwürfen inhaftiert wurde – im hessischen Flörsheim. Topçu kam in Flensburg zur Welt, ich in Frankfurt am Main. Untereinander ist die Umgangssprache ganz selbstverständlich Deutsch. Wir alle sind deutsche Staatsbürger und deutsch sozialisiert.

An einem Checkpoint an der Abzweigung nach Cizre wurde unser kleiner Konvoi von türkischen Sicherheitskräften gestoppt, nach einer Überprüfung der Pässe durften wir aber passieren. Eine Delegation der prokurdischen HDP empfing Özdemir in der Innenstadt. Die Beziehungen zwischen der HDP – der Erdoğan vorwirft, der verlängerte Arm der PKK im Parlament in Ankara zu sein – und Özdemirs Grünen sind eng. Vor der Parlamentswahl in der Türkei vom Juni 2015 hatten die Grünen sogar eine Wahlempfehlung für die HDP ausgesprochen. Viele Türken waren empört darüber, fordern doch die Deutschen immer wieder lautstark, dass türkische Politiker sich gefälligst nicht in die Politik in der Bundesrepublik einzumischen haben.

In Cizre besuchte Özdemirs Delegation das Viertel Nur, auf Deutsch »Licht«, doch bis auf den Namen stimmte hier nicht mehr viel optimistisch. Auf einer Barrikade hatten PKK-Anhänger Attrappen von zwei bewaffneten und vermummten Kämpfern platziert. Ein Passant warnte davor, sich den Puppen zu nähern – es könnte sich um eine Sprengfalle handeln. An den Mauern in Nur prangten PKK-Graffiti. Die Häuser im Viertel zeugten von der Härte, mit der die Sicherheitskräfte vorgegangen waren. Manche der Gebäude waren nur noch Ruinen.

In Nur traf die Delegation Cizres Bürgermeisterin Leyla İmret. Genau genommen war die 28-Jährige – jedenfalls aus Sicht der Regierung in Ankara – zum Zeitpunkt unseres Besuchs Exbürgermeisterin der 100.000-Seelen-Stadt: Das Innenministerium hatte sie gerade ihres Amtes enthoben. Ihr wurde Propaganda für die PKK vorgeworfen, was sie zurückwies. Bei der Kommunalwahl im März 2014 war İmret mit überwältigenden 83 Prozent der Stimmen zu einer der jüngsten Bürgermeisterinnen des Landes gewählt worden. Erst wenige Monate zuvor war sie in die Türkei zurückgekehrt, damals verhandelten die PKK und die Regierung über Frieden, Erdoğan selber hatte den Prozess in die Wege geleitet.

Auch Leyla İmret hat eine deutsche Geschichte: 1996 gab ihre Mutter sie zu Verwandten nach Deutschland, um sie in Sicherheit zu bringen. Viele Kurden suchten damals in der Bundesrepublik Zuflucht vor dem Bürgerkrieg in der Türkei. Immer, wenn es in der Türkei brennt, schwappt der jeweilige Konflikt irgendwann auch auf deutsche Straßen über. Der Verfassungsschutz formulierte das in seinem Bericht 2016 so: »Ereignisse und krisenhafte Entwicklungen in der Türkei haben stets auch unmittelbare Auswirkungen auf die Sicherheitslage in Deutschland.«[48]

In den 1990er-Jahren machten Autobahnblockaden und Selbstverbrennungen von Kurden Schlagzeilen. Im Frühjahr 2015 bat der operative Anführer der PKK, Cemil Bayık, dafür um Verzeihung. »Ich möchte mich im Namen der PKK beim deutschen Volk entschuldigen«, sagte er. »So etwas wird nie wieder passieren.«[49] Seit die PKK sich im blutigen Kampf gegen die Terrormiliz Islamischer Staat (IS) im Irak und in Syrien profiliert hat, will sie im Westen wieder salonfähig werden. Das heißt konkret: Sie will in der EU und in den USA von den Listen der Terrororganisationen gestrichen werden, wogegen die Regierung in Ankara Sturm läuft.

Leyla İmret wuchs bei ihrer Tante in Osterholz-Scharmbeck bei Bremen auf, nach dem Realschulabschluss lernte sie Kinderpflegerin. Als sie volljährig wurde, wollten die Behörden sie abschieben. »Ich sollte zurück in die Türkei, das wollte ich überhaupt nicht«, sagt sie, als ich sie im Oktober 2016 in Diyarbakır bei einer weiteren Reise in die Kurdengebiete treffe. »Ich hatte sehr schlechte Erinnerungen.«[50] Ein deutscher Bekannter half ihr, er hatte einen Frisiersalon – und stellte İmret, die eigentlich Politik studieren wollte, als Azubi ein. Nach der Ausbildung gab er ihr einen unbefristeten Arbeitsvertrag. Auch wenn sie nie Friseurin werden wollte: Die Lehrstelle schützte sie vor der Abschiebung, und der feste Job verschaffte ihr eine unbefristete Aufenthaltserlaubnis. 2009 reiste İmret das erste Mal wieder in die Türkei, nach 13 Jahren sah sie ihre Mutter und ihre beiden Geschwister wieder. Der Vater – ein PKK-Kämpfer – war 1991 bei einem Gefecht getötet worden. Was sie beim Wiedersehen ihrer

Familie empfand? »Ich habe einen Tag lang nur geweint«, sagt sie. Erst 2013 kehrte İmret zurück nach Cizre – nicht per Abschiebebefehl, sondern freiwillig. Nach ihrer Rückkehr trat an die Stelle ihrer Angst vor einer Abschiebung aus Deutschland allerdings eine neue: die vor dem Gefängnis in der Türkei.

Als Özdemirs Delegation Leyla İmret im September 2015 in Cizre traf, traute sich die junge Frau mit den blonden Haaren und dem fröhlichen Lächeln nicht aus ihrem Viertel Nur heraus, wo die Menschen sie schützten. Auch wenn sie sich selbst trotz der Amtsenthebung noch als Bürgermeisterin betrachtete und ihre Wähler das genauso sahen, wagte İmret es nicht einmal, die kurze Strecke zur Stadtverwaltung im Zentrum von Cizre zurückzulegen. Sie befürchtete, festgenommen zu werden – zu Recht, wie die Zukunft zeigen sollte.

Nach dem Besuch in Cizre kehrte unsere Delegation nach Mardin zurück, wo wir übernachteten. Am nächsten Morgen waren die Europaabgeordnete, die Özdemir begleitete, und ich als Erste beim Frühstück im Hotel. Wir unterhielten uns kurz, die Grünen-Politikerin wollte etwas vom Kellner, der nur Türkisch sprach, ich übersetzte für sie aus dem Deutschen. Schon beim Besuch in Cizre hatten wir miteinander gesprochen, ich hatte sie nach ihren Eindrücken gefragt – natürlich auf Deutsch. »Als ob man sich von einem Tag auf den anderen im Krieg befände«, hatte sie bedrückt geantwortet. Im Flugzeug zurück von Mardin nach Istanbul saßen wir zufällig in derselben Reihe, die Abgeordnete kam ins Gespräch mit einem kurdischen Sitznachbarn, der Deutsch konnte. Sie erzählte ihm, dass sie gerade mit einer Delegation Cizre besucht habe. Dann zeigte die Parlamentarierin auf mich und fügte hinzu, ich sei auch dabei gewesen. »Herr Merey ist der dpa-Büroleiter in Istanbul«, sagte sie. »Er spricht sehr gut Deutsch.«

2   SPRICH: DSCHAN

Die Abgeordnete lag mit ihrer Feststellung nicht falsch. Als Journalist verdiene ich meinen Lebensunterhalt mit Sprache, Deutsch ist noch dazu die einzige, die ich akzentfrei (und anders als der Schwabe Özdemir sogar dialektfrei) beherrsche. Die Grünen-Politikerin ist auch über jeden Verdacht erhaben, Animositäten gegen Ausländer im Allgemeinen und Türken im Speziellen zu hegen. Vermutlich hat sie bei ihrem fragwürdigen Lob einfach nicht nachgedacht, böse gemeint hat sie es sicher nicht. Es ist aber ein Indiz dafür, wie tief im Unterbewusstsein sogar von weltoffenen Mitbürgern verankert ist, dass Menschen wie ich eigentlich nicht so richtig dazugehören können. Normalität geworden ist es jedenfalls noch nicht, dass wir letztlich auch nur ganz gewöhnliche Deutsche sind – oder es zumindest sein wollen.

So gut wie jeder mir näher bekannte Deutsche, dessen Aussehen oder dessen Name auf Wurzeln irgendwo im Orient schließen lassen, ist schon für die Beherrschung seiner Muttersprache gelobt worden. (Interessant ist auch, wie unterschiedlich hierzulande gebrochenes Deutsch wahrgenommen wird: Bei Französinnen gilt es als charmant, bei Türken als Hinweis auf mangelhafte Integration.) Mein Aussehen weckt zwar Zweifel an einer deutschen Herkunft, ich kann aber mit etwas gutem Willen als sonnengebräunter Europäer durchgehen. Mein Problem ist der Name.

Es macht das Leben nicht leichter, einen Vornamen zu tragen, der nur in jener Handvoll Ländern richtig ausgesprochen wird, in denen Turksprachen verbreitet sind. Das gilt besonders dann, wenn man die meiste Zeit seines Lebens nicht in diesen Ländern lebt. Meine Eltern mögen da eine Vorahnung gehabt haben, darauf lassen zumindest die Karten zur Geburt schließen, die sie damals verschickten und auf denen stand: »Wir sind glücklich über die Geburt unseres Sohnes Can (Sprich: Dschan)«. Ein Name, der auch für deutsche Ohren wohlklingend sein mag, dessen Aussprache man aber in Klammern erklären muss, kann letztlich nur zu Komplikationen führen. Dabei haben meine Eltern sich sehr wohl Gedanken gemacht, wie sie sich erinnern: Namen mit türkischen Sonderzeichen wie ç, ğ, ı oder ş schlossen sie von vornherein aus. »Als Mama mit dir schwanger wurde, hatte ich als Witz den Namen Abdülhamit vorgeschlagen. Das ist so eine Art Humor, den Mama nicht immer lustig findet«, sagt Tosun. Warum er überhaupt einen türkischen Namen wollte? »Vielleicht, weil ich dachte, dass ein deutscher Vorname mit einem türkischen Nachnamen komisch klingt. Es gibt Mehmet Scholl, aber ich kenne keinen Hans Köftecioğlu. Außerdem wollte ich die türkische Tür geöffnet lassen. Und ich glaubte damals noch vage an ein höheres Wesen, mit dem ich es mir nicht verderben wollte.« In Anlehnung an Republikgründer Mustafa Kemal Atatürk (der allerdings mit dem höheren Wesen nicht sehr viel am Hut hatte) schlug Tosun vor, mich Kemal zu nennen. Maria befürchtete, ich würde ein Leben lang Kamel gerufen. Sie drohte ihrem Gatten, den Erstgeborenen noch im Krankenhaus auf den Namen Sepp taufen zu lassen. Die Suche nach einem Kompromiss begann. »Cem war auch eine Möglichkeit«, sagt mein Vater. »Dabei dachte ich aber an das englische Jam, also an Marmelade. Dann haben wir uns auf Can geeinigt. An die englische Bedeutung haben wir nicht gedacht.«

Die Schreibweise meines Vornamens deutet für nicht-turkophile Deutsche kaum auf meine Herkunft hin. Der Nachname ist zwar türkisch, es gibt ihn aber auch außerhalb der Türkei, beispielsweise in Ungarn. Kurioserweise ist bei denjenigen, die meinen Namen zunächst nur geschrieben sehen, häufig der erste Gedanke, ich wäre Amerikaner. (Allerdings habe ich in meinem Leben noch keinen Amerikaner getroffen, der seinen Sohn »Dose« genannt hätte.) Dialoge wie den folgenden habe ich während meiner Zeit als Journalist in Berlin Anfang der 2000er-Jahre erlebt, typischerweise beim ersten Telefonat mit einem Gesprächspartner nach einem vorhergehenden Mailwechsel:

»Kän Mörräy, Sie müssen Amerikaner sein!«

»Nein, der Name wird Dschan Merey ausgesprochen.«

»Ah, Franzose!« (Leichte Enttäuschung beim Gesprächspartner vernehmbar.)

»Nein, das ist ein türkischer Name.«

»Oh. Türkisch.« (Enttäuschung jetzt deutlich herauszuhören.) Dann aufmunternd: »Na, dafür sprechen Sie aber wirklich sehr gut Deutsch.«

Damals gehörte ich – was den jeweiligen Gesprächspartnern bekannt war – zum Team der dpa-Journalisten in Berlin, die über Bundespolitik berichten. Deutschkenntnisse sind für diesen Job eine ziemlich wichtige Voraussetzung. Auch hier behaupte ich: Böser Wille war bei meinen Gesprächspartnern nie im Spiel. Gelegentlich wollte ich mich schlagfertig geben und erwiderte: »Vermutlich spreche ich sogar besser Deutsch als Sie.« Spätestens an diesem Punkt war die Stimmung im Keller, also sparte ich mir solche Antworten mit der Zeit. Gelegentlich kam ich gar nicht zur Replik, weil meine

Gesprächspartner nahtlos dazu übergingen, ihre erste Fehleinschätzung durch vermeintliche Türkei-Expertise wettmachen zu wollen:

»Ach klar, das ist so ein türkisches C mit einem Haken darunter!«

»Nein, Dschan wie Dschem, wie Dschem Özdemir von den Grünen, den kennen Sie ja. Mit einem Haken unter dem C hieße es Tschan, wie bei Tschatschatscha.«

Natürlich werden deutsche Namen im Ausland in der Regel ebenfalls nicht richtig ausgesprochen. Und fairerweise muss ich sagen, dass es meine deutsche Ehefrau Cordula in der Türkei tatsächlich nicht leicht hat, in »Dschordula« findet sie sich nicht so recht wieder. Ein türkischer Name in Deutschland kann allerdings mehr als chronische Irritationen wegen der falschen Aussprache mit sich bringen: Er kann die Zukunftschancen messbar verschlechtern.

Das haben unter anderem Forscher vom Sachverständigenrat deutscher Stiftungen für Integration und Migration belegt.[51] Sie schickten 2014 vier fiktive Kandidaten ins Rennen um Ausbildungsplätze. Lukas Heumann und Ahmet Aydin bewarben sich um Lehrstellen als Bürokaufmann, Tim Schultheiß und Hakan Yilmaz um eine Ausbildung zum Kfz-Mechatroniker. In jeder der beiden Berufsgruppen hatten die beiden Bewerber die gleichen Qualifikationen. Der einzige Unterschied: Der eine hatte jeweils einen deutschen Namen, der andere einen türkischen. (Die Forscher achteten sogar darauf, dass die türkischen Namen ohne große Schwierigkeiten auszusprechen sind – »um für Personalverantwortliche der Unternehmen, die die Bewerber möglicherweise telefonisch kontaktieren würden, keine zusätzliche Hürde zu schaffen«.)

Lukas und Ahmet, Tim und Hakan mögen gleich gut für die Lehrstellen geeignet gewesen sein. Gleich gute Chance hatten sie deswegen nicht. Die Studie kam zu dem Ergebnis:

> Insgesamt erhalten Bewerber mit einem türkischen Namen seltener eine Rückmeldung auf ihre Bewerbung und werden auch seltener zu einem Vorstellungsgespräch eingeladen: Ein Bewerber mit einem deutschen Namen muss im Schnitt etwa fünf Bewerbungen schreiben, um eine Einladung zu erhalten, während ein Bewerber mit einem türkischen Namen etwa sieben Bewerbungen versenden muss. Außerdem erhalten Bewerber mit einem türkischen Namen auf fast 42 Prozent ihrer Bewerbungen eine Absage, Bewerber mit einem deutschen Namen dagegen nur auf 37,0 Prozent.

Und wenn man die Türken schon eher ablehnt, kann man sie offenbar auch gleich duzen. Die Forscher stellten fest:

> Auffällig ist zudem, dass die Unternehmen die Bewerber unterschiedlich anreden. Während sie Bewerber mit deutschen Namen bei der Rückmeldung auf ihre Bewerbung (…) eher mit Nachnamen adressieren, werden Bewerber mit türkischen Namen häufiger geduzt und mit Vornamen angeredet.

Lukas schlägt Ahmet, Tim schlägt Hakan – und Sandra schlägt Meryem. Im September 2016 schickten die Universität Linz und das Forschungsinstitut zur Zukunft der Arbeit in Bonn knapp 1.500 Bewerbungen derselben fiktiven Frau an Unternehmen in Deutschland.[52] Einmal hieß die Kandidatin Sandra Bauer, zweimal hieß sie Meryem Öztürk. Auf den Bewerbungsfotos war stets die gleiche Person zu sehen – allerdings trug eine der beiden Meryems ein Kopftuch, was sie als Muslimin auswies. Die Studie kam zu dem Ergebnis:

> Während auf Bewerbungen mit einem typisch deutschen Namen (Sandra Bauer) in 18,8 Prozent der Fälle eine Einladung zu einem Vorstellungsgespräch folgte, erhielten von den identischen Bewerbungen mit einem türkischen Namen (Meryem Öztürk) nur 13,5 Prozent eine positive Rückmeldung. Wenn die fiktive türkischstämmige Bewerberin zusätzlich noch ein Kopftuch auf dem Bewerbungsfoto trug, sank die Rate für eine positive Antwort auf 4,2 Prozent. Erst nach 4,5-mal so vielen Bewerbungen kommt bei ihr ein Bewerbungsgespräch zustande. (…) Die Probleme von Migrantinnen auf dem Arbeitsmarkt werden oft einer geringeren Qualifikation zugeschrieben. Doch selbst hier aufgewachsene Bewerberinnen mit besten Deutschkenntnissen und »deutscher« Bildungs- und Ausbildungsbiografie sind mit erheblichen Benachteiligungen konfrontiert – wenn sie einen türkisch klingenden Namen haben und noch dazu ein Bewerbungsfoto mit Kopftuch vorlegen.

Mit einem türkischen Namen sind nicht nur die Jobperspektiven schlechter. Auch die Wohnungssuche gestaltet sich schwieriger, wie Datenjournalisten vom Bayerischen Rundfunk und vom *Spiegel* in einem groß angelegten Experiment nachweisen, über das sie im Juni 2017 berichteten.[53] Sie schickten ebenfalls fiktive Testpersonen mit annähernd gleichen Voraussetzungen ins Rennen: Die insgesamt zwölf Wohnungssuchenden waren 26 oder 27 Jahre alt, sprachen perfekt Deutsch und hatten einen festen Job im Bereich Marketing. Was die Kandidaten auch hier unterschied, war ihre Herkunft. Mehr als 20.000 Bewerbungen wurden verschickt. Das Ergebnis:

> Rund 8.000 Antworten haben wir auf unsere Anfragen erhalten – und ihre Auswertung belegt: Menschen mit ausländischem Namen werden auf dem Mietmarkt deutlich diskriminiert. Besonders hart trifft es Wohnungssuchende mit türkischer oder arabischer Herkunft. In jedem vierten Fall, in dem ein Deutscher eine Einladung zu einer Besichtigung erhält, werden sie übergangen.

Wie ausgeprägt die Benachteiligung ist, verdeutlicht ein Nebenaspekt des Experiments: Neben den zwölf Kandidaten bauten die Datenjournalisten zur Kontrolle des Versuchsaufbaus noch zwei weitere fiktive Bewerber ein. Einer davon brachte bessere Voraussetzungen mit als die zwölf aus der Kerngruppe, der andere schlechtere:

> Dr. Carsten Meier, alleinstehender Arzt, eloquent, und Lovis Kuhn, Langzeitstudent, flapsig und unprofessionell bei der Kontaktaufnahme. Eigentlich wollten wir deren Abschneiden gar nicht veröffentlichen, doch das Ergebnis hat uns überrascht und beleuchtet das Ausmaß der Diskriminierung noch von einer anderen Seite: Erwartungsgemäß erhielt Dr. Carsten Meier die meisten Rückmeldungen von allen Testpersonen. Doch Lovis Kuhn reiht sich nicht wie erwartet ganz am Ende der Skala ein, sondern schneidet besser ab als [der fiktive arabische Kandidat] Ismail Hamed und sein türkisches Pendant Hamit Yilmaz.

In Deutschland gilt ein Antidiskriminierungsgesetz, das Benachteiligungen in der Arbeitswelt oder auf dem Wohnungsmarkt wegen der ethnischen Herkunft verbietet.[54] Das ist lobenswert, hilft aber kaum in solchen Fällen, wie sie diese Versuche nachbildeten: Es ist so gut wie unmöglich nachzuweisen, dass man eine Ausbildungsstelle oder eine Wohnung wegen eines türkischen Namens nicht bekommen hat. Eine Lehre habe ich aus alldem gezogen: Unsere Tochter haben meine Frau und ich Mia genannt. Mia können Menschen nicht nur überall auf der Welt aussprechen. Es ist außerdem ein Name, der kein Stigma mit sich trägt.

3 KEIN ZUTRITT FÜR TÜRKEN

Mütterlicherseits ist von Ausländern in der Familiengeschichte nichts bekannt, die Obergrußbergers waren bis zur Heirat meiner Mutter mit einem Türken so deutsch, wie man nur deutsch sein kann. Dennoch wurde ich 1972 in Frankfurt als Türke geboren. Bestimmt wurde das durch das deutsche Reichs- und Staatsangehörigkeitsgesetz, das den ersten Teil seines längst überholten Namens erst im Jahr 2000 verlor. Bis zu einer Gesetzesreform Ende 1974 galt: Kinder haben nur Anrecht auf die deutsche Staatsangehörigkeit, wenn der Vater Deutscher ist.

Auch die Rechtslage spielte 1972 eine Rolle bei den Überlegungen meiner Eltern zu meinem Namen. »Es war damals nicht abzusehen, ob du jemals Deutscher würdest«, sagt Tosun. »Einen Namen wie Sepp Merey hätten die türkischen Behörden vermutlich abgelehnt.« Außerdem ist auf türkischen Ausweispapieren die Religionszugehörigkeit vermerkt, die in meinem Fall automatisch die des Vaters gewesen wäre. »Da hätte dann gestanden: Sepp Merey, Muslim.«

Erst nach der Gesetzesreform bekam ich im Oktober 1975 auch den deutschen Pass, aus der türkischen Staatsbürgerschaft wurde ich – gemeinsam mit Tosun und meinem Bruder Kenan – 1985 entlassen. Einen Bezug zur Türkei hatte ich bis auf gelegentliche Besuche in der Heimat meines Vaters so gut wie gar nicht. Zu Hause wird bis heute deutsch gesprochen, Kenan und ich lernten kein Türkisch, wofür wir meinem Vater später Vorwürfe machten. Ein einziges Mal unternahmen meine Eltern einen halbherzigen Versuch, mir die Sprache beibringen zu lassen, der allerdings von vornherein zum Scheitern verurteilt war: Irgendwann um das Jahr 1980 herum, wir lebten gerade im baden-württembergischen Steinheim an der Murr, steckten sie mich in einen Kurs, in dem Kinder türkischer Gastarbeiter Deutsch lernen sollten. Die fragwürdige Logik, wonach ich dort im Umkehrschluss wohl auch Türkisch lernen würde, ging nicht auf. Nach der ersten Stunde trat ich in den Streik. Das Projekt wurde beerdigt.

Mein Bruder und ich nahmen meinen Vater regelmäßig auf die Schippe, wenn er Formulierungen aus dem Türkischen in sein Deutsch einbaute. »Mach das Licht zu«, sagte Tosun beispielsweise. (Das Veräppeln verging mir gehörig, als ich als Erwachsener anfing, Türkisch zu lernen.) Wenn wir Angehörige aus der Türkei trafen, brach bei uns Kindern das große Schweigen aus. Mein Großvater starb früh, aber auch mit meiner türkischen Großmutter Bedia wechselte ich nie ein Wort, das nicht erst durch die Übersetzung meines Vaters gegangen wäre. Ich erinnere mich an einen Besuch Bedias, als wir zwischen 1983 und 1987 in Kairo lebten. Vor meinem geistigen Auge sehe ich eine alte Frau auf dem Sofa sitzen, die genauso gut stumm hätte sein können: Tosun war den ganzen Tag arbeiten, und niemand sonst aus unserer Familie sprach ihre Sprache.

Zu dieser Zeit hatte sich in Deutschland bereits die Erkenntnis durchgesetzt, dass die Gastarbeiter nicht wieder gehen würden – obwohl längst genügend Deutsche auf der Suche nach Arbeit waren. Schon 1976 machte einer Umfrage zufolge mehr als die Hälfte der Deutschen vor allem die Gastarbeiter für die Arbeitslosigkeit verantwortlich.[55] Die Türkenfeindlichkeit nahm zu.

Am 28. Oktober 1982 traf Helmut Kohl, der seit einem Monat Bundeskanzler war, in Bonn mit der britischen Premierministerin Margaret Thatcher zusammen. Gut dreißig Jahre später lief die Geheimhaltungsfrist der Aufzeichnungen der britischen Seite über das Treffen ab, *Spiegel Online* konnte die Akte einsehen. Nach dem britischen Gesprächsprotokoll soll Kohl gesagt haben, über die nächsten vier Jahre werde es notwendig sein, die Zahl der Türken in Deutschland um 50 Prozent zu reduzieren. Der CDU-Chef fügte demnach hinzu, er könne solche Pläne aber noch nicht öffentlich machen.[56] Ausgerechnet Helmut Kohls Sohn Peter sollte 2001 eine Türkin heiraten. Nachdem das Gesprächsprotokoll und die Türken-Pläne des damaligen Kanzlers öffentlich wurden, sagte Peter Kohl der *Süddeutschen Zeitung*: »Viele Türken fühlen sich durch solche Äußerungen – wie ich finde, zu Recht – ausgegrenzt. Das verbittert sie.« Er sei schon damals anderer Meinung als sein Vater gewesen.

Bereits als Oppositionsführer hatte Helmut Kohl den Türken in der Bundesrepublik bescheinigt, diese seien »nicht integrationsfähig und auch im Übrigen nicht integrationswillig«. Wenige Monate nach dem Treffen mit Thatcher machte sich Kohls Regierung daran, jene Türken loszuwerden, die keinen Job hatten – allerdings mit Zuckerbrot statt Peitsche: Arbeitslos gewordene Ausländer sollten nach einem Kabinettsbeschluss vom Juni 1983 mit einer Prämie von 10.500 D-Mark plus 1.500 D-Mark für jeden unterhaltspflichtigen Angehörigen zur Rückkehr bewegt werden. Die *Stuttgarter Nachrichten* merkten damals bissig an, dieses Geld bekämen die Betroffenen auch dann, »wenn sie hier blieben: Die Summe entspricht in etwa dem Arbeitslosengeld eines Jahres. Und auch nach diesen zwölf Monaten ist das soziale Netz hierzulande allemal erträglicher als im Armenhaus Türkei.« Entsprechend bescheiden fiel die Bilanz der auf acht Monate begrenzten Initiative aus: 16.833 ausländische Arbeiternehmer beantragten die Rückkehrhilfe, darunter 14.459 Türken.

Die *Zeit* veröffentlichte im Januar 1982 einen Artikel unter der Überschrift »Was tun mit den Türken?«. Die Wochenzeitung schrieb:

So hatte sich das niemand vorgestellt. Aufgetaucht waren die Türken einst nur als Faktor der Arbeitsmarktpolitik und als kaufmännisches Bilanzproblem. Über sie als Menschen mit spezifischen Bedürfnissen haben wir, als wir sie ins Land holten, nicht sehr viel mehr nachgedacht als vor dreihundert Jahren die Amerikaner bei ihren Sklavenimporten aus Afrika. (…)
Nein, überlegt, durchdacht, geplant hat das alles niemand. Welcher emotionale Sprengstoff, wie viel stinkender Unrat sich inzwischen in der deutschen Volksseele aufgestaut haben, verraten die Türkenwitze, die an den Schulen mittlerweile die Judenwitze abgelöst haben. Einer der harmloseren lautet: »Glück ist, wenn ein Schiff mit Türken untergeht. Pech ist, wenn sie schwimmen können.« Die schlimmere Variation: »Was ist der Unterschied zwischen Juden und Türken? Antwort: Die Juden haben es schon hinter sich.« Das ist bestürzend. Aber, Hand aufs Herz: Ist der moralischen Empörung darüber nicht auch ein gut Teil Heuchelei beigemischt?

An der Deutschen Schule in Kairo wurde ich in den 1980er-Jahren – ich muss ungefähr 13 alt gewesen sein – das erste Mal von einem Klassenkameraden als »Kanake« beschimpft, und zwar während des Religionsunterrichts. Nach meiner Erinnerung überging der Lehrer die Beleidigung kommentarlos. Die Begegnungsschule wurde von deutschen und ägyptischen Kindern besucht und war sicher kein Ort, an dem Rassismus verbreitet war. Dennoch stürzte mich der Vorfall in eine Identitätskrise. »Du wolltest danach einen deutschen Namen haben«, erinnert sich meine Mutter. Mein Vater sagt: »Was glaubst du, wie mir das das Herz gebrochen hat. Du hast als Vater das Gefühl, dass deine Kinder deinetwegen diskriminiert werden. Auf einmal hast du ein schlechtes Gewissen, dass du Türke bist.«

Als Jugendlicher in Kairo reifte in mir das Bewusstsein, dass meine türkischen Wurzeln noch Einfluss auf mein Leben haben könnten, und zwar keinen positiven. Die Kommunikation zwischen Deutschland und Ägypten war damals abenteuerlich. Auslandstelefonate mussten über eine Vermittlung bei der ägyptischen Post angemeldet werden, Briefe waren eine Ewigkeit unterwegs, es gab weder Satellitenfernsehen noch Internet. Wir bezogen Nachrichten aus Deutschland über einen Weltempfänger, auf dem die (inzwischen eingestellten) Kurzwellensendungen der *Deutschen Welle* liefen, und über den *Spiegel*, wenn die ägyptische Zensur ihn freigegeben hatte.

Ein Artikel des Magazins im Februar 1985 prägte meine Angst vor der Stimmung im fernen Deutschland so tief, dass er mir bis heute in Erinnerung geblieben ist. (Zu Beginn dieses Buchprojekts war ich fast sicher, dass mich meine Erinnerung trog, weil sie mir zu ungeheuerlich erschien. Ein Blick ins *Spiegel*-Archiv belehrte mich eines Besseren.) Der *Spiegel* berichtete damals über den Wirt eines Lokals namens *Schnitzel-Ranch* im Odenwalddorf Hetzbach. Der Wirt hatte zwei Türken vor die Tür gesetzt, deren Aussehen ihm nicht passte. Damit nicht genug: Er stellte zweisprachige Schilder vor dem Eingang auf, mit denen er Türken nun generell den Zutritt verwehrte. *Bu lokala Türkler giremez,* auf Deutsch: »Türken dürfen dieses Lokal nicht betreten«. Dass eine solche Maßnahme an Schilder aus dem Dritten Reich mit Aufschriften wie »Juden sind hier unerwünscht« erinnern könnte, meinte zumindest das Oberlandesgericht Frankfurt nicht. Der *Spiegel* berichtete:

Einem Passanten, der ein halbes Jahr später beim Vorbeigehen das Schild sah und wissen wollte, ob bei ihm Türken wirklich keinen Zutritt hätten, klärte der Wirt mit den Worten auf: »Selbstverständlich, die kommen hier nicht rein, nur ein toter Türke ist ein guter Türke.«
Nur die verbale Entgleisung wertete das Oberlandesgericht (OLG) Frankfurt jetzt in letzter Instanz als Volksverhetzung und verurteilte den Wirt zu einer Geldstrafe von 2700 Mark. Die Schilder mit den Zutrittsverboten beanstandeten die Richter nicht und sprachen, in diesem Punkt, den Angeklagten frei. (…)
Da das Oberlandesgericht in der Aufschrift »Türken dürfen dieses Lokal nicht betreten« (…) keine Volksverhetzung sah, musste es dem Wirt auch die eingezogenen Schilder wieder herausgeben – zur freien Verwendung.
Der Freispruch hat auch festgelegt, wie Tafeln mit Lokalverboten für Türken jetzt rechtlich einzuordnen sind. Sie sind nicht gleichzusetzen mit Parolen wie »Die Juden sind Untermenschen«, die laut Bundesgerichtshof als Volksverhetzung zu werten sind.
Verbotsschilder für Türken sind, laut OLG Frankfurt, vielmehr so einzustufen wie Kraftsprüche, die der Rechtsausschuss des Bundestages bei Einführung der Strafbestimmung als »typische Beispiele« für keinen Fall von Volksverhetzung genannt hat: »Die Saupreußen« oder »Die Berliner sind Großschnauzen«.[57]

Einige Monate nach dem *Spiegel*-Artikel erschien im Herbst 1985 das Buch *Ganz unten* von Günter Wallraff.[58] Für seine Sozialreportage hatte sich Wallraff als Türke namens Ali Sinirlioğlu ausgegeben, er ließ sich dunkle Kontaktlinsen und schwarzes Haar verpassen. Dass der Kölner Autor gar kein Türkisch konnte, hätte die von ihm erdachte Rolle eigentlich unmöglich machen sollen. Wallraff schrieb:

> Das »Ausländerdeutsch«, das ich für die Zeit meiner Verwandlung benutzte, war so ungehobelt und unbeholfen, dass jeder, der sich die Mühe gemacht hat, einem hier lebenden Türken oder Griechen einmal wirklich zuzuhören, eigentlich hätte merken müssen, dass mit mir etwas nicht stimmte. Ich ließ lediglich ein paar Endsilben weg, stellte den Satzbau um oder sprach oft ganz einfach ein leicht gebrochenes »Kölsch«. Umso verblüffender die Wirkung: Niemand wurde misstrauisch. Diese paar Kleinigkeiten genügten.

Wallraff gab im März 1983 folgende Anzeige auf:

Ausländer, kräftig, sucht Arbeit, egal was, auch Schwerst- u. Drecksarb., auch für wenig Geld. Angebote unter 358458

Was auf die Anzeige folgte, ist ein bedrückendes Zeugnis davon, was Ausländern im Deutschland der 1980er-Jahre blühen konnte. Ali wurde ausgebeutet, schikaniert und als »dreckiges Türkenschwein« beschimpft. Selbst die Gesundheit der Türken war weniger wert als die der Deutschen, wie Wallraff – als Ali von einer Leiharbeitsfirma angestellt und an ein Industrieunternehmen ausgeliehen – am eigenen Leib erfahren musste:

Zweimal riss mir (Ali) Vorarbeiter Zentel meinen Helm vom Kopf, um ihn deutschen Kollegen zu geben, die ihren vergessen hatten. Als ich (Ali) beim ersten Mal protestierte: »Moment, hab ich gekauft, gehört mir«, wies mich Zentel in die Schranken: »Dir gehört hier gar nichts, höchstens ein feuchter Dreck. Du kannst ihn dir nach der Schicht wiedergeben lassen.«

Ali arbeitete sich zum Fahrer des Chefs der Leiharbeitsfirma hoch, der im Buch Adler genannt wird. Bei einer Fahrt geriet der Chef ins Philosophieren, es ging um Adolf Hitler: Man könne ja »geteilter Meinung« sein über das, was er mit den Juden gemacht habe, dürfe aber nicht vergessen, dass ihm das Verdienst gebühre, die Arbeitslosigkeit beseitigt zu haben. Und darauf komme es letztlich an:

Adler: »[...] Wenn wir jetzt noch ein, zwei Millionen Arbeitslose mehr haben, dann kriegen wir wieder so 'n Hitler. Da kannst du dich also drauf verlassen. Dann geht's hier aber los, mit politischen Unruhen und so!«
Ali: »Ja, dann sin wir dran. Dann sin wir die Jude.«
Adler (lacht): »Hab' mal keine Angst, wir tun euch nicht gleich vergasen. Glaub' ich nicht. Wir brauchen euch doch zum Arbeiten.«

Nicht nur bei der Arbeit waren Wallraffs Erlebnisse in seiner Rolle als Ali niederschmetternd. Als Wallraff alias Ali bei seiner Recherche im Sommer 1983 das Länderspiel zwischen Deutschland und der Türkei in Westberlin besuchte, geriet er in einen Block junger Neonazis. Die Lage wurde so brisant, dass er sich

»zum ersten und letzten Mal« als Türke verleugnete und Hochdeutsch mit den Fans sprach.

> Trotzdem hielten sie mich nach wie vor für einen Ausländer, warfen mir Zigaretten ins Haar, gossen mir Bier über den Kopf. [...] So wurde »Sieg Heil« gebrüllt, »Rotfront verrecke!«, und ununterbrochen grölten Sprechchöre »Türken raus aus unserm Land« und »Deutschland den Deutschen!«.

Der Wirt der *Schnitzel-Ranch* hätte sich seine Verbotsschilder für Türken und den daraus resultierenden Rechtsstreit übrigens sparen können, darauf deuteten zumindest Alis Erfahrungen hin. Wallraff schrieb:

> Keine deutsche Kneipe braucht ein Schild an der Tür »Ausländer unerwünscht«. Wenn ich, Ali, ein Wirtshaus betrat, wurde ich meist ignoriert. Ich konnte einfach nichts bestellen.

Fast noch schlimmer als Drohungen und Beschimpfungen, so bilanzierte der Autor, sei aber die »kalte Verachtung« gewesen, die ihm als Ali täglich entgegenschlug: »Es schmerzt, wenn im überfüllten Bus der Platz neben einem leer bleibt.«

32 Jahre nach der Veröffentlichung von *Ganz unten* traf ich Wallraff im Dezember 2017 am Rande des Verfahrens gegen die deutsche Journalistin Meşale Tolu in Istanbul, der Autor war als Prozessbeobachter in die Türkei gereist. Bei einem Kaffee sprachen wir auch über seine Sozialreportage aus den 1980er-Jahren, Wallraff sagte mir: »Keine andere Rolle hat mich so tief geprägt wie Ali. Ali ist immer noch ein Stück von mir.«

Mich hat kein Buch tiefer verstört als *Ganz unten*. Als pubertierender Jugendlicher quälte ich mich mit einer Mischung aus Angst und Wut, aus Abscheu und Faszination durch Wallraffs Sozialreportage. Jede Demütigung, jeder Angriff gegen den fiktiven Ali erschien mir gegen Menschen wie meinen Vater, meinen Bruder und mich gerichtet. Ich erinnere mich noch gut daran, wie ich die letzten Seiten bei einer Familienreise ins oberägyptische Luxor las, das Buch zur Seite legte und danach wie vom Donner gerührt war. Den Mut, meine Sorgen mit meinen Eltern zu besprechen, brachte ich nicht auf. Stattdessen versuchte ich, meine türkische Herkunft zu verdrängen – und begann, mich ihrer zu schämen.

Meinen Vater fragte ich erst bei der Recherche zu diesem Buch, also gut dreißig Jahre später, was er eigentlich bei der Lektüre von *Ganz unten* empfunden hab. »Ich habe es mit Befremden gelesen«, erinnert er sich. »Aber ich habe damals geglaubt, dass ich nicht so bin wie dieser Ali, dass ich nicht das Ziel bin. Ich war ja nicht als Gastarbeiter gekommen, sondern zum Studieren. Vielleicht dachte ich, dass die Angriffe etwas sind, was diese Türken selbst ein bisschen verursacht haben, weil sie nicht integriert waren. Vielleicht fühlte ich mich damals weniger als Türke, sondern sah mich mehr auf der deutschen Seite.«

Als 1987 deutlich wurde, dass wir wegen Tosuns Job Kairo verlassen und nach Deutschland zurückkehren müssten, wurde mir angst und bange. Ich sollte in einem Land leben, in dem Menschen wie wir als »dreckige Scheißtürken« beschimpft würden? Einem Land, in dem Richter erlaubten, dass Menschen wie meinem Vater – wie einem halben Jahrhundert zuvor den Juden – der Zutritt zu Lokalen verwehrt würde?

4 WIEDERVEREINIGUNG

Vor meinem geistigen Auge sah ich uns zurückkehren in ein Land, in dem der arische Teil der Bevölkerung die Kampfstiefel schnürte, um im Stechschritt zurück in die Nazizeit zu marschieren. Diese Angst war natürlich übertrieben. Dennoch politisierte sie mich, und die Schlussfolgerung lag für mich auf der Hand: Wenn die, die dich ablehnen, politisch ganz rechts stehen, dann musst du dich ganz links einreihen. Und wenn bei den Linken alle gleich sind, so schlussfolgerte ich, dann müssten sie Menschen wie mich eigentlich akzeptieren.

Mein Versuch, mich der Sozialistischen Deutschen Arbeiterjugend (SDAJ) anzuschließen, scheiterte allerdings. Wir waren nach Bernau am Chiemsee gezogen, wo die CSU an der Macht und die Welt noch in Ordnung war. Auf dem Land in Oberbayern galt damals schon die SPD fast als revolutionär. Die nächste Gruppe der DKP-nahen Jugendorganisation gab es im 100 Kilometer entfernten München – für einen 15-Jährigen viel zu weit entfernt.

Dennoch quälte ich mich durch das *Kommunistische Manifest*, auch um prahlen zu können, es gelesen zu haben. Ich lernte *Die Internationale* auswendig, obwohl ich nicht singen kann, und gab mein Taschengeld für ein Abonnement der *Antifaschisten Nachrichten* aus. (Weil die Nazizeit trotzdem eine seltsame Faszination auf mich ausübte, kaufte ich am Bahnhofskiosk allerdings heimlich auch den *Landser* mit seinen erfundenen Heldengeschichten über Wehrmachtsoldaten.)

Schließlich zogen wir wieder um, diesmal nach Baden-Württemberg, wieder eine neue Schule, diesmal in Bietigheim-Bissingen. Auch wenn keiner meiner Mitschüler ausländerfeindliche Tendenzen erkennen ließ, nannte ich mich nun stolz einen Kommunisten. Meine neuen Freunde nervte ich bei Abenden in einer Absturz-Kneipe mit dem bezeichnenden Namen *Bierakademie* mit meinen kruden politischen Thesen. Auch im Stuttgarter Speckgürtel hatte die SDAJ keine Machtbasis, also schloss ich mich den Jungsozialisten in der SPD an, selbst wenn mir die eigentlich zu wenig links waren.

In der zweiten Hälfte der 1980er-Jahre erstarkten die inzwischen wieder vergessenen Republikaner. In einem ihrer Wahlwerbespots zeigte die rechtsradikale Partei Bilder mit Türken, unterlegt mit der Melodie von *Spiel mir das Lied vom Tod*. Meine Juso-Genossen und ich demonstrierten gegen die neuen Rechten und blockierten ihre Veranstaltungen, ich kam mir sehr cool vor. Einmal stürmten wir einen Versammlungssaal in Stuttgart, lässig an eine Wand gelehnt erklärte ich einer hübschen Mitschülerin die Notwendigkeit des antifaschistischen Kampfes und der kommunistischen Weltrevolution. Als sie mich kopfschüttelnd stehen ließ, merkte ich, dass an der Wand die Überreste der rohen Eier herunterliefen, die wir zuvor grölend geworfen hatten – und die nun meine neue Lederjacke zierten.

Bald ergab sich die Möglichkeit, die vermeintliche deutsche Hochburg des Antifaschismus zu besuchen. Als stellvertretender Klassensprecher der Elften war ich für die Organisation der Klassenfahrt im Sommer 1989 verantwortlich. Alle Klassen der Stufe durften nach Westberlin, bis auf eine, die in die DDR musste. So sah es eine sonderbare Regelung vor, die vermutlich im Sinne der deutsch-deutschen Freundschaft ersonnen worden war. Alle wollten natürlich in die Mauerstadt, ich versäumte es, den Antrag rechtzeitig zu stellen – allerdings nicht aus politischem

Kalkül, sondern aus reiner Nachlässigkeit. Während sich die anderen Klassen auf wilde Partys in Berlin vorbereiteten, traten wir die Reise in die Zone an. Meine empörten Klassenkameraden stellten verständlicherweise meine Amtsfähigkeit infrage. In gewisser Weise wurde es eine historische Fahrt: Wir gehörten zu den letzten Schulklassen aus dem Westen, die die DDR besuchten, bevor die Mauer fiel.

Beim Bier in den volkseigenen Jugendtouristhotels, in denen wir untergebracht wurden, träumten DDR-Jugendliche davon, einmal auf unsere Seite der Mauer schauen zu dürfen. Handverlesene FDJ-Anhänger erklärten uns dagegen bei einem »Begegnungsabend« mit ernster Miene, dass das Bauwerk wirklich und ausschließlich ein antifaschistischer Schutzwall sei, als Beleg diente ihnen unter anderem der Aufstieg der Republikaner. Noch bevor der real existierende Sozialismus die Mauer zum Einsturz brachte, sorgte er für den Zusammenbruch meines kommunistischen Weltbildes.

Mit der Wiedervereinigung bekam allerdings mein altes Trauma neue Nahrung: dass nun doch wieder ein Großdeutsches Reich entstünde, in dem Menschen wie ich nichts verloren hätten. Dabei hatte sich mein Leben in Deutschland längst nicht so dargestellt, wie ich es nach der Wallraff-Lektüre befürchtet hatte. Es gab Anfeindungen, etwa dann, wenn mich eine anonyme Anruferin nach einem Leserbrief von mir in der Zeitung beschimpfte, dass ich mich als Ausländer nicht in die deutsche Politik einzumischen hätte. In meinem sozialen Umfeld wurde ich aber freundlich aufgenommen. Das heißt freilich nicht, dass es in Deutschland Ende der 1980er- und Anfang der 1990er-Jahre keine Ausländerfeindlichkeit in Deutschland gab, ganz im Gegenteil. Es zeigt lediglich, dass ich in einer gesellschaftlichen Schicht aufwuchs, in der sie damals selten offen zur Schau getragen wurde. Wie privilegiert ich war, zeigt ein Blick in die Abi-Zeitung meiner Schule aus dem Jahr 1991: Obwohl Bietigheim-Bissingen von der *Zeit* einige Jahre zuvor noch in die Reihe der Städte mit »bedenklich« hohem Ausländeranteil aufgenommen wurde, war ich unter den rund 120 Abiturienten an meinem Gymnasium der einzige mit türkischen Wurzeln.

5   BEILEIDSTOURISMUS

Die Bundesrepublik wurde in den frühen 1990er-Jahren von einer ganzen Reihe schwerer ausländerfeindlicher Angriffe erschüttert, die meine Angst vor dem wiedervereinigten Deutschland befeuerten. So griffen Randalierer im September 1991 im sächsischen Hoyerswerda eine Asylunterkunft mit Molotowcocktails und Stahlkugeln an, 32 Menschen wurden verletzt. Im August 1992 attackierten rund 400 Jugendliche in Rostock-Lichtenhagen ein Asylbewerberheim und steckten es in Brand, Schaulustige applaudierten. Es grenzte an ein Wunder, dass sich alle Bewohner des Hauses retten konnten.

Aber nicht nur in der früheren DDR brach sich der Hass Bahn. Am 3. Oktober 1991 – dem Jahrestag der Deutschen Einheit – steckten Skinheads in Hünxe am Niederrhein mit einem Molotowcocktail ein Asylbewerberheim in Brand, zwei libanesische Mädchen wurden schwer verletzt. Und in der alten Bundesrepublik kam es sogar zu Angriffen, die tödlich verliefen. Gleich zweimal wurden innerhalb eines halben Jahres Türken zum Ziel: Im November 1992 geriet ein Haus in der schleswig-holsteinischen Stadt Mölln bei einem Brandanschlag in Flammen, drei Türkinnen starben. Im Mai 1993 setzten vier junge Männer im nordrhein-westfälischen Solingen das Haus einer türkischen Großfamilie in Brand. Eine 27 Jahre alte Frau sprang aus einem Fenster in den Tod, eine 18-Jährige und drei Mädchen im Alter von vier, neun und 13 Jahren kamen in den Flammen um.[59]

CDU-Bundeskanzler Helmut Kohl blieb der Trauerfeier für die Mordopfer von Mölln fern. Sein Sprecher Dieter Vogel sagte zur Begründung: »Die schlimme Sache wird nicht besser dadurch, dass wir in einen Beileidstourismus ausbrechen.«[60] Vogel bedauerte diesen Satz später öffentlich, »Beileidstourismus« kam 1992 in die engere Auswahl bei der Wahl für das »Unwort des Jahres«.[61] Die Bundesregierung räumte Ende desselben Jahres in einer Antwort auf eine Anfrage der PDS – Nachfolgerin der SED und Vorgängerin der Partei Die Linke – ein, »dass man über die Angemessenheit dieses Begriffes streiten kann«.[62]

Mein Vater versuchte sich wieder mit der Argumentation zu beruhigen, dass die Angriffe sich gegen türkische Gastarbeiter richteten, zu denen er sich selber wegen seiner Bildung und seines Managementjobs nicht zählte – ähnlich wie bei der Lektüre von *Ganz unten*. Eine an den Haaren herbeigezogene Logik, die voraussetzt, dass Neonazis anhand des Bildungsgrades ihrer Opfer zwischen guten und schlechten Türken unterscheiden würden. Aus diesen Worten spricht auch die Arroganz der sogenannten Weißtürken, zu denen Tosun durch seine Herkunft zählt. Der von der türkischen Soziologin Nilüfer Göle erst in den 1990er-Jahren geprägte Begriff[63] soll die von Atatürks Reformen beeinflusste, urbane und säkularisierte Elite umschreiben, die in der Türkischen Republik traditionell das Sagen hatte – im Unterschied zu den ländlichen, schlecht gebildeten und streng religiösen Schwarztürken. Die Gastarbeiter rekrutierten sich aus den Schwarztürken, zu denen sich Präsident Recep Tayyip Erdoğan selber zählt. Seit er an der Macht ist, haben die Weißtürken, die seit jeher auf die Schwarztürken herabblickten, dramatisch an Einfluss eingebüßt. Dafür haben die Schwarztürken wirtschaftlich und politisch viel Macht zugelegt.

Tosun unterschätzte die ausländerfeindlichen Täter im Deutschland Anfang der 1990er-Jahre – womöglich wollte er sich einfach nicht eingestehen, was für eine Bedrohung sie auch für Menschen wie ihn darstellten. »Ich habe damals gedacht, das sind nur ein paar Spinner. Erst seit den letzten zehn Jahren denke ich, dass es ein verbreitetes Phänomen ist.« Meine Mutter war damals schockiert über die neue Qualität der Angriffe. »So etwas hatte es vorher nicht gegeben, dass man ein Haus anzündet, wohl wissend, dass jemand drin ist.« Dennoch blieb die Bedrohung zunächst auch für sie abstrakt, vielleicht deshalb, weil sie die Städte nicht kannte, in denen die Häuser brannten. Dann las sie eines Tages von einem Zwischenfall, bei dem ein Ausländer in München auf offener Straße angegriffen wurde, also in jener Stadt, in der meine Eltern studiert hatten. »Einfach nur, weil er Ausländer war«, sagt Maria. »Da habe ich gedacht: Das kann uns genauso passieren.«

Obwohl meine Eltern bis heute ausgesprochen reiselustig sind, betrachteten sie Ostdeutschland nach den Übergriffen von Hoyerswerda und Rostock-Lichtenhagen als No-go-Area – ganz im Sinne der Neonazis, die dort »national befreite Zonen« ohne Ausländer schaffen wollten. »Wir haben uns damals gesagt, da trauen wir uns gar nicht rüber«, sagt Maria. »Auf keinen Fall gehen wir in die Ex-DDR, auch nicht zu Besuch.«

So vergingen nach der Wiedervereinigung mehr als zwanzig Jahre, bis meine Eltern erstmals die einstige Zonengrenze überquerten. Gemeinsam mit einem Freund aus Bayern besuchten sie im Jahr 2011 dessen Geburtsstadt Dresden. Die Stadt im Elbtal gefiel ihnen so gut, dass sie gerne noch mal dorthin reisen würden – wenn sich mein Vater trauen würde. »Heute hätte ich wieder Bedenken, nach Dresden zu fahren«, sagt Tosun. »Ich würde befürchten, zum Ziel eines physischen Angriffs zu werden.« Diese Sorge mag übertrieben sein. Sie verrät aber, welchen Imageschaden Pegida Dresden zugefügt hat.

Über die Exzesse Anfang der 1990er sagte der deutsch-türkische Anwalt und Buchautor Mehmet Daimagüler im Jahr 2012 der *tageszeitung*: »So wie der Tod Benno Ohnesorgs eine ganze Generation politisiert hat, haben die rechtsextremen Anschläge von Mölln und Solingen und die Pogrome von Rostock-Lichtenhagen und Hoyerswerda eine Generation von Deutschtürken politisiert.«[64] Juan Moreno – der sich selber als einen »andalusischen Gastarbeitersohn mit journalistischer Aufstiegsbiografie« bezeichnet – schrieb 2015 in einem Essay für den *Spiegel*:

> Hinzu kam, dass kaum einer von uns Migranten Hoyerswerda 1991, Mölln 1992, den Pogrom in Rostock-Lichtenhagen im selben Jahr vergessen hatte. Die Stimmung in den Medien war geladen – und gespalten. Die einen schrien: »Kein Mensch ist illegal!« Die anderen: »Das Boot ist voll!« Die Bootsleute gewannen. Das Asylrecht wurde massiv eingeschränkt. Bis heute entspricht es nicht der Genfer Flüchtlingskonvention. Statt Ruhe kam Solingen. Erst als die Flüchtlingszahlen zurückgingen, entspannte sich alles ein wenig. Mein Vater überlegte erstmals, Deutschland zu verlassen. Ich glaube, dass die Deutschen nie verstanden haben, was diese Zeit mit vielen Türken, Italienern, Spaniern, Arabern hier gemacht hat.[65]

Weil sich auch die SPD den »Bootsleuten« beugte, verließ ich die Jusos. Wo ich schon beim Verlassen war, beschloss ich außerdem, auch Deutschland nach dem Abitur den Rücken zu kehren – zumindest vorübergehend. Ich dachte damals: Wenn Deutsche Menschen wie mich ablehnen, dann will ich mit Deutschen nichts zu tun haben – und mich auch nicht als solchen bezeichnen.

Stattdessen wollte ich mich lieber als Weltbürger sehen. Organisationen wie die evangelische Aktion Sühnezeichen Friedensdienste (ASF) ermöglichten es damals jungen Menschen wie mir, ihren Zivildienst im Ausland abzuleisten und dort bei sozialen Projekten zu arbeiten. Über ASF landete ich 1991 beim *World Information Service on Energy*, einer internationalen Anti-Atomkraft-Initiative in Amsterdam. Die Gruppe gab eine Zeitschrift heraus, bei der ich erste journalistische Erfahrungen sammeln durfte. Das Umfeld war linksalternativ, und in diesem Milieu waren Anfang der 1990er-Jahre die in den Niederlanden damals oft noch als »Moffen« verächtlich gemachten Deutschen nicht übermäßig beliebt. Plötzlich musste ich mich nicht für meine türkischen, sondern für meine deutschen Wurzeln rechtfertigen. Ich sah mich gezwungen zu erklären, dass die Deutschen trotz Hoyerswerda kein Volk von Nazis sind. Als ich mit meinem Akzent eines Abends einen älteren Niederländer um Feuer für meine Zigarette bat, fragte er mich, ob ich Deutscher sei. Als ich ihm wahrheitsgemäß antwortete (»Weltbürger« hatte sich im Alltag als nicht praktikabel herausgestellt), kippte er kurzerhand den Inhalt seine Streichholzschachtel vor mir auf den Boden. »Für Rotterdam«, sagte er mit Hass in der Stimme. Für die Bombardierung der Hafenstadt durch die Nazis im Mai 1940 hatte ich mich bis dato nicht verantwortlich gefühlt.

Meine ohnehin konfuse nationale Identität wurde durch solche Erfahrungen noch unsicherer. Ich erinnere mich an den

Moment, als der Zug aus Amsterdam bei einer Reise zu meinen Eltern die Grenze bei Kleve überquerte – und ich mich dabei ertappte, erleichtert zu sein, wieder »zu Hause« zu sein. Mir dämmerte zum ersten Mal, dass ich durch meine Sozialisation und meine Sprache doch immer Deutscher sein würde – ganz unabhängig davon, ob das mir und vor allem den anderen, den »echten« Deutschen passen würde oder nicht.

Nicht nur meine nationale Identität war konfus, sondern auch meine Zukunftsplanung. Als meine Dienstzeit in Amsterdam ablief, wusste ich nicht, ob ich in den Niederlanden bleiben oder nach Deutschland zurückkehren sollte. »Geh doch nach Aachen«, schlug eine Freundin eines Abends in einer Kneipe zur Lösung meines Dilemmas vor. Näher an der holländischen Grenze kann man in Deutschland kaum wohnen. Als ich mich um einen Studienplatz für Sozialarbeit an der dortigen Katholischen Fachhochschule bewarb, wurde ich von der Leitung zum Gespräch gebeten. Dabei stellte sich nach einigem Herumdrucksen heraus, dass der christlichen Einrichtung mein türkischer und damit potenziell muslimischer Hintergrund Sorge bereitete. Auf dem Schreibtisch vor meinem Gesprächspartner lagen die Bewerbungsunterlagen, aus denen hervorging, dass ich gerade erst meinen Zivildienst über Aktion Sühnezeichen, also über eine evangelische Organisation, abgewickelt hatte. Dass das Christentum dadurch keinen merklichen Schaden genommen hatte, schien letztlich zu überzeugen. Ich bekam den Studienplatz, nicht aber die Wohnung in Aachen, für die ich mich zunächst interessiert hatte. Nachdem ich der Besitzerin am Telefon meinen Namen genannt hatte, sagte sie: »Wir vermieten nicht an Ausländer.«

6   »VORZEIGETÜRKE«

Ich habe großen Respekt vor Menschen, die auf allen möglichen Aufgabenfeldern gleichzeitig brillieren können. Die beispielsweise – wie ein Freund von mir – gutes Geld als Steuerexperte verdienen, nach Feierabend die Fahrräder der Kinder reparieren und in den Ferien die Alpen auf dem Mountainbike überqueren. Mir ist das nicht vergönnt. Handwerklich bin ich so ungeschickt, dass ich schon das Auswechseln einer Glühbirne als Erfolg betrachte, wenn das Licht danach wieder brennt. Sportlich bin ich ein ziemlicher Ausfall, ich war Teil jener kleinen Gruppe gedemütigter Schüler, die bei den Bundesjugendspielen nie auch nur eine Siegerurkunde mit nach Hause nehmen durften. Bezeichnend für meine Finanzkünste mag sein, dass ich Erspartes in griechische Staatsanleihen investiert habe, die heute so gut wie nichts mehr wert sind. Dass ich mein Geld mit einem Handwerk, mit körperlicher Arbeit oder gar als Unternehmer verdienen würde, erschien also von vornherein unwahrscheinlich. Dass meine Berufung auch nicht in der Sozialarbeit liegen würde, dämmerte mir schon, bevor ich 1997 das Diplom der Fachhochschule in der Hand hielt. Während des staatlichen Anerkennungsjahres, bei dem ich als Sozialarbeiter in der Bewährungshilfe auch mit türkischen Klienten zu tun hatte, wuchs in mir die Idee heran, mich auf die Suche nach meinen türkischen Wurzeln zu begeben.

Nach dem Anerkennungsjahr löste ich meine Wohnung in Aachen auf und packte ein paar Habseligkeiten in meinen kleinen roten Fiat. Für die *Aachener Zeitung* hatte ich zuvor exakt drei Artikel verfasst, die Redaktion gab mir dennoch ein Schreiben mit, in dem sie mir bescheinigte, als freier Journalist für sie aus der Türkei zu berichten – ein Vertrauensvorschuss, für den ich bis heute dankbar bin. Im Sommer 1998 machte ich mich auf jenen Weg, den mein Vater Jahrzehnte vorher in umgekehrter Richtung genommen hatte: von Deutschland aus über die Alpen nach Italien, von dort mit dem Schiff in die Türkei. Vom Luxus, den Tosun einst auf seiner Schiffsreise mit der *SS Ankara* genossen hatte, war auf meiner Fähre wenig zu spüren. Das Geld war knapp, ich hatte Deckpassage gebucht und war froh um meine neuen Bekannten: ein paar junge Deutschtürken, die auf dem Weg zum Militärdienst waren. Sie hatten den Kofferraum mit warmem Discounter-Bier vollgeladen, das sie großzügig mit mir teilten, wenn sie ihre Schlafsessel verließen und mich an Deck besuchten.

Ich wollte das Jahr dazu nutzen, Türkisch zu lernen und als freier Journalist zu arbeiten. Den Teil mit der Sprache buchte ich später unter der Rubrik Misserfolge ab, erst Jahre danach unternahm ich einen erneuten Anlauf. Dafür klappte das mit dem Journalismus etwas besser, und der Abgabetermin für einen Artikel war immer eine gute Ausrede dafür, den Sprachkurs zu schwänzen.

Aus Istanbul heraus bewarb ich mich im Frühjahr 1999 bei mehreren Medien in Deutschland um ein Volontariat, eine meist zweijährige journalistische Ausbildung. Ende der 1990er-Jahre gab es kaum türkischstämmige Journalisten in deutschen Redaktionen. Viele Türken in der Bundesrepublik lebten auch medial in einer Parallelwelt: Sie lasen die Europa-Ausgabe der Zeitung *Hürriyet*, die bis 2013 in Frankfurt produziert wurde, und sahen über Satellit die türkischen Fernsehsender. Von deutschen

Medien wurde die türkische Minderheit jahrzehntelang vernachlässigt, ihre Lebenswirklichkeit, ihre Sorgen und ihre Bedürfnisse fanden kaum Niederschlag in der Berichterstattung. In den 1990er-Jahren reifte allerdings langsam das Bewusstsein heran, dass die Türken – ob willkommen oder nicht – ein nicht wegzudiskutierender Teil der bundesdeutschen Gesellschaft geworden waren. Außerdem waren die einstigen Gastarbeiter inzwischen aus der Rolle derjenigen herausgewachsen, deren Aufgabe vorrangig darin bestand, jene Arbeiten zu erledigen, für die Deutsche sich zu schade waren. Sie stellten eine politisch, aber auch wirtschaftlich zunehmend einflussreiche Minderheit dar. Heute beschäftigen mehr als 90.000 türkischstämmige Unternehmer in Deutschland rund 450.000 Mitarbeiter, ihre Firmen setzen 45 Milliarden Euro im Jahr um.[66]

Jedenfalls waren die Deutschtürken inzwischen so einflussreich, dass es unklug erschien, sie einfach weiter zu ignorieren. »In Deutschland hat sich der öffentliche Diskurs über Migranten im letzten Jahrzehnt grundlegend geändert«, schrieb im Jahr 2010 der Leiter des Projekts »Mediale Integration ethnischer Minderheiten« der Deutschen Forschungsgemeinschaft, Prof. Rainer Geißler. Der Sozialwissenschaftler machte einen »Paradigmenwechsel« aus: Der Diskurs über »unerwünschte Ausländer« habe sich zu einem über »notwendige Migration und Integration« gewandelt. »Der Slogan ›Deutschland ist kein Einwanderungsland‹, der die öffentlichen Debatten der 90er-Jahre dominierte, ist verschwunden; stattdessen wird darüber diskutiert, wie die demografisch und ökonomisch notwendige Einwanderung sinnvoll gesteuert werden kann und wie Deutschland die große Herausforderung bewältigen kann, die Einwanderer in die deutsche Gesellschaft zu integrieren.«[67] Der

»Nationale Integrationsplan« der Bundesregierung hielt im Jahr 2007 fest: »Wie Erfahrungen in anderen Ländern zeigen, ist es sowohl für die journalistische Annäherung an die Normalität im Alltag als auch für die Behandlung von Migrations- und Integrationsthemen unabdingbar, mehr Journalisten und Medienschaffende mit Migrationshintergrund zu gewinnen. Solche Journalistinnen und Journalisten gibt es in Deutschland jedoch bisher zu wenig. In den einschlägigen Ausbildungsgängen zum Journalismus sind Nachwuchskräfte mit Migrationshintergrund auffallend unterrepräsentiert.«[68] Die Initiative *Neue Deutsche Medienmacher*, die sich als »Interessenvertretung für Medienschaffende mit Migrationshintergrund« versteht, beklagt noch heute: »Jeder fünfte Einwohner in Deutschland hat einen Migrationshintergrund, in den Redaktionsräumen dagegen nur jeder fünfzigste. (...) In der Berichterstattung fehlt es an Perspektiven von Migranten und an einer Darstellung gesellschaftlicher Vielfalt, die nicht von Stereotypen gekennzeichnet ist.«[69]

Ich glaube, dass damals, als ich mich 1999 um ein Volontariat bemühte, einer der wenigen Momente war, in denen mir meine türkische Herkunft in Deutschland zum Vorteil gereichte. Die *Zeit*-Kollegin Özlem Topçu schrieb rückblickend auf den (von ihr erst um das Jahr 2005 herum verorteten) Zeitenwandel im deutschen Medienbetrieb: »Die Kanakenbiografie, die einst ein Makel war, wurde zum Merkmal.«[70] Ich setzte damals allerdings einiges daran, die Chance, die meine Kanakenbiografie plötzlich bot, wieder zunichtezumachen.

Bei einem Rundfunksender hatte ich es unter die letzten zwanzig Volontariatsbewerber geschafft. Als wir verbliebenen Kandidaten uns für die Auswahltests im Stammhaus versammelten, stellte sich heraus: Neunzehn der zwanzig hatten schon als freie Mitarbeiter im Radio- oder Fernsehbereich gearbeitet. Ich hatte als einziger Aspirant nur Printartikel verfasst – und auch davon nur so wenige, dass es gerade eben für eine Bewerbungsmappe gereicht hatte. Zugleich war ich der einzige Kandidat mit türkischen Wurzeln. Von der mehrköpfigen Auswahlkommission wurde ich schließlich gefragt, warum ich glaubte, dass man mich eingeladen habe. Nachdem meine journalistische Erfahrung kaum der Grund sein konnte, antwortete ich ebenso treuherzig wie dumm: »Weil sich heute jedes Unternehmen, das halbwegs progressiv erscheinen will, einen Vorzeigetürken hält.«

Danach: eisiges Schweigen. Als ich wieder zurück in Istanbul war, rief mich eine Redakteurin aus der Auswahlkommission an und begründete die Absage mit den Worten: »Wir brauchen keinen Vorzeigetürken.« Dennoch war die Blamage nützlich – und zwar als Vorbereitung für mein Vorstellungsgespräch bei der Deutschen Presse-Agentur, meinem späteren Arbeitgeber, bei dem ich gefragt wurde: »Stellen Sie sich vor, wir schicken Sie nach Fulda, und dort gibt es Straßenkämpfe zwischen türkischen und deutschen Jugendlichen. Was machen Sie?« Zuerst dachte ich: Warum ausgerechnet Fulda? Dann drohte mein Türkentrotz mich wieder zu überkommen, in meinem Kopf formulierte sich die Antwort: »Ich zücke meinen Krummdolch und metzele die ungläubigen Deutschen nieder.« Nach der peinlichen Erfahrung bei dem Sender sagte ich stattdessen: »Meine türkischen Wurzeln spielen da überhaupt keine Rolle. Ich berichte natürlich strikt neutral.« Die Reaktion diesmal: Kopfnicken und bestätigendes Murmeln.

Bei der Recherche für dieses Buch schrieb ich Wilm Herlyn an, den damaligen dpa-Chefredakteur, der Anfang 2010 in den Ruhestand ging und knapp elf Jahre zuvor bei meinem Bewerbungsgespräch dabei gewesen war. Ihn fragte ich, ob meine türkischen Wurzeln eine Rolle bei der Einstellung als Volontär gespielt haben. Herlyn antwortete: »In Ihrem Fall muss ich bekennen, dass wir zumindest nicht aktiv und nicht ›mit Vorsatz‹ nach einem ›Halbtürken‹ gefahndet haben: Sie sind uns sozusagen als Glücksfall in den Schoß gefallen.« Mein Hintergrund sei allerdings »schon solitär« gewesen. »Es gab also keinen Masterplan, der die Integration von Türken, Chinesen, Afrikanern ... beinhaltete. Im Nachhinein: eigentlich schade. Aber wir waren sicher nicht weitsichtig genug und gefangen in unseren damaligen Denkweisen.« Herlyn klärte mich nebenbei auch darüber auf, was meine türkischen Wurzeln mit Fulda zu tun hatten: »Ich hatte festgestellt, dass zum Beispiel Suhl (Thüringen) als Einsatzort sehr unbeliebt war (›da ist doch gar nichts los‹). Die Chefredaktion wollte mit diesem Ort einmal den Willen des Bewerbers checken, auch in unwegsamen Gegenden für die dpa arbeiten zu wollen – dazu wollten wir auch prüfen, wieviel Fantasie ein Bewerber besitzt, auch ›aus einer angeblichen Einöde‹ Nachrichtenstoffe zu liefern. Bei Ihrer Bewerbung kam Suhl nicht infrage: Die rechtsradikalen Übergriffe in den neuen Bundesländern schienen uns für einen ›Halbtürken‹ – wie Sie sich bezeichnen – nicht einen sicheren Arbeitsplatz zu gewährleisten. Fulda ist ähnlich abgelegen, dazu stockkatholisch und wenig weltoffen. (...) Darum also Fulda.« Ich hatte Herlyn auch geschrieben, dass ich ihm ja nun beichten könne, dass mir als Erstes die Antwort mit dem Krummdolch in den Kopf geschossen sei. Er antwortete in seiner E-Mail: »Und schade, dass Sie damals bei der Vorstellung nicht so geantwortet haben, wie Sie es nun beschreiben. Es wäre sicher eine interessante Diskussion geworden, die auch mit Ihrer Einstellung geendet hätte.«

Nach drei Bewerbungsgesprächen hatte ich – auch oder vor allem wegen des türkischen Hintergrundes – schließlich Angebote von zwei renommierten Medien in der Tasche, trotz meiner geringen Erfahrung und trotz des hohen Andrangs qualifizierter Bewerber auf die begehrten Stellen. Meine flapsige Unterstellung, Medienhäuser wollten sich aus Imagegründen »Vorzeigetürken« halten, war allerdings unfair: Denn natürlich war es eine positive Entwicklung, dass deutsche Medien damals begannen, sich für Minderheiten zu öffnen. Ich selber fing am 1. Oktober 1999 bei der dpa an – nicht als erster Volontär mit ausländischen, aber doch als erster mit türkischen Wurzeln in der Geschichte der Nachrichtenagentur.

7   EINMAL TÜRKE, IMMER TÜRKE?

Der erste türkische Volontär bei einem deutschen Medium überhaupt hatte seine Karriere allerdings schon lange vor mir begonnen: Baha Güngör, gebürtiger Istanbuler und gelernter Textilkaufmann aus Aachen, heuerte 1976 bei der *Kölnischen Rundschau* an. Der deutsch-türkische Journalismuspionier arbeitete später bei der Nachrichtenagentur Reuters in Bonn, dann beim *Bonner Generalanzeiger*. 1984 ging er für die *Westdeutsche Allgemeine Zeitung* und andere Blätter in die Türkei, 1992 bis 1999 war er dort Korrespondent für die dpa und somit mein Vor-Vor-Vor-Vorgänger auf dem Posten. 1999 bis zu seiner Pensionierung 2015 leitete er die türkische Redaktion der *Deutschen Welle* in Bonn. Güngör machte also Karriere bei deutschen Medien. Als ich ihn im Mai 2017 in Antalya traf, sagte er dennoch: »Ich war immer der Paradetürke. Ich habe es versucht, aber ich bin aus der Rolle nie herausgekommen.«

Wenige Tage nach der Festnahme des deutsch-türkischen *Welt*-Korrespondenten Deniz Yücel in der Türkei schrieb der Kollege Michael Martens unter der Überschrift »Für immer Türke« im Februar 2017 einen umstrittenen Kommentar in der *Frankfurter Allgemeinen Sonntagszeitung (FAS)*.[71] Martens – der seit 2009 für die *Frankfurter Allgemeine Zeitung (FAZ)* erst aus Istanbul und später aus Athen über die Türkei berichtet – verurteilte Yücels Festnahme natürlich. Er kritisierte aber zugleich eine »Herkunftsgettoisierung im deutschen Journalismus«: Journalisten mit türkischen Wurzeln würden von ihren Arbeitgebern auf die Rolle als Türkei-Erklärer reduziert. Martens äußerte die

Hoffnung, dass deutsche Medien ihre »Entsendungspolitik« überdenken und genauer überlegen, welche Korrespondenten sie wohin schicken:

> Denn gerade im Fall der Türkei beugen sich manche Häuser indirekt dem Nationalismus des türkischen Präsidenten Recep Tayyip Erdoğan: einmal Türke, immer Türke. (…) Natürlich darf das nicht zu dem Extrem führen, jemanden mit türkischen Wurzeln aus Prinzip nicht mehr über die Türkei berichten zu lassen. Das Erfahrungsgepäck, mit dem einer durchs Leben stapft, ist wertvoll. Aber Migrantenkinder, die nur über Migration schreiben? Gähn! Solange der Eindruck vorherrscht, dass ein ›Türke‹ nur Türkei ›kann‹, müssen sich die Leser auf den Arm genommen fühlen. Die Verlage schulden den Lesern Journalisten, nicht Türken vom Dienst (…).

Dieser Kommentar brachte Martens viel Kritik ein. Die *Welt* nannte den Text »einen spektakulären intellektuellen und moralischen Auffahrunfall« und erklärte, Yücel sei nicht wegen seiner Herkunft, sondern wegen seiner Qualifikation in die Türkei entsandt worden – und zwar auf seinen eigenen Wunsch. Die von Martens in seinem Text namentlich erwähnte *Zeit*-Kollegin Özlem Topçu schrieb in einer Replik: »In Martens' Logik werden wir ›geschickt‹, wir sind Opfer unserer Chefredaktionen, willenlose Kreaturen, die auf den deutschen Meister hören: Gehst du Türkei, Ali! Schreibst du fieses Zeug über den Türk! Ja, Meister.« Topçu argumentierte, es sei eine positive Entwicklung, dass nicht mehr nur »der westdeutsche, weiße und männliche Journalist« den Blick auf die Türkei und auf die Migranten in Deutschland bestimme.[72]

Meine persönlichen Erfahrungen bestätigen die These vom »Türken vom Dienst« nicht. Zwar berichtete ich als Volontär auch über Migrationsthemen, aber vor allem deshalb, weil sie mich interessierten und ich sie wichtig fand. Wie brach das Themenfeld damals lag, zeigte vielleicht am anschaulichsten eine Reaktion auf einen Artikel von mir über die wachsende Zahl der türkischen Rentner in Deutschland, die entgegen ihrer ursprünglichen Lebensplanung nicht in die alte Heimat zurückgekehrt waren: Die *Hürriyet* berichtete anschließend darüber – allerdings nicht vorrangig über das Phänomen der in Deutschland alternden Türken, sondern darüber, dass sich die dpa des Themas angenommen hatte.

Nach dem Volontariat in Nürnberg und München (also doch nicht Fulda!) wechselte ich in die Politik-Redaktion in Berlin, wo ich zuletzt bundespolitischer Korrespondent war – und zwar für Umwelt- und Verbraucherthemen, die viel mit Dosenpfand und Rinderwahn, aber nichts mit der Türkei zu tun hatten. An einen einzigen Fall erinnere ich mich, bei dem ich gebeten wurde, mich eines Türken-Themas anzunehmen (es handelte sich um eine Reportage über »Metropol FM«, den ersten privaten Radiosender für Türken in Deutschland). Im Jahr 2003 ging ich als dpa-Korrespondent für Südasien nach Neu-Delhi, wo ich mich vor allem mit Afghanistan, nicht aber mit der Türkei befasste. Als einer der wenigen türkischen Randaspekte meines Lebens in der indischen Hauptstadt ist mir die Eröffnung des ersten (und mäßig erfolgreichen) Dönerladens dort in Erinnerung geblieben.

Nach Istanbul wechselte ich 2013 auf meinen ausdrücklichen Wunsch, was im Übrigen für alle deutsch-türkischen Journalisten gilt, die ich am Bosporus getroffen habe: Keiner von uns wurde wegen seiner Herkunft gezwungen oder auch nur sanft gedrängt, aus Istanbul zu berichten – einer Metropole, die zwar nicht mehr zu den beliebtesten, aber für Journalisten immer noch zu den spannendsten in Europa gehört. Genau genommen existierte die von Martens kritisierte »Entsendungspolitik« deutscher Verlage in dieser Form gar nicht. Als der Kommentar erschien, gab es exakt zwei deutsch-türkische Journalisten, die von ihren Häusern im klassischen Sinne als Korrespondenten in die Türkei entsandt worden waren: den inhaftierten Deniz Yücel und mich. Andere Kolleginnen und Kollegen wie beispielsweise Özlem Topçu reisten zwar im Auftrag ihrer Redaktionen regelmäßig in die Türkei, um von dort zu berichten, lebten aber die meiste Zeit in Deutschland. Wieder andere Deutschtürken lebten und arbeiteten als freie Journalisten in der Türkei, sie waren also von keinem Verlag oder Sender dorthin geschickt worden. Im Juni 2017 entsandte das *Handelsblatt* Ozan Demircan, der wie ich eine deutsche Mutter und einen türkischen Vater hat, als Korrespondenten an den Bosporus. Die große Mehrheit der Korrespondenten deutscher Medien in der Türkei stellen aber auch heute noch Deutsche, die keinen türkischen Hintergrund haben.

Martens' Kritik stimmte so pauschal aus meiner Sicht also nicht. (Er selber räumte später ein, dass mehr Nuancierungen seinem Text gutgetan hätten.) In allen Punkten von der Hand zu weisen ist sie deswegen aber nicht, und Martens bekam für seinen Kommentar auch Zuspruch. Die pakistanischstämmige Journalistin Hani Yousuf schrieb in der Debatte, ihr sei es schwergefallen, bei deutschen Medien Fuß zu fassen, »denn für viele blieb ich immer ›die Kollegin aus Pakistan‹. Nur bezogen sich meine journalistischen Interessen eben nicht auf

Pakistan.«[73] Auch die *Neuen Deutschen Medienmacher* beklagen: »Journalisten mit Migrationshintergrund werden aufgrund ihrer Kernkompetenz im Thema Migration häufig nur auf dieses Themengebiet in ihrer Arbeit reduziert.« Darüber hinaus zeigt Baha Güngörs 40-jährige Berufserfahrung, wie schwierig es sein kann, das Türken-Label loszuwerden. »Abonniert auf Türkei-Themen«[74] überschrieb Güngör seinen Gastbeitrag, der als Reaktion auf Martens' Kommentar ebenfalls in der *FAS* erschien und nach dessen Lektüre ich ihn um ein Treffen bat.

Güngör war elf Jahre alt, als er am 28. Oktober 1961 in Istanbul in den Zug nach Deutschland stieg – wenige Tage, nachdem Tosuns Studium in München begonnen hatte. Die Großmutter begleitete den Jungen auf der dreitägigen Bahnfahrt nach Aachen, wo seine Mutter und sein Stiefvater lebten. Güngör berichtet rückblickend über ähnliche Erfahrungen wie mein Vater damals: »Ich war in Aachen weit und breit das einzige türkische Kind. Es gab fast gar keine Ausländer«, erinnert er sich. Die Atmosphäre sei »überhaupt nicht feindselig« gewesen. »Gekippt ist das Ende der 60er-, Anfang der 70er-Jahre.«

Güngör ging 1967 bei einem Herrenausstatter in die Lehre, bei dem er alte Stoffe aus der Vorkriegszeit auf dem Speicher entdeckte. Der Azubi schlug vor, die längst abgeschriebenen Stoffbahnen auf der Straße feilzubieten – mit Erfolg. »Als ich alle Stoffe verkauft hatte, sagte der Chef: ›Du bist ja ein echter Basarhändler‹«, erinnert sich Güngör. »Der Türke ist natürlich ein Basarhändler.«

Güngör verdingte sich als Theaterstatist, als DJ und als Taxifahrer. Eine Hospitanz bei den *Aachener Nachrichten* – dem Schwesterblatt der *Aachener Zeitung*, bei der ich meine ersten

Zeitungsartikel veröffentlichen durfte – bestärkte ihn 1974 in seinem Wunsch, Journalist zu werden. Der allererste Interviewpartner des Nachwuchsreporters: Karel Gott, an die weinenden Frauen beim Konzert des Schlagerstars erinnert sich Güngör bis heute.

1976 brach Güngör sein BWL-Studium in Aachen ab, um als Volontär bei der *Kölnischen Rundschau* anzuheuern. Als er hörte, dass in Köln bald eine Zuzugssperre für Ausländer in Kraft treten sollte, siedelte er in die Domstadt am Rhein um und begann seine Laufbahn im Journalismus. »Ich musste mich damals ständig mit Türkei-Themen beschäftigen«, sagt er über seine Anfangszeit als Reporter, als wir uns im Mai 2017 in Antalya treffen. »Ich war immer der Türkei-Erklärer.« In seinem Gastbeitrag in der *FAS* schrieb Güngör:

> Alle späteren Versuche, von Türkei- und Türkenthemen loszukommen, brachten keine Wende. Auch nicht die Reise in der Journalistendelegation mit Bundeskanzler Helmut Kohl 1983 nach Ägypten, Jordanien und Saudi-Arabien und Anfang 1984 nach Israel. […] Ich entschied mich für den Weg des geringsten Widerstandes und damit für meinen Status als »Türke«: 1984 brach ich als Korrespondent der »Westdeutschen Allgemeinen Zeitung« in die Türkei auf, um von dort und aus Griechenland zu berichten.

1990 wollte Güngör nach Deutschland zurückkehren, er nennt das heute seinen »Reintegrationsversuch«. Es sollte ein kurzes Zwischenspiel werden. Güngör – seit 1978 deutscher Staatsbürger – heuerte im Parlamentsstudio der *Deutschen Welle* in Bonn an. Für den deutschen Auslandsrundfunk sollte er eine

Pressekonferenz des Bundesrechnungshofs besuchen, es ging um die Vorlage des Jahresberichts, in dem die Behörde regelmäßig anprangert, wo der Staat Geld verprasst. Güngör erinnert sich, wie der aus Köln ins Bonner Studio zugeschaltete Chefredakteur für alle Anwesenden hörbar einwandte: »Der ist doch ein Türke, kann der das überhaupt?« Der Studioleiter besetzte den Termin daraufhin anderweitig.

»Der Studioleiter hätte sagen müssen: Der kann das«, meint Güngör rückblickend. »Ich war sauer. Ich bin nach Köln gefahren, habe den Chefredakteur überfallen und schreiend protestiert. Das war der Zeitpunkt, an dem ich wusste: In Deutschland bleibst du nicht.« Güngör kehrte wieder zurück in die Türkei, wo er bis 1999 als dpa-Korrespondent arbeitete. Dann kam er doch noch ein weiteres Mal nach Deutschland, und zwar erneut zur *Deutschen Welle*, wo er bis zu seiner Pensionierung blieb: als Leiter der türkischen Redaktion. Eine Stelle, die er wieder als Türke erhalten habe, meint Güngör. »Eine Chance auf einen anderen Job habe ich in den sechzehn Jahren auch dort nicht bekommen.«

Güngör sieht die erzwungene Fixierung auf Türkei-Themen heute ambivalent – schließlich waren sie ihm immer auch ein Herzensanliegen. In den wenigen Phasen seines Berufslebens, in denen er sich journalistisch mit anderen Themenfeldern beschäftigen konnte, »da fehlte mir die Türkei-Schiene schon auch ein bisschen«, sagt er. Was ihn allerdings stets gestört habe: die Vorurteile, die ihm entgegenschlugen. »Bei Recherchen war mein Name immer ein Problem. Ich habe die Fragen, die dann kamen, immer gehasst: Können Sie überhaupt Deutsch? Wie stehen Sie zu Deutschland?« Das sei in Großbritannien oder den USA ganz anders. So habe seine Tochter beispielsweise als

Produzentin bei der US-Talkshow von Charlie Rose gearbeitet. »Das war überhaupt kein Problem, die haben nie gefragt, ob sie sehr gut Englisch kann.«

Heute lebt Güngör in Bonn und ist offiziell in Rente, gehört aber zu jenen Ruheständlern, die so beschäftigt sind, dass sie kaum Zeit haben. Als wir uns in Antalya treffen, bereitet er sich auf die Moderation eines Seminars dort vor, natürlich ist es ein deutsch-türkisches Journalistenseminar. Als wir unsere Gespräche vereinbart hatten, hatte er mich vorgewarnt, dass er womöglich erst spät ins Hotel komme – weil es sein könne, »dass wir an dem Abend gegen Fenerbahçe gewinnen und dann vorzeitig die Titelverteidigung sicherstellen. Dann könnte es sein, dass ich irgendwo in der Stadt noch die Karakartal-Fahne schwenke.« Mit »wir« meinte er den Erstligaklub Beşiktaş, dessen Symbol der schwarze Adler (türkisch: Karakartal) ist und für den Güngörs Herz in der Türkei schlägt. Am Rhein ist er dagegen eingeschworener Fan des 1. FC Köln. Beim Frühstück am nächsten Morgen (das Unentschieden vom Vorabend hat Güngör längst verdaut) frage ich ihn, ob er sich eigentlich als Deutscher oder als Türke fühle. »Ich bin ein Karnevalsjeck«, sagt der Journalist. »Ich kann deutscher sein als die Deutschen, wenn ich mit Deutschen zusammen bin. Und türkischer als die Türken, wenn ich mit Türken zusammensitze. Ich bin irgendwo zwischen den Welten.«

Güngör sagt, seit seinen Erfahrungen als »Paradetürke« habe sich in deutschen Redaktionen einiges geändert. Journalisten und Moderatoren wie Pinar Atalay, Mitri Sirin, Dunja Hayali oder Golineh Atai seien Beispiele dafür, dass sich die Dinge in die richtige Richtung entwickelten. »Ausreichend ist es aber noch nicht. Man muss immer noch höhere Latten überspringen, als wenn man Deutscher wäre. Auch wenn man genauso deutsch ist wie die anderen.« Auch die *Neuen Deutschen Medienmacher* wünschen sich keine Sonderbehandlung als Vorzeigemigranten. Was sie aber einfordern, ist Chancengleichheit. Sie beschreiben das so: »Wir sind nicht die besseren Journalisten. Aber auch nicht die schlechteren.«

8 FREMD IM EIGENEN LAND?

Liberale Deutsche mögen es begrüßen, wenn durch Journalisten mit Migrationshintergrund mehr Vielfalt in die Medienlandschaft kommt und der Integration Vorschub geleistet wird. Wenig überraschend: Für den rechten Rand der Gesellschaft gilt das nicht. Einer, der das regelmäßig zu spüren bekommt, ist Hasnain Kazim.

Keiner meiner Freunde ist so sehr Zielscheibe von Fremdenfeindlichkeit wie Hasnain. Er wurde in Oldenburg geboren und wuchs in Hollern-Twielenfleth auf, einem Ort mit einem Namen, als wäre er für ein Märchenbuch erfunden worden. Hollern-Twielenfleth liegt im Alten Land in Niedersachsen, die Region umwirbt potenzielle Besucher damit, »das größte geschlossene Obstanbaugebiet Deutschlands!« zu sein. Das Ausrufezeichen soll den Superlativ womöglich untermauern, falls doch jemand heimliche Zweifel an der ungeheuerlichen Aussage hegt. Nach dem Abitur verpflichtete sich Hasnain für sechs Jahre bei der Bundeswehr, er ging zur Marine und fuhr auf der *Gorch Fock*. Heute ist er immer noch Leutnant zur See der Reserve, das »zur See« ist ihm dabei wichtig. 1998 kandidierte der Politikwissenschaftler für die FDP bei der Landtagswahl in Niedersachsen.

Hasnain ist so pünktlich, gewissenhaft, ordentlich und zuverlässig, wie es das Klischee vom typischen Deutschen will. Er ist leidenschaftlicher Fahrradfahrer (natürlich mit Helm, das Fahrrad im Retrolook hat er selber gebaut) und spielt Klavier. Er lädt Gäste zu Kaffee und Kuchen nach Hause ein, wo er braune Birkenstock-Sandalen (mit Socken) trägt, wofür er als Entschuldigung orthopädische Argumente ins Feld führt.

Hasnains Eltern haben indisch-pakistanische Wurzeln, sie kamen kurz vor seiner Geburt im Jahr 1974 aus Karachi nach Deutschland. Auslöser für den Umzug der Familie war die Stellenanzeige einer deutschen Reederei gewesen, die der Vater – ein Seemann – in einer pakistanischen Tageszeitung entdeckt hatte. In seinem Buch *Grünkohl und Curry*[75] beschreibt Hasnain »die Geschichte einer Einwanderung«, es ist die seiner Familie. Er berichtet von Schikanen der Ausländerbehörde und von der Hilfsbereitschaft der Dorfbewohner, die sich hinter die von der Ausweisung bedrohte Familie stellten. Seine ursprünglich schiitischen Eltern sind inzwischen nicht nur deutsche Staatsbürger, sondern auch zum Christentum konvertiert, was ihr Sohn »überangepasst« findet. Hasnain selber – den sie als Kind in Hollern-Twielenfleth Hansi nannten – bekam erst im Alter von 16 Jahren den deutschen Pass. In seinem Buch stellte er die Frage, wohin er eigentlich gehört. Seine Antwort:

Nach Deutschland, sicher. Aber mir kommen wieder Zweifel, wenn ein Fremder zu mir sagt: »Sie sprechen aber gut Deutsch!« Oder wenn mir jemand versichert, wie toll es doch sei, dass ich als Einwandererkind es so weit gebracht habe in meinem Leben. Und mich spüren lässt, eigentlich müsste ich dankbar dafür sein, Pakistan und Indien entkommen zu sein.

Was es heißt, nicht willkommen zu sein, hat Hasnain – der für den *Spiegel* arbeitet – nicht nur in Deutschland erfahren. Im Jahr 2009 sollte er als Südasienkorrespondent nach Indien ziehen, ein lange gehegter Wunsch, doch die Regierung in Neu Delhi verweigerte ihm das Visum – vermutlich wegen seiner pakistanischen Wurzeln. Stattdessen ging er nach Islamabad. 2013 siedelte er mit seiner Familie nach Istanbul um. Dort zog er sich mit seiner kritischen Berichterstattung den Ärger der Erdoğan-Regierung zu, die sich 2016 weigerte, seine Akkreditierung zu erneuern, was einem Rausschmiss gleichkam: Für ausländische Journalisten und deren Angehörige ist die Akkreditierung die Voraussetzung für eine Aufenthaltsgenehmigung in der Türkei. Nach dem Umzug der Kazims nach Wien spotteten wir, wie lange es wohl dauern würde, bis Österreich Hasnain die Tür weisen würde.

Auch aus Wien heraus berichtete Hasnain zunächst noch über die Türkei, nicht mehr so oft wie aus Istanbul, aber nicht minder kritisch. Für Hardcore-Anhänger der AKP ist Hasnain ein Hassobjekt, ob er nun in Istanbul oder Wien sitzt. Einer davon schrieb ihm beispielsweise: »Du gottverfickte Bastard. PKK soll dich und deine Familie ficken. Was hast du gegen die Türkei????? Seitdem du nicht mehr reinkommst in der Türkei berichtest du nur negativ über uns.«[76]

Nicht nur in ihrer mangelhaften Orthografie weisen deutschtürkische Anhänger der AKP und deutsche Sympathisanten der AfD gelegentlich Ähnlichkeiten auf. Sie eint auch ihre Wut auf Hasnain, der zwischen den beiden Parteien im Übrigen noch mehr Parallelen sieht: »AfD und AKP sind sich in der Tat sehr ähnlich«, schrieb der Journalist auf Twitter. »Leute mit faschistischem Gedankengut eben.« Regelmäßig bezieht Hasnain in seinen Berichten, aber auch in sozialen Medien wie Facebook – wo er mit mehr als 25.000 Followern schon fast zu seiner eigenen Marke geworden ist – Stellung gegen die AfD und gegen Rechts. Zimperlich ist er nicht, wenn er auf Facebook beispielsweise die Aussage »Nicht jeder, der die AfD wählt, ist ein Nazi« mit einem einzigen Wort kommentiert: »Doch.«

Ich wirke als Korrespondent einer Nachrichtenagentur – die nur Medien, nicht aber Leser direkt beliefert – meist im Hintergrund. Kontakt zu mir aufzunehmen ist für unzufriedene Leser nicht unmöglich, aber deutlich aufwendiger als zu Hasnain. Über seinen Artikeln bei *Spiegel-online* steht sein Name, ein Klick darauf offenbart die Mailadresse. Noch ein Mausklick, und eine Mail poppt auf, in die der Leser seine Gedanken gießen kann, die er – mit einem letzten Klick – sofort an den Autor schicken kann. Die beruhigende Wirkung, die es hat, eine Nacht über seinen Ärger zu schlafen (und den Leserbrief dann vielleicht doch nicht zum Briefkasten zu bringen) – sie entfällt im Internet, was einer der Gründe für den Umgangston in Kommentarforen ist, den in seiner Brutalität kaum jemand im echten Leben pflegt.

In der Praxis bedeutet das nicht selten, dass Leser bei Hasnain ihren oft in schlechtes Deutsch verpackten, gelegentlich aber auch akademisch verbrämten Fremdenhass abladen. Als Reaktion auf Artikel oder Fernsehauftritte gehen bei ihm Hunderte, bei besonders umstrittenen Aussagen aber auch schon mal mehrere Tausend Nachrichten ein – darunter viel Zustimmung, aber auch viel Hass. »Immer wieder bekomme ich Mails, in denen es darum geht, mich zu vergasen oder aufzuknüpfen«, sagt Hasnain. Die Absender von besonders heftigen Hassmails anzuzeigen hat er inzwischen aufgegeben, weil es nie zum Erfolg geführt hat. Stattdessen hält Hasnain auf Facebook dagegen – was manchmal trotz aller Tragik sogar lustig sein kann. Etwa im Fall des Lesers Karlheinz S., der Hasnain unter Angabe seiner vollen Adresse schrieb: »Sie erlauben sich wirklich etwas, als AUSLÄNDER uns Deutsche belehren zu wollen in Ihrem überheblichen Ton! Komm du SCHREIBERLING zu mir, dann zeige ich dir, was ein ECHTER DEUTSCHER ist!!!« Hasnain antwortete ihm freundlich, dass er am darauffolgenden Sonntag ohnehin in der Gegend sei und der Einladung gerne Folge leiste – mit Großfamilie und »drei Ziegen, die wir in Ihrem Garten schächten können«. Mit jeder Mail in dem Schriftverkehr wurde Karlheinz verunsicherter und kleinlauter. Am Ende entschuldigte er sich bei Hasnain – verbunden mit der eindringlichen Bitte, nicht mit Großfamilie und Ziegen bei ihm zu Hause einzufallen.[77]

Das sind die kleinen Siege. Es gibt aber auch die Momente, in denen Hasnain der Frust in seinem Kampf gegen Windmühlen anzumerken ist. Ein Leser schickte ihm folgende Mail: »Das sowas wie Sie für die deutsche Zeitung Spiegel schreibt, das hätte es 1939 nicht gegeben. Aber 1939 gab es noch was anderes ... und das werden Sie schon sehr bald schmerzlich zu spüren bekommen!!!« Hasnain veröffentlichte die Mail mit der Absenderadresse auf seiner Facebook-Seite und schrieb dazu: »Mag ihm jemand antworten? I'm too tired for that kind of stuff.«

Statt den Hass alleine in sich hineinzufressen, haben Hasnain und andere Journalisten mit Migrationshintergrund, wie das neudeutsch heißt, einen anderen Umgang damit gefunden: *Hate Poetry*. Vor ausverkauften Sälen treten sie gemeinsam auf und lesen aus ausländerfeindlichen Mails vor, die Leser ihnen geschickt haben. Gemeinsam mit dem Publikum lachen sie die Rassisten aus, was »eine unglaublich therapeutische Wirkung« hat, wie Hasnain sagt.

Zum *Hate Poetry*-Team gehört auch Mely Kıyak, Tochter kurdischer Einwanderer aus der Türkei. Die Journalistin und Autorin hielt im November 2016 bei der Verleihung des Otto-Brenner-Preises eine Rede, in der sie sagte:

Seit zehn Jahren schreibe ich ohne Unterbrechung jede Woche eine politische Kolumne. Für diese Kolumnen werde ich mit einer geradezu barocken Opulenz mit Ablehnung beschenkt. Es gibt Leser, die mich für diese Texte am liebsten umnieten würden. [...] Seit meinem ersten Artikel, dem 19. Januar 2006, ein Feuilleton-Aufmacher für »Die Zeit«, bis heute gab es nicht einen einzigen Text, nicht eine Kolumne, nicht ein Interview, bei der die eben beschriebene Reaktion ausblieb. Bei keinem einzigen Text! [...] Selten handelt ein Brief davon, wovon ich schrieb; meistens davon, dass ich schrieb. Wenn also gesagt wird: Die Leser seien neuerdings ganz aggressiv, wegen Facebook und Twitter, das habe irgendeine Studie ergeben, dann kann ich das nicht ernst nehmen. Denn meine Erfahrung ist: Ich kenne es nur so.«

Die Mitglieder der Band *Gigi & Die Braunen Stadtmusikanten* packen ihren Hass nicht in Leserbriefe. Sie machen keinen Hehl daraus, was sie von Minderheitenrechten oder von türkischen Einwanderern halten. Auf ihrem 2010 erschienenen Album *Adolf Hitler lebt!* – auf YouTube in Deutschland frei abrufbar – heißt ein Lied *Bis nach Istanbul*. Dort singt Frontmann Daniel Giese:

Heute fährt die Reichsbahn bis nach Istanbul. [...] Viele haben's noch nicht begriffen, viele sind entsetzt. Doch das ist das neue Rückführungsgesetz. [...]
Mit lascher Justiz und Kuschelpädagogik ist es nun vorbei, denn so klingt unsere Logik: Heute fährt die Reichsbahn bis nach Ankara. [...]

Räder müssen rollen unentwegt. Alle wissen jetzt, wohin die
Reise geht. Mit einem Fläschchen Raki macht es euch bequem.
Deutschland werdet ihr nämlich nicht wiedersehen. […]
Eine illegale Rückreise, die gibt es nicht, denn ab morgen
sind alle Grenzen dicht. […]

Die Neonazi-Band geriet 2012 wegen ihres auf demselben Album erschienen Songs *Döner-Killer* in die Schlagzeilen. Das Lied ist eine Hymne auf die Mörder vom Nationalsozialistischen Untergrund (NSU), die zum Zeitpunkt der Veröffentlichung noch nicht bekannt waren. Giese wurde im Oktober 2012 wegen Volksverhetzung und Billigung einer Straftat zu einer siebenmonatigen Bewährungsstrafe verurteilt. In *Döner-Killer* sang (beziehungsweise brüllte) er:

Am Dönerstand herrschen Angst und Schrecken. Kommt er
vorbei, müssen sie verrecken. Kein Fingerabdruck, keine DNA.
Er kommt aus dem Nichts – doch plötzlich ist er da. […]
Bei allen Kebabs herrschen Angst und Schrecken. Der Döner bleibt im Halse stecken, denn er kommt gerne spontan
zu Besuch, am Dönerstand, denn neun sind nicht genug.

Aus der Feder von *Gigi & Die Braunen Stadtmusikanten* stammt auch der Song *Tolerant und Geisteskrank*, wo ein Satz des Refrains heißt: »Heute tolerant und morgen fremd im eigenen Land«. Fast identisch äußerte sich im Juni 2016 bei einer Veranstaltung im brandenburgischen Elsterwerda AfD-Vizechef Alexander Gauland (der später sagte, er kenne die Neonazi-Band nicht): »Heute sind wir tolerant und morgen fremd im eigenen Land.«

Hasnain erwiderte auf Twitter. »Meine Antwort: Gewöhn dich dran, Alter!« In einem weiteren Tweet als Antwort auf einen AfD-Anhänger, der ihm riet, sich »doch zu verpissen, da wo du herkommst«, legte Hasnain nach: »Gewöhn dich dran. Wir sind hier, werden immer mehr und beanspruchen Deutschland für uns. Ob du willst oder nicht.« Es folgte eine Welle der Empörung. Die zweite Nachricht löschte Hasnain daraufhin. Zur Begründung schrieb er auf Twitter: »Gelöscht, weil ihr mich vollmüllt. Was den Inhalt angeht: Ich stehe zu jedem Wort.«

Das rechte deutsche Blog *Politically Incorrect (PI)* erinnerte seine Leser daraufhin mit Blick auf Hasnain daran: »Deutschland hat ihn oder seine Vorfahren weder eingeladen noch für irgendetwas benötigt.«[78] Zur Sache ging es in den Kommentaren darunter. »Gewöhn dich dran, Hasnain, mögest du auch ein Stück Plastik besitzen, auf dem ›deutsch‹ steht, du wirst nie zu unserem Fleisch und Blut gehören, sosehr du dir das auch wünschst«, befand ein Kommentator. Ein anderer User schrieb: »Kazim, du Z*****f*****, gewöhn dich dran: Dummbeutel wie du haben uns gar nichts zu sagen und verschwinden schneller dahin, wo sie hergekommen sind und hingehören, als sie Lalla mu Hackbar meckern können.«

Solche Postings sind nicht nur ein Indiz dafür, dass Fremden- und Islamfeindlichkeit inzwischen weitgehend austauschbar geworden sind. Sie zeigen auch, dass es gleichgültig ist, ob der betreffende Ausländer überhaupt Muslim ist: Hasnain ist es nicht, was schon eine kurze Google-Recherche ergibt. Für den Generalverdacht reicht es, wenn die Wurzeln in einem muslimisch geprägten Land liegen. Die Abneigung gegen den Islam haben inzwischen auch manche Deutsche verinnerlicht, die Rassismusvorwürfe empört von sich weisen würden. So warnte mich beispielsweise schon vor der Flüchtlingskrise ein deutscher Beamter bei einem Abendessen vor einer »Überfremdung Deutschlands durch die Muslime«. Ein evangelischer Pfarrer an dem Tisch fühlte sich dadurch ermutigt, einen Witz zu erzählen: »Was steht in muslimischen Altenheimen auf dem Rollstuhl? Is lahm.«

Als ich Hasnain einige Monate nach der Kontroverse um seine Reaktion auf Gauland in Wien besuche, sagt er: »Die Tweets sind so verstanden worden, als wollte ich Deutschland islamisieren.« Dabei sei es ihm nur darum gegangen klarzumachen: »Wir Deutschen mit fremden Wurzeln beanspruchen genauso die Teilhabe an der Gesellschaft wie andere Deutsche auch.« Hasnain erinnert sich noch gut daran, wie er als Kind von Altersgenossen zu hören bekommen hat, seine Haut sei »braun wie Scheiße«. »Ich habe mich früher immer bemüht, Deutscher zu sein, Leistung zu bringen. Man wollte ja bloß nicht negativ auffallen«, sagt er. »Ich bin deutsch sozialisiert, aber ich will den anderen Teil in mir nicht verleugnen. Der letzte Schritt wäre, dass ich meine Haare färbe, mir Bleichcreme kaufe und mich umbenenne in Klaus-Dieter Katzenmüller.« Natürlich gehe es nicht an, dass Migranten nach Jahrzehnten in Deutschland kein Deutsch sprächen. Integration sei aber nicht alleine Aufgabe der Zugewanderten, sondern auch der Gesellschaft. »Du kannst die Sprache lernen, wie du willst, du kannst dich kleiden wie ein Deutscher, du kannst für ein deutsches Unternehmen arbeiten. Aber am Ende ist da immer etwas, weswegen du nicht Deutscher bist.«

Mir ist schon seit Jahren schleierhaft, wie Hasnain den Hass und die persönlichen Angriffe aushält, die auf ihn einprasseln – und wie er die Energie für seinen Kampf dagegen aufbringt, der immer neue Anfeindungen nach sich zieht. Ich glaube, ich würde daran kaputtgehen. Hasnain erwidert in unserem Gespräch: »Das tut mir und meiner Gesundheit vielleicht manchmal nicht gut. Aber die andere Möglichkeit wäre, dass ich meinen Mund halte. Und damit hätten die gewonnen, die sagen, wir sind die Deutschen, du bist der Kanakensklave.«

9 NICHT AN ZUWANDERUNG INTERESSIERT

Rainer Müller[79] und Hasnain Kazim sind beide viel auf Facebook unterwegs. Sie würden aber sicherlich keine Freunde werden, sollten sie eines Tages das zweifelhafte Vergnügen haben, sich kennenzulernen. Müller kann Einwanderer aus muslimischen Ländern nicht ausstehen, und er macht kein Geheimnis daraus. Das gilt natürlich auch für Türken, zumindest für die in Deutschland. Auf Müller stoße ich bei meiner Buchrecherche, wobei Recherche in diesem Fall ein hoch gegriffenes Wort ist: In die Suchmaske bei Facebook gebe ich lediglich »Türken raus« ein, unter den Ergebnissen ist Müllers Seite. Ich will den Dialog mit Türkenhassern suchen, in der Hoffnung, ihre Beweggründe verstehen oder zumindest nachvollziehen zu können.

Facebook ist der Tummelplatz für Anhänger der AfD und von Pegida; dort haben sie ihren Resonanzboden und können sich gegenseitig in ihrer Haltung bestärken, ohne sich von abweichenden Meinungen in der von ihnen so genannten Lügenpresse verunsichern lassen zu müssen. Der Journalist Simon Hurtz von der *Süddeutschen Zeitung* erstellte Ende 2015 ein Facebook-Profil, auf dem er sich als AfD-Anhänger Tim ausgab. »Als der Sommer der Willkommenskultur in den Herbst der Ablehnung umschlug und viele Deutsche ihre Meinung vor allem in sozialen Medien lautstark äußerten, wollte ich mehr über das Universum wissen, in dem diese Menschen kommunizieren«, schrieb Hurtz im Juli 2017. Tim sollte ihm »die Tür in die rechte Echokammer öffnen« – und wurde dort mit offenen Armen empfangen. Eine Erkenntnis des Social-Media-Experiments: »Einig sind sich Tims Freunde in ihrem Hass auf die Türkei, der sich nicht nur gegen Recep Tayyip Erdoğan, sondern auch gegen Deutschtürken richtet, die für ihren Präsidenten auf die Straße gehen. ›Abschieben!‹ ist noch die harmloseste Forderung.«[80]

Müller ist einer von vielen Rechten, die in sozialen Medien keinen Zweifel an ihrer Gesinnung lassen, deren Äußerungen aber gerade noch von der Meinungsfreiheit gedeckt sein dürften (was allerdings nicht unbedingt für die Kommentare zu diesen Äußerungen gilt). Als Profilfoto nutzt er das Bild einer schwarz-rot-goldenen Flagge mit dem Aufnäher »Ich bin stolz, ein Deutscher zu sein«. Auf seiner Seite gibt er sich als glühender Anhänger der AfD zu erkennen, für die er Wahlaufrufe postet. Aus seiner Sicht ist die Partei »absolut alternativlos«, um Deutschland von »Scheinasylantensozialschmarotzern« zu befreien. Müller selber verortet sich politisch so: »Ich bin ein NaZi, aber die Definition des Kürzels heißt bei mir: Nicht an Zuwanderung interessiert! Eigentlich bin ich ein Rechtspopulist, falls das noch niemand wissen sollte!«

Müllers Seite ist für jeden frei zugänglich, als ich im September 2016 darauf stoße; zu dem Zeitpunkt hat er mehr als 3.300 Facebook-Freunde. Er teilt Artikel fragwürdiger Internetmedien wie *Mut zur Wahrheit* oder *Politikstube*, die mit Überschriften wie »Asylanten bekommen Flirtkurs«[81] oder »Asylbewerber kocht seine Stieftochter«[82] den deutschen Wutbürger zuverlässig schäumen lassen. Flüchtlinge, die in Deutschland Schutz suchen, nennt Müller »Invasoren«. Mainstream-Medien finden nur dann Platz auf seiner Seite, wenn zufällig ein Bericht ins Weltbild passt. Am 12. September 2016 postet er einen Artikel der Zeitung *Die Welt*, die berichtete:

Ein Mann in Kiel erblickte eine Frau mit Kopftuch, rief »Scheiß Muslime« und brach ihr brutal das Nasenbein. Die Polizei spricht von einer »neuen Dimension von Gewalt«.[83]

Müller schreibt über den Angreifer: »Hoffentlich hat er sich nicht an der Hand verletzt!« Ein User kommentiert die Tat auf Müllers Seite mit den Worten: »Endlich jemand mit Rückgrad [sic] und Vaterlandsehre.« Ein orthografisch versierterer Kommentator fügt hinzu: »Begegne ich in Aachens Einkaufscenter Adalbertstraße solchen wandelnden Mülleimern, spucke ich immer vor ihnen aus!«

Die im Netz verbreitete Wutrede einer in der Bundesrepublik lebenden Türkin, die »Islamhassern« in Deutschland vorwirft, »viel schlimmer als Nazis« zu sein, kommentiert einer von Müllers Facebook-Freunden auf dessen Seite mit den Worten: »Entweder verlasst ihr das Land freiwillig und aufrecht gehend, oder ihr werdet mit den Füßen voran heraus getragen. Noch habt ihr Arschlöcher die Wahl. Lange aber nicht mehr!« Darunter postet ein anderer User ein Bild mit einem Mann, der sich seinen Hintern mit der türkischen Flagge abwischt. Nachdem in der Türkei infolge des Putschversuches im Juli 2016 die Debatte über die Wiedereinführung der Todesstrafe aufflammt, meint Müller: »Ich mag keinen Erdowahn, ich mag keine Türken, ich mag keine Moslems, Ich mag nicht den Islam! Ich mag aber die Todesstrafe!«

Müller will, dass die Deutschen in Deutschland unter sich sind. »Ich will keine Türken, ich will überhaupt keine Ausländer! Grenzen schliessen, Türken, Ausländer, Invasoren, zurück in ihre Länder!« Damit es jeder versteht, drückt er das noch mal etwas anders aus: »Einbürgerungsstopp ist nicht genug! Alle Türken raus aus Österreich, Deutschland, Europa!«

Müller selbst verbringt seine Zeit allerdings gerne im Ausland, dort, wo es sonnig und das Bier billig ist. »Wohnt in Altura, Faro, Portugal«, heißt es in seinem Facebook-Profil. Am 30. August 2016 postet er: »So, meine Facebookfreunde, morgen ist es vollbracht, Deutschland wieder für viele Monate ›Ade‹! Morgen früh um ca. 6.00 Uhr geht es über Luxemburg, Frankreich, Spanien nach Portugal. Vorbei die Augenschmerzen und Kotzerei wegen Islam, Moslems, Ausländer aller Farben, Kopftücher, Niqabs, Ungerechtigkeiten, usw., usw., usw.!« Als er drei Tage später an der Algarve ankommt, verkündet er: »Ich sitze hier seit ca. 2 Stunden bei Central Sports Cafe und geniesse Sonne, blauen Himmel und das leckere Sagres (=Bier). Besonders geniesse die Vielzahl an begnadeten weiblichen Körpern, alle in ›leichter‹ Kleidung! Keine Burkas, Niqabs oder Kopftücher! Keine Ausländer ausser mir!« Nichts spricht dafür, dass dem Ausländerfeind die Ironie seiner Aussage aufgefallen sein könnte.

Ich kontaktiere Müller über Facebook, stelle mich und meinen türkischen Hintergrund vor und erläutere ihm, dass ich ein Buch schreiben möchte. »Ich würde mich freuen, wenn Sie mir ein paar Fragen beantworten könnten, um mir dabei zu helfen, Ihre Haltung und vielleicht auch Ihre Wut, die ich aus Ihren Zeilen herauszulesen meine, zu verstehen«, schreibe ich ihm. Und weiter:

Sie fordern auf Ihrer Facebook-Seite unter anderem: »Alle Türken raus aus Österreich, Deutschland, Europa!« Ich wüsste gerne:
- Bezieht sich diese Forderung auf alle türkischstämmigen Bürger (also auch auf Menschen wie beispielsweise meinen Vater und mich)?

- Falls nicht: Wo würden Sie die Grenze ziehen? Wer müsste aus Ihrer Sicht gehen, wer dürfte bleiben?
- Woher rührt Ihre Abneigung gegen Türken? Gab es da ein konkretes Schlüsselerlebnis?
- Was müssten Türken in Deutschland aus Ihrer Sicht tun, um sich in die deutsche Gesellschaft zu integrieren?
- Sie erwecken auf Ihrer Facebook-Seite den Eindruck, als würden Sie sich selber viel im Ausland (Portugal) aufhalten. Ist es nicht ein Widerspruch, dann gegen Ausländer im eigenen Land zu sein, oder wo ist aus Ihrer Sicht der Unterschied?

Müller antwortet – aber nicht auf meine Fragen. Er schickt mir Gegenfragen zu meiner Person. Und Müller – der sein Facebook-Profil auf öffentlich und damit auf maximale Reichweite gestellt hat – weist mich darauf hin, dass ich nichts von ihm ohne seine Zustimmung veröffentlichen dürfe. Ich sage ihm zu, keine seiner Aussagen aus einem hoffentlich folgenden Dialog zu zitieren, ohne sie vorher mit ihm abzusprechen. Im Facebook-Chat geht es daraufhin eine Weile hin und her, ohne dass Müller eine einzige meiner Fragen beantwortet. Als ich ihm auf seine Nachfrage hin versichere, dass ich nicht nur nicht religiös bin, sondern auch tatsächlich nicht in die Moschee gehe, und dass ich neben der deutschen Staatsbürgerschaft keine andere besitze, ernte ich im Facebook-Chat ein »Like« von ihm, eine blaue Hand mit hochgestrecktem Daumen. Danach schickt er mir noch eine längliche Nachricht, an deren Ende er mir »mit freundlichen Grüßen« sein Misstrauen ausspricht und das Ende des Dialogs erklärt, der nie wirklich einer war. Es folgt noch ein »letzter Nachtrag«, dann endet die Kommunikation – und Müller blockiert mich, damit ich von meinem Account aus keinen Zugang mehr zu seiner Facebook-Seite habe.

Müller mag Menschen wie mich nicht besonders, das steht außer Frage. Dass er die Kommunikation abbrach, finde ich dennoch bedauerlich. In seinen Nachrichten an mich wirkte er viel reflektierter als in seinen wutschäumenden Facebook-Postings. Müller erschien mir nicht wie ein tumber Neonazi, sondern eher wie ein Deutscher, der angesichts der zunehmenden Zahl der Ausländer überzeugt davon ist, in seiner eigenen Heimat ins Hintertreffen geraten zu sein. Seine persönlichen Erfahrungen mit Türken hätten mich interessiert, offensichtlich waren es keine guten. Dass er mit Ausländern auf die eine oder andere Weise zu tun haben muss, ist wahrscheinlich: Ausweislich seines Facebook-Profils kommt Müller aus Nordrhein-Westfalen, dem Bundesland mit den meisten Türken. (Ich ertappte mich in dem Zusammenhang übrigens auch bei einem Vorurteil: In einem ersten Reflex hatte ich angesichts der Hass-Postings vermutet, er wäre aus Ostdeutschland.)

Dass Müller mit seinen Aussagen aus unserem Schriftwechsel nicht zitiert werden will, ist insofern schade, weil er einige Probleme erwähnt hat, die nicht nur Rechtsextremen, sondern auch anderen Deutschen Sorgen bereiten. Fehlender Integrationswille von Türken beispielsweise, Gewalt durch türkische Gangs oder die Rolle der vom türkischen Staat finanzierten Imame in den Moscheen in Deutschland. Müller warf auch die Frage auf, was wohl wäre, wären die Vorzeichen umgekehrt: Was also wäre, würden drei Millionen Deutschstämmige dauerhaft in der Türkei leben, die den Bau von immer mehr Kirchen verlangen, Sozialleistungen beziehen, Forderungen erheben und Straßenzüge vereinnahmen würden. Da er mich blockiert hat, kann ich ihm die Antwort auf Facebook nicht mehr schreiben: Die türkische Regierung würde das wohl kaum tolerieren. Die Frage, die ich Müller gerne im Gegenzug gestellt hätte: Ob ausgerechnet er Deutschland tatsächlich mit der Türkei vergleichen wolle.

10 »WACHT AUF, IHR DEUTSCHEN TRÄUMER«

Mein Flug aus Istanbul landet an einem Vormittag im März 2017 in Hamburg-Fuhlsbüttel. Ich miete mir ein Auto, in Hamburg steht eine Messe an, und ich habe den Wagen viel zu spät gebucht. Übrig ist nur noch ein Mercedes, für dessen Preis ich eigentlich gleich ein Taxi zu meinem Ziel hätte nehmen können. Die schwarz glänzende Luxuskarosse im Parkhaus ist so modern, dass ich Schwierigkeiten habe, sie überhaupt zu bedienen. Es dauert, bis es mir gelingt, den Wagen in Gang zu setzen.

Die Verzögerung kommt mir nicht ganz ungelegen, denn ich habe mich mit gemischten Gefühlen auf diese Reise begeben. Ich treffe einen alten Freund, von dem ich nicht weiß, ob ich ihn noch einen Freund nennen kann. Mein Ziel in der Lüneburger Heide wäre nur neunzig Kilometer entfernt, wenn ich das Navigationsgerät des Wagens richtig eingestellt hätte, so werden es 130 Kilometer werden.

Am Ende der Strecke wartet Armin Paul Hampel auf mich. Wir kennen uns aus Neu-Delhi, wo ich für die dpa gearbeitet habe, Armin Paul war dort Korrespondent für die ARD, später gründete er seine eigene Fernseh-Produktionsfirma in Indien. Zuständig waren wir auch (oder genau genommen vor allem) für Afghanistan. Wir waren so oft am Hindukusch, dass wir über ein gutes Jahr hinweg ein gemeinsames Haus in Kabul anmieteten, zusammen mit dem ARD-Hörfunkkorrespondenten Christoph Heinzle. Armin Paul ist Kapitänleutnant der Reserve, wir sind beide Fans des Antikriegsfilms *Das Boot*. Für

Armin Paul bürgerte sich in Anlehnung an seinen Reservisten-Rang und an den großartigen Streifen der Spitzname KaLeu ein, der technisch versierte Hörfunker Christoph wurde der LI, der Leitende Ingenieur. Weil ich zwar Zivildienstleistender war und keine Qualitäten aufweise, die auf einem U-Boot von Nutzen sein könnten, aber auch irgendwie benannt werden musste, wurde ich zum I. WO. Als mir einfiel, dass dieser Erste Wachoffizier im Film ein linientreuer Nazi und alles andere als ein Sympathieträger ist, war es schon zu spät.

In unserem Haus in Kabul arbeiteten wir nicht nur, sondern verbrachten auch viele lustige Abende zusammen, in der afghanischen Hauptstadt bot das Nachtleben wenig Abwechslung. In Neu-Delhi hatten wir ebenfalls engen Kontakt, die deutsche Gemeinschaft dort war überschaubar, die der Auslandskorrespondenten erst recht, spätestens beim nächsten Botschaftsempfang oder der nächsten Dachterrassenparty traf man sich wieder. Armin Paul leitete bei einer dieser Partys mit einem Handyanruf in die Wege, dass der damalige SPD-Fraktionschef und frühere Verteidigungsminister Peter Struck im Herbst 2008 mein Buch über Afghanistan in Berlin vorstellte.[84] Bei der Diskussion nach Strucks Laudatio saß Armin Paul mit auf dem Podium.

Außerdem ist Armin Paul mitverantwortlich für meine Nebenkarriere als Weihnachtsmann (beziehungsweise als Nikolaus). Mehrere Jahre knatterte ich an Heiligabend mit meinem indischen Enfield-Motorrad bei Hampels vorbei und zog versteckt im Arbeitszimmer das rote Gewand und meine alten holländischen Springerstiefel an (die Schuhe verraten die Person hinter dem Kostüm!). Von Armin Paul ließ ich mir den weißen Rauschebart anlegen und weiße Augenbrauen aufkleben, die sich nur schwer wieder lösen ließen. Bis zuletzt blieb für die drei

Töchter ein Rätsel, warum »Onkel Can« immer die Bescherung verpasste und erst zum Abendessen (Würstchen mit Kartoffelsalat) erschien. Mit dieser Grundlage arbeitete ich mich in Neu-Delhi hoch bis zum Botschaftsnikolaus, der damals auf einem Elefanten in den Garten der Residenz des deutschen Botschafters einritt, worüber die Kinder der deutschen Schule jedes Jahr aufs Neue staunten. (Den Stolz, den ich insgeheim dabei empfand, als Halbtürke zum Nikolaus der deutschen Botschaft aufgestiegen zu sein, ist symptomatisch für das Anpassungsbedürfnis vieler Migrantenkinder.)

Armin Pauls Familie verließ Neu-Delhi 2011, er selber ging 2013 – noch vor meinem Wechsel nach Istanbul – zurück nach Deutschland. Seitdem trafen wir uns nicht mehr, der Kontakt schlief ein. Aus der Ferne verfolgte ich mit wachsender Irritation seine neue Laufbahn: Armin Paul machte Karriere in der AfD. Schon in Neu-Delhi war von Anfang an klar, dass politisch zwischen uns ein tiefer Graben verläuft, an dessen rechtem Rand er steht. Damals konnten wir beide darüber lachen. Je mehr ich in den vergangenen Jahren über den AfD-Funktionär Armin Paul Hampel las, desto mehr blieb mir das Lachen im Halse stecken.

Armin Paul kennt meine Eltern von deren Besuchen in Neu-Delhi, sie trafen sich auch bei der Vorstellung meines Afghanistan-Buches in Berlin. Als ich mit Tosun jetzt meine Gespräche für dieses neue Buch führte, wurde mir deutlich, wie viel Angst mein Vater vor einem Erstarken der AfD hat. »Ich glaube nicht, dass sie mich aus Deutschland rausschmeißen würden«, sagt Tosun. »Ich lebe gesetzeskonform und bin zu alt. Aber ich glaube, dass Türkischstämmige insgesamt Nachteile erleben und noch stärker diskriminiert werden, wenn die AfD stark wird. Meine Befürchtung ist, dass dann die Rechte auch von integrierten

Migranten peu à peu abgetragen werden.« Dass der Kurs der AfD islamfeindlich ist und sich nicht konkret gegen Türken richtet, ist aus Tosuns Sicht nur eine Nebelkerze. »Die Gruppe der Muslime beinhaltet natürlich auch weitgehend die große Untergruppe der Türken«, sagt er. »How very convenient.« Ich muss an Armin Paul denken, als ich Tosun frage, ob er sich vorstellen könnte, mit einem AfD-Anhänger befreundet zu sein. »Nein, das könnte ich nicht«, sagt Tosun bestimmt. »Weil ich an meine Freunde bestimmte Ansprüche stelle. Eine Haltung, die Rassismus unterstützt oder toleriert, erfüllt diese Ansprüche nicht.«

Eigentlich müsste ich darüber mit Armin Paul sprechen, denke ich. Aber will ich das? Armin Paul engagiert sich für eine Partei, von der auch ich befürchte, dass sie Menschen wie Tosun und mir gefährlich werden könnte. Im Februar 2017 fasse ich mir ein Herz und beschließe, meinen früheren Kollegen anzuschreiben. Lange sitze ich vor der leeren E-Mail und überlege, ob ich die vertraute Anrede KaLeu noch für angebracht halte. Am Ende ringe ich mich dazu durch, obwohl ich eine große Distanz empfinde. Ich schreibe:

Lieber KaLeu, (...) Ich sitze an einem neuen Buch, das die Geschichte meines Dir ja bekannten Vaters erzählen soll, der als junger Türke nach München kam, Deutschland zu seiner Heimat machen wollte und an seinem Lebensabend feststellen muss, dass das nicht gelungen ist. Es geht also im weitesten Sinne um Integration – und darum, dass sich nicht nur Ausländer damit schwertun, sondern auch die deutsche Gesellschaft. Ich würde dazu auch Dich gerne sprechen. Mein Vater, das will ich nicht verhehlen, hat inzwischen richtiggehend Angst vor der AfD.

Armin Paul antwortet so warmherzig, wie ich ihn aus früheren Zeiten in Erinnerung habe:

> Mensch Can, da freu ich mich aber mächtig, von Dir zu hören. Schnapp Dir 'nen Flieger nach Hamburg. Du bist ganz herzlich in die Heide eingeladen, alter Weihnachtsmann. Muß das ein bisschen mit meinem Terminplan abstimmen, aber das klappt.

Er unterzeichnet mit diesen Worten: *In alter Freundschaft, Dein Paul und die ganze Hampelei*

Gut einen Monat später bin ich auf dem Weg zu Armin Paul, dem Niedersachsen-Chef der AfD, der auf Platz eins der Landesliste für den Bundestag kandidiert und nach der Wahl ins Parlament einziehen wird. Olivgrüne Tieflader der Bundeswehr kommen mir auf der ansonsten kaum befahrenen Straße durch die Lüneburger Heide entgegen. Das von mir falsch programmierte Navi führt mich durch Munster, beim Namen der Stadt muss ich an einen Tippfehler denken, dabei trennen Munster und Münster weit mehr als nur zwei Pünktchen über dem u. Die triste Stadt in der Heide ist vor allem für den nahen Truppenübungsplatz bekannt. Ich fahre vorbei am Nato-Shop Beckmann, »das Fachgeschäft für Bundeswehrausrüstung in Munster«. Ein Schild an der Straße weist den Weg zum »Deutschen Panzermuseum«, das Kindern bis zum Alter von fünf Jahren freien Eintritt gewährt und das regelmäßig ein »Objekt des Monats« kürt, wie ich später auf der Museums-Homepage nachlese. In den Monaten vor meiner Reise haben das Rennen das »Reservistenabzeichen der DDR« und »Roth-Händle-Zigaretten als Frontzuteilung« gemacht.

Armin Paul steht vor der Tür seines Hauses und raucht wie früher, als ich schließlich vorfahre. Wie immer ist der 59-Jährige wie aus dem Ei gepellt. Als ich aussteige, begrüßt er mich überschwänglich. Ehefrau Nancy freut sich, dass ich zu Besuch komme. Die Töchter umarmen mich, als (inzwischen längst geouteter) Weihnachtsmann bin ich auch Jahre später nicht vergessen.

Vieles ist gleich – und dann doch ganz anders. Das Mobiliar kenne ich noch aus Neu-Delhi, auf dem Couchtisch liegt aber nicht die *Times of India*, sondern die rechte *Neue Freiheit*. Die Möbel stehen nicht mehr in einer Wohnung in der nordindischen Millionenmetropole, sondern in einem Forsthaus auf dem niedersächsischen Land, das so isoliert liegt, dass einem Städter angst und bange werden kann. Handyempfang gibt es nur auf einem Hügel hinter der Scheune. Telefon und Internet liefert eine anachronistische Überlandleitung, die umstürzende Bäume bei Sturm schon mal zerreißen, dann dauert es Tage, bis Hampels wieder am Netz sind. Hier gibt es keine Kanalisation, sondern einen Brunnen und eine Sickergrube, die einmal im Jahr geleert wird. Anders als in Neu-Delhi streunen keine wilden Hunde, sondern Wölfe durch die Gegend.

Armin Paul ist genauso gastfreundlich und kumpelhaft wie einst in Indien, er ist ein Typ, der für Freunde durchs Feuer gehen würde. Er ist aber kein der Objektivität verpflichteter Journalist mehr, sondern Funktionär einer rechten Partei, und das aus voller Überzeugung: Neben der Familie ist die AfD zu seinem Lebensinhalt geworden.

Für mich hat sich Armin Paul zwei Tage freigenommen von der Partei, obwohl er in seinem Landesverband gerade im Zentrum eines Machtkampfs steht. Eigentlich wollen wir erst mal nicht über Politik sprechen, als wir uns mit einem Kaffee vor

Armin Paul Hampel mit seiner Ehefrau

den Kamin setzen und er sich eine rote *Gauloises* anzündet. Natürlich kommt es anders. Armin Paul entwirft eine Dystopie rund um einen scheiternden Euro, um leere Sozialkassen und um eskalierende Verteilungskämpfe: die Deutschen auf der einen Seite, auf der anderen »die Menschen, die die letzten dreißig, vierzig Jahre aus der Türkei und anderen muslimischen Ländern zu uns gekommen sind. Davon droht sich ein Teil zu radikalisieren. Das wird bei den Deutschen genauso sein, wenn keine Kohle mehr zu verteilen ist. Dann geht es nur noch um den Kampf, wer ein Stück von der Torte abkriegt. Und die Bereitschaft, Konflikte mit Gewalt auszutragen, ist in Teilen der Türkei, in Libyen, Syrien, dem Irak, aber beispielsweise auch in Indien oder Malaysia viel größer als bei uns.«

Ob der Islam nicht inzwischen zu Deutschland gehöre, will ich von Armin Paul wissen. »Unsere Geschichte ist eher gegen den Islam als durch den Islam geprägt«, antwortet er. »Unsere Geschichte basiert auf der Geschichte des christlichen Abendlandes.« Er fügt hinzu: »Gehört das Christentum zu Deutschland? Ja. Gehört der Islam zu Europa?« Armin Paul stockt, überlegt kurz und sagt: »Nee, Moment, warte mal, das geht anders. Noch mal: Gehört das Christentum zu Deutschland? Ja. Gehört die Scharia zum Islam? Ja. Gehört der Islam zu Deutschland? Nein. Sonst würden wir der Scharia die Hintertür nach Deutschland öffnen.«

Da die Diskussion schnell kontrovers wird, verlegen wir sie nach draußen und nehmen den Familienhund mit. Wir spazieren durch die bezaubernde Heidelandschaft, die auch den Truppenübungsplatz beherbergt. Unser Weg führt an einer Gruppe Bundeswehrsoldaten in Flecktarn vorbei, die mich entfernt an Reisen nach Afghanistan erinnern. Der Hund springt in die Teiche und Tümpel, die sich überall auftun. Die friedliche Natur sollte eine beruhigende Wirkung haben, aber unser Gespräch lässt meinen Blutdruck steigen. Irgendwo auf einem Waldweg werfe ich Armin Paul an den Kopf: »Aus meiner Sicht hast du dich einer Gruppierung angeschlossen, die Menschen wie meinem Vater und mir feindlich gegenübersteht.« Armin Paul macht der Vorwurf sichtlich betroffen. »Wenn du meinst, dass hier eine AfD unterwegs ist, die rassistisch ist, die alles Nicht-Deutsche nicht mag, dann irrst du dich gewaltig«, schimpft er zurück. Ich antworte ihm: »Ich traue euch nicht.«

Nach dem langen Spaziergang essen wir mit der Familie zu Abend – und wieder ist alles wie früher. Erinnerungen an Neu-Delhi werden wach, die Kinder erzählen, wie es war, zurück nach Deutschland zu kommen. Politik spielt keine Rolle, wir lachen so laut, dass es die Nachbarn hören würden, gäbe es welche. Danach drohen Armin Pauls Zigaretten zur Neige zu gehen. Wir nehmen den Mercedes und fahren zum nächsten Zigarettenautomaten, der natürlich kilometerweit entfernt liegt. Am Straßenrand steht ein Hirsch, die Augen des Tieres leuchten grün im Fernlicht des Autos. Später, als alle anderen schlafen, sagt Armin Paul: »Komm mal kurz mit nach draußen.« Wir stehen in fast totaler Dunkelheit, über uns die Sterne, die Stille wird nur unterbrochen von Käuzchen-Rufen und von mir unbekannten Lauten, die aus der Ferne erklingen. »Das ist ein Wolf«, sagt Armin Paul, aus seiner Stimme klingt Bewunderung.

Die friedliche Idylle draußen steht im Kontrast zu unserer hitzigen Diskussion drinnen, die wir bis weit in die Nacht vor dem Kamin fortsetzen. Ich halte ihm seine Aussagen als AfD-Politiker vor, er hält dagegen. Bei einer Veranstaltung am 15. Oktober 2016 in Paderborn sprach sich Armin Paul für Schutzzonen in Syrien und im Irak aus. Und er forderte, 18- bis 45-jährige Flüchtlinge aus diesen beiden Staaten, die in Deutschland Zuflucht gesucht haben, bei der Bundeswehr an der Waffe auszubilden und dann zur Verteidigung dieser Zonen heranzuziehen. »Es kann doch nicht sein, dass wir künftig deutsche Soldaten in diese Region entsenden«, rief Armin Paul vor seinen jubelnden Anhängern. »Und jetzt stellen Sie sich bitte mal vor, was sagen Sie einer deutschen Mutter, wenn ihre Söhne Hans und Peter mit Sturmgepäck und Waffe aus dem Hause schreiten, und gegenüber im Café sitzen beim Cappuccino auf Sozialkosten Ali und Hassan und rufen den Deutschen zu: Dann siegt mal schön in unserem Heimatland. Das ist doch unmöglich!«

Ich beschuldige Armin Paul, mit einer solchen Polemik geistige Brandstiftung zu betreiben. »Das nehme ich nicht an«, erwidert er aufgebracht. »Das ist politischer Kampf, und der lebt von Zuspitzung.« Die Diskussion dreht sich schnell im Kreis: Ich nenne seine Wortwahl hetzerisch. Er verteidigt die Forderung nach Schutzzonen. Ich sage ihm, dass es mir nicht um Sinn oder Unsinn solcher Zonen geht – sondern darum, dass bei seinen Zuhörern hängenbleibt, dass sich die faulen Flüchtlinge mit Staatsknete durchfüttern ließen, während die naiven Deutschen für sie Krieg führten. Er erwidert, er habe mit eigenen Augen gesehen, wie Flüchtlinge in einem Lokal gegenüber ihrer Unterkunft in Berlin Kaffee getrunken hätten. »Das ist nicht fremdenfeindlich, ich schildere nur den realen Zustand, das, was hier tagtäglich passiert. Die, die hierhin kommen, die leben erst mal von Sozialhilfe. Wenn ich die Fakten benenne, dann kann es sein, dass sich Menschen über die Fakten aufregen. Aber ich bewege die Menschen dazu, über eine Situation nachzudenken. Wir sind nicht das Sozialamt der Welt!«

Wir streiten weiter. Das Bundeskriminalamt (BKA) verzeichnete 2016 bundesweit 921 Angriffe auf Asylunterkünfte, rund 93 Prozent davon mit rechtsradikalem Hintergrund.[85] Armin Paul sagt: »Ich zweifle diese Zahlen an. Ich glaube nicht, dass jeder Brand, der gemeldet wird, gleich automatisch ein Anschlag von irgendwelchen Extremisten ist. Und von der AfD schon gar nicht. Es gibt diesbezüglich nach meinem Kenntnisstand nicht ein einziges Strafverfahren gegen ein Mitglied der AfD, deshalb betrifft uns der Vorwurf nicht.« Er hält die Flüchtlinge selber in vielen Fällen für die Brände verantwortlich. »Die legen ihre Socken über den Heizstrahler und heizen mit Herdplatten. Das haben wir doch beide in Südasien oft genug erlebt.«

Armin Paul fügt hinzu: »Ich will damit niemanden in Schutz nehmen. Ich habe überhaupt keinen Grund, Rechtsradikale in Schutz zu nehmen.« In seiner Partei sieht er schließlich auch »überhaupt kein Rechtsextremismusproblem. Wir sind patriotisch, gar keine Frage. Aber ich bin zutiefst bürgerlich geprägt.« Die Zahl der Rechtsextremen in der AfD liege »unter zehn Prozent« und damit bei einem Wert, wie er bei allen Parteien in Deutschland zu finden sei, darauf beharrt er immer wieder. »Sogar ein CDUler hat mir mal über die Rechtsextremen in seiner Partei gesagt: Das sind halt unsere üblichen zehn Prozent.« Wie es sein könne, dass sich Menschen, die beispielsweise meinem *Spiegel*-Kollegen Hasnain ausländerfeindliche Hassmails schicken, immer wieder ungefragt zur AfD bekennen? »Ich bedauere das, weil solche Menschen nicht zu uns gehören. Ich kann aber niemanden daran hindern, blöde Sprüche zu klopfen und dann zu sagen: AfD finde ich gut.« Armin Paul steht auch zu seinem Parteifreund Björn Höcke, der mit seiner Forderung nach einer »erinnerungspolitischen Wende um 180 Grad« selbst vielen AfDlern zu weit rechts außen operiert. »Höcke ist kein Nazi. Er ist einer, der getrieben ist von seiner tiefen Liebe zu seiner Heimat. Aber rhetorisch hat er sich in der Vergangenheit so verstiegen, dass ich verstehe, dass man denken kann, er habe es anders gemeint.«

In seinem »Weihnachtsbrief« als AfD-Landeschef unterstellte Armin Paul Ende 2016, dass ungenannte Kräfte darauf hinarbeiten, dass die Deutschen in einem europäischen Superstaat aufgehen – »womöglich gar im Zeichen des Halbmonds«. Er appellierte an seine Mitbürger: »Wacht auf, ihr deutschen Träumer«, und schrieb: »Wenn es eine europäische Zukunft geben wird, dann wird sie getragen durch die Reconquista

[Wiedereroberung] des Christentums.« Ich werfe ihm bei unserem Treffen vor, dass der islamfeindliche Kurs der AfD nichts anderes als verkappte Ausländerfeindlichkeit sei. Er antwortet, das eine habe mit dem anderen nichts zu tun. »Es gibt eine massive Furcht vor einem sich ausbreitenden Islam. Aber das ist kein Rassismus«, sagt Armin Paul, der in Deutschland »lieber weniger Deutsche als eine muslimische Mehrheit« haben möchte. »Die Menschen fühlen sich durch den Islam bedroht, weil er eine Bedrohung ist. Nicht durch jeden einzelnen Muslim. Aber in der Masse. Du brauchst doch nur die demografische Kurve zu sehen. Es ist nur eine Frage der Zeit, bis wir einen extrem hohen muslimischen Anteil haben. Nicht nur hier, sondern in ganz Europa.« Ich entgegne, das sei ein konstruiertes Schreckensszenario. Keine 48 Stunden später fällt mir der türkische Staatspräsident Recep Tayyip Erdoğan in den Rücken. An die Adresse seiner »Bürger und Brüder in Europa« sagt er in einer Ansprache in der Türkei: »Macht nicht drei, sondern fünf Kinder, denn ihr seid die Zukunft Europas. Ist es nicht so? Das wird die beste Antwort sein, die ihr auf die Unverschämtheiten, Feindseligkeiten und Ungerechtigkeiten, die man euch antut, geben könnt.« Auch so geht Wahlkampfhilfe für die AfD.

Armin Pauls und meine Meinung klaffen auch in der Frage auseinander, ob Deutschland ein Rassismusproblem hat. »Die große Mehrzahl der Deutschen ist nicht ausländerfeindlich«, sagt Armin Paul. Für gewaltbereit hält er nur eine marginale Minderheit, den »Bodensatz der Gesellschaft«, wie er es nennt. »Die Zahl der Leute, die bereit dazu wären, einem C4-Professor in die Fresse zu hauen, bloß weil er Ausländer ist, ist verschwindend gering.« Dass sich besonders Ausländer mit dunklerem

Teint in Deutschland bedroht fühlen, hält Armin Paul »im Großen und Ganzen« nicht für gerechtfertigt. »Ich habe kein Mal erlebt, dass jemand wegen seiner Hautfarbe angegriffen wurde. Und ich bin verdammt viel unterwegs.« Allerdings ist Armin Paul verdammt viel auf AfD-Kundgebungen unterwegs – von denen ich mich als Ausländer mit dunkler Hautfarbe fernhalten würde.

Aus meiner Sicht krankt seine Einschätzung zur Lage der Migranten ohnehin daran, dass er nicht selber betroffen ist und somit auch nicht nachempfinden kann, wie sich Menschen mit ausländischen Wurzeln in Deutschland fühlen. Armin Paul hält mich dagegen für »übersensibel« und trotz meiner türkischen Wurzeln für so deutsch, dass ich mich von der Debatte gar nicht angesprochen fühlen müsste. »Du bist einer von einer verschwindend kleinen Minderheit von vielleicht 200.000, über die sich sowieso kein Mensch einen Kopf macht«, sagt er. Ich entgegne, dass ich keine Lust habe, die Rolle des Vorzeige-Halbtürken zu spielen.

Zumindest haben wir geklärt, dass ich auch aus Armin Pauls Sicht zu Deutschland gehöre. Aber ab wann gilt das für andere meiner Art? Armin Paul erkennt die Notwendigkeit an, Türken in Deutschland zu integrieren. »Das muss geschehen. Rausschmeißen können wir sie nicht.« Er fügt schnell hinzu: »Wollen wir auch nicht.« Den Zuzug von Migranten will er aber »begrenzen beziehungsweise ganz einstellen«. Und wer sich zu Unrecht in Deutschland aufhalte oder dort straffällig werde, gehöre abgeschoben. »Ein Gast, der das Gastrecht missbraucht, ist nirgendwo in der Welt angesehen, auch nicht bei uns. Der muss gehen.« Ich frage, wann man aufhört, Gast zu sein, und wie sich das zum Beispiel im Fall meines Vaters verhält. »Erst mal war er ein Gast«, erklärt Armin Paul. »Wann hört er auf, ein Gast zu sein? Wenn er kriminell ist. Umgekehrt: In dem Augenblick, in dem du dich mit diesem Land, seinen Gesetzen, seiner Kultur, seinen Leuten mehr identifizierst als mit deinem Herkunftsland, löst sich der Gaststatus auf.« Wenn ich diese Bedingungen auf Tosuns Fall anwende, komme ich zu dem Schluss: Erst war er Gast, dann mit fortschreitender Integration nicht mehr. Heute identifiziert er sich allerdings wieder stärker mit der Türkei als mit Deutschland. Nach Hampels Definition wäre er also wieder zum Gast geworden – knapp sechzig Jahre, nachdem er nach Deutschland kam.

Nicht in Jahrzehnten, sondern in viel kürzeren Zeiträumen denkt Armin Paul, wenn es um die politische Zukunft seiner AfD geht. Nach dem Einzug in den Bundestag »möchte ich unbedingt, dass wir in die Opposition gehen. Wir müssen unser parlamentarisches Handwerk in vier Jahren lernen. Unser Ziel muss es sein, 2021 in einer Koalitionsregierung der Seniorpartner zu sein.« Ich frage verdutzt nach: Der *Seniorpartner* in einer Koalition im Bund? Ich habe richtig gehört. Ich sage meinem Gastgeber, dass ich das gerne verhindert sähe, bevor wir dann weit nach Mitternacht doch noch ins Bett gehen.

Die Diskussion zwischen uns verläuft hart, die Atmosphäre bleibt aber herzlich. Am nächsten Morgen mahlt Armin Paul frischen Kaffee, wir frühstücken zusammen. Aus der Ferne höre ich eine Detonation, für einen Moment denke ich, eine Bombe wäre explodiert. Aber wir sind nicht in Istanbul oder Kabul, sondern in der Nähe des Truppenübungsplatzes, und was ich gehört habe, ist das Wummern von Artillerie. Während wir essen, frage ich Armin Paul nach den Protesten gegen die AfD. Er beklagt, Parteimitglieder würden tätlich angegriffen. Gastwirte würden durch anonyme Anrufe unter Druck gesetzt, keine Räume an die AfD zu vermieten. Auf einen AfD-Infotisch sei Brandbeschleuniger gekippt und angezündet worden. Autos von Parteifunktionären seien in Flammen aufgegangen. »Die Antifa hatte uns von Anfang an voll in der Peilung«, sagt Armin Paul. Er nennt die Antifa »den kriminellen Mob der etablierten Parteien«. Ob er einen Beleg für eine solche Unterstützung durch diese Parteien habe? »Das unterstelle ich denen mal frech.« Ich erwähne, dass ich Gewalt ablehne, dass ich mich aber in jungen Jahren selber zur Antifa gezählt habe. Armin Paul spottet: »Der Antifa-Kanake und der Nazi sitzen friedlich zusammen am Tisch.« Wir müssen beide lachen.

Vor meiner Abreise ist Armin Paul eine Sache noch sehr wichtig. Er erinnert sich an die Mail, in der ich über Tosuns Angst vor der AfD geschrieben habe. In unseren Gesprächen habe ich ihm außerdem erzählt, dass sich mein Vater wegen der dort verbreiteten Fremdenfeindlichkeit nicht nach Ostdeutschland traut. »Bitte richte deinem Papa aus: Solange ich in der AfD etwas zu sagen habe, wird er sich egal wo in Deutschland keine Sorgen machen müssen.«

Bevor ich Armin Paul besuchen kam, hatte er am Telefon gescherzt, er werde mich in unseren Gesprächen vor seinem Kamin schon von der AfD überzeugen. Als er mich nun mit einer Umarmung verabschiedet, sage ich ihm: »Damit hast du ja sowieso nie wirklich gerechnet.« Wovon Armin Paul mich ebenfalls nicht hat überzeugen können: dass Tosuns Angst vor der AfD unbegründet wäre.

Auf eine andere Frage, die ich mit auf diese Reise genommen habe, habe ich dafür eine Antwort gefunden. Armin Paul ist weiterhin ein Freund. Ein persönlicher, kein politischer Freund.

Als ich wieder in Istanbul angekommen bin, schickt er mir eine Mail hinterher. Er schreibt:

> Moin, I. WO (…) Unser Wiedersehen hat uns allen viel Freude bereitet. Im Hause Hampel bist Du immer herzlich willkommen; selbst wenn Du die Staatsangehörigkeit von Fidschi annehmen solltest.
> Liebe Grüße
> Dein KaLeu

11   »BMW-MURAT UND KICKBOX-HASSAN«

Auf meinem Rückweg von Armin Paul habe ich einen Zwischenstopp in Hamburg eingeplant, bevor ich nach Istanbul fliege. Ich parke vor dem Restaurant *Schweinske* in der Nähe des Stadtparks. In dem Lokal tragen Schnitzelgerichte Namen wie »Aloha-Schwein«, wer den Kinderteller für 3,50 Euro bestellen möchte, bittet die freundliche Bedienung um eine »Miss Piggy«. Kaffee gibt es wochentags bis 12 Uhr zum Sonderpreis. Als ich in der Frühlingssonne vor dem Restaurant auf meinen Gesprächspartner warte und die Speisekarte im Aushang überfliege, kommt eine junge Frau mit Leggins, tiefem Ausschnitt und pechschwarzen Haaren aus der Tür geschossen. Mühelos und ohne nachzudenken wechselt sie am Handy zwischen Arabisch und Deutsch, während sie in unüberhörbarer Lautstärke zu versuchen scheint, einer beratungsresistenten Freundin in deren Beziehungskrise beizustehen (»Ey, dann verlass ihn halt!«).

Verabredet bin ich mit Fatih Sarıkaya, der in der Nähe des Restaurants arbeitet. Der 39-Jährige hat dunkle Haare, die auf dem Rückmarsch sind und eine Halbglatze freigeben. Braune Augen, südlicher Teint, ein Bartschatten umspielt das freundliche Lächeln. Sarıkaya ist Sohn türkischer Gastarbeiter, wurde in Hamburg geboren und hat sein ganzes Leben in der Hansestadt verbracht. Heute ist er Polizist, bekennender Freimaurer und nach eigenem Bekenntnis großer Fan der schwedischen Kronprinzessin Victoria. Außerdem ist Fatih Sarıkaya AfD-Funktionär.

Als Beleg dafür, dass die AfD nicht ausländerfeindlich sei, hatte Armin Paul deren türkischstämmige Mitglieder angeführt. Türkischstämmige Deutsche, die sich in der AfD engagieren? Das erschien mir so absurd, dass ich Armin Paul bat, ob er nicht ein Treffen mit einem Angehörigen dieser seltenen Spezies arrangieren könne.

Sarıkayas Vater war Schweißer bei der Werft Blohm & Voss, die Mutter Hausfrau. Die Eltern haben nur bruchstückhaft Deutsch gelernt, »die konnten gerade einmal den Alltag meistern«, sagt der Sohn bei unserem Treffen. Zu Hause sei früher *Köln Radyosu* gelaufen, die türkische Sendung im *Funkhaus Europa* des WDR. Als TRT in Deutschland empfangen werden konnte, sei das türkische Staatsfernsehen zur alleinigen Informationsquelle geworden. TRT ist schon immer die Stimme der jeweiligen Regierung in Ankara gewesen. Regierungsnahe türkische Medien standen zudem noch nie im Ruf, auf Auslandstürken besonders integrationsfördernd einzuwirken. Die Eltern sind längst zurückgekehrt nach Ankara, die Schwester wohnt in Istanbul. Fatih und seine drei Brüder sind noch in Hamburg.

Fatih Sarıkayas Eltern versuchten, ihre Kinder zu gläubigen Türken zu erziehen. In seinem Fall haben sie auf ganzer Linie versagt. »Ich musste die Koranschule besuchen, ich musste beten, ich musste fasten«, sagt er. »Aber ich habe mich nicht eine Sekunde lang identifizieren können mit diesem Islam. Deswegen war ich immer das schwarze Schaf in der Familie.« Sarıkaya teilt meine These nicht, dass die islamkritische Haltung der AfD nur als Vorwand dient, um Ausländerfeindlichkeit zu kaschieren. »Eine Islamisierung in Deutschland findet wirklich statt, und das ist ein schleichender Prozess. Ich möchte das nicht. Da muss man mit harten Worten drauf hinweisen.«

Sarıkaya erzählt, wie ihm seine Lehrer in der Koranschule eine Weltkarte gezeigt hätten, auf der muslimische Länder grün markiert gewesen seien. Dann eine Karte, die die Welt der Zukunft zeigen sollte – und auf der alle Staaten grün eingefärbt gewesen seien. »Das freundliche Gesicht der Muslimverbände ist nur Kalkül«, sagt er. »Gleichzeitig ziehen Salafisten von Moschee zu Moschee. Die haben damals auch mich angesprochen.« Sarıkaya sagt, über die Glaubensfrage habe er mit seiner türkischen Herkunftsfamilie gebrochen – die ihm außerdem nie verziehen habe, dass er eine polnischstämmige Katholikin geheiratet habe. Auch seine Ehefrau ist deutsche Staatsbürgerin, auch sie arbeitet bei der Hamburger Polizei.

Im Alter von 16 Jahren entschied sich Sarıkaya für die deutsche Staatsbürgerschaft. »Die Entscheidung ist mir leichtgefallen«, sagt er. »Ich konnte mit der türkischen Sprache, mit der Kultur überhaupt nichts anfangen. Ich habe mich gefühlt wie ein Deutscher, der im Körper eines Türken geboren wurde.« Schon als Kind habe er Polizist werden wollen. »Ich will für Ruhe und Ordnung sorgen. Da bin ich so richtig ein deutscher Spießer.« Eine klare Ordnung, die Einhaltung von Regeln und Gesetzen – der *Law and Order*-Ansatz der AfD hat die Partei für den Polizisten attraktiv gemacht. Für Sarıkaya ist beispielsweise unverständlich, dass die Bundesregierung in der Flüchtlingskrise die Grenzen öffnete und das Schengen-Abkommen aussetzte. »Wenn ich sehe, wie Merkel Gesetze und Verträge bricht, dann läuft es mir eiskalt den Rücken runter«, sagt er. »Wie soll ich einem dieser sogenannten Reichsbürger klarmachen, dass er sich an die Gesetze zu halten hat, wenn es nicht einmal die Kanzlerin selber tut?«

Sarıkaya ist nicht der Typ Mensch, der unüberlegt handelt, auch mit seiner AfD-Mitgliedschaft ließ er sich Zeit. »Als die

AfD 2013 aufkam, wirkte das auf mich erfrischend in der politischen Landschaft. Rot, schwarz, grün, blau – die waren alle einer Meinung. Ich fand den Mut der AfD beeindruckend«, erinnert er sich. »Ich war schon immer politisch interessiert. Ich habe dann ein Jahr gewartet, aber mir kam das alles vernünftig vor, was die AfD sagte, und es war unbequem. Anfang 2014 wurde ich ohne Probleme aufgenommen. Damals war Herr Lucke noch der Oberindianer, und der war in Winsen wohnhaft.« In Winsen an der Luhe vor den Toren Hamburgs lebt nicht nur der neoliberale Wirtschaftswissenschaftler Bernd Lucke, der 2015 als Parteichef geschasst wurde, sondern auch Sarıkaya mit seiner Familie. Im Juli 2014 wurde Sarıkaya Vorsitzender des neu gegründeten Stadtverbandes in Winsen. Bei den Kommunalwahlen in Niedersachsen im September 2016 zogen vier AfD-Abgeordnete in den Stadtrat ein, Sarıkaya wurde Fraktionsvorsitzender. Außerdem wurde er Mitglied der Kreistagsfraktion im Landkreis Harburg.

»Dass ein paar Rechte bei der AfD dabei sind, wusste ich schon vorher«, sagt Sarıkaya. »Das hat es mir nicht schwer gemacht. In anderen Parteien gibt es dafür Linksextreme.« Der 39-Jährige nennt sich selber patriotisch. »Ich fühle mich verpflichtet, diesem Land zu dienen. Ich habe darauf einen Eid geschworen.« Dass er sich selber als Deutscher sieht, heißt allerdings nicht, dass alle Deutschen es ihm gleichtun.

Rassismus kennt Sarıkaya gut, auch unter seinen eigenen Kollegen. »Innerhalb der Polizei bin ich Scheißtürke und Kanake genannt worden. Auch Ziegenficker kannte ich schon viele Jahre vor Böhmermann.« Der Satiriker Jan Böhmermann sorgte mit seinem Schmähgedicht über Präsident Recep Tayyip Erdoğan im Frühjahr 2016 dafür, dass die Beschimpfung von

Türken und Muslimen als »Ziegenficker« in rechten Kreisen Verbreitung fand.

Sarıkaya zeigte bis zu einem gewissen Punkt sogar Verständnis für die rassistische Haltung von Kollegen. »Das war dem geschuldet, was Polizisten auf der Straße erleben. Bei den Kollegen blieb hängen, dass sie von Türken auf der Straße als Nazis beschimpft werden, als Scheißbullen. Danach ließen sie bei mir ihren Dampf ab. Ich habe das einige Zeit ertragen, dann habe ich gesagt, jetzt reicht's. Es hat sich irgendwann beruhigt. Beziehungsweise es ging mit der AfD weiter.«

Ich frage Sarıkaya, wie er das meint. »Erst gab es die Kanaken-Beschimpfungen. Als ich dann bei der AfD war, hat die Polizeiführung versucht, mich deswegen fertigzumachen.« Sarıkaya ist kein Beamter, sondern angestellter Polizist. Er sah sich »fadenscheinigen Vorwürfen« wie Arbeitszeitbetrug ausgesetzt, sechsmal wurde er abgemahnt, schließlich wurde ihm fristlos gekündigt. Sarıkaya zog vor das Arbeitsgericht und gewann, die Abmahnungen mussten getilgt werden, die Kündigung wurde für unwirksam erklärt. Die linke *tageszeitung* berichtete im Dezember 2015 über Sarıkayas juristischen Sieg unter der Überschrift: »Keiner, der mit den Wölfen heult«[86]. Die *taz* thematisiert in ihrem Artikel Mobbing wegen Sarıkayas türkischer Herkunft, nicht aber dessen AfD-Engagement. Der Kommunalpolitiker ist dennoch überzeugt davon, dass ihn die Polizeiführung deswegen loswerden wollte. »Das hat aber nicht geklappt, sondern mich nur bestärkt«, sagt er. Ironisch fügt er hinzu: »Ich habe mich als Scheißtürke beschimpfen lassen und als Scheißbulle, jetzt bin ich wegen der AfD der Kanaken-Nazi. Das ist für mich das Zeichen, dass ich endgültig in Deutschland angekommen bin.«

Ob er sich politisch rechts beschreiben würde? Sarıkaya denkt eine Zeit lang nach, bevor er antwortet. »Jein«, sagt er schließlich. »Ich würde mich gerne als deutschfreundlich verorten.« Ich erzähle Sarıkaya von Tosun, der sich in Deutschland nicht akzeptiert sieht, und erwähne eine Studie der Universität Münster, wonach sich mehr als die Hälfte der Türken in der Bundesrepublik… »als Menschen zweiter Klasse fühlen«, vollendet Sarıkaya meinen Satz. »Ich kenne solche Aussagen. Aber es kann doch nicht sein, dass ich mich als Türke hinstelle und sage, ich werde nicht integriert. Dann muss ich mich halt anstrengen. Uns stehen hier in Deutschland doch alle Wege offen. Wir haben Bildung, wir haben Schulen. Ich habe mehr Zeit in der Bücherei verbracht als irgendwo sonst. Ich habe kein Verständnis dafür, wenn türkische Jugendliche sagen, sie werden schlecht behandelt.« Er kritisiert, junge Türken bedienten willentlich die Klischees, die dafür sorgten, dass sie benachteiligt würden. »Es gibt sie halt, die BMW-Murats und die Kickbox-Hassans«, sagt Sarıkaya. »Dass das Image der Türken negativ belastet ist, daran sind sie auch selber schuld. Wenn ich das Image doch kenne, dann gehe ich eben nicht mit Bomberjacke und Goldkette zum Vorstellungsgespräch, wo dann im Kopf das Bild entsteht: Ist das Murat? Der fährt bestimmt 'nen 3er-BMW. Wenn ich weiß, welche Regeln ich beachten muss, dann halte ich mich eben fern von Türkenboy-Gangs.«

Beispiele führt Sarıkaya aus seiner eigenen Herkunftsfamilie an. »Meine Geschwister rennen Erdoğan hinterher und dackeln jeden Freitag in die Moschee. Meine Schwägerinnen tragen Kopftuch. Da hat die Integration nicht funktioniert«, sagt er. Einer der Brüder sei lange arbeitslos gewesen, obwohl er arbeiten hätte können, und habe den Sozialkassen damit auf der Tasche gelegen. »Ich habe ihm gesagt: Ihr könnt nicht Rechtschaffenheit predigen und Islam blöken und dann den Staat bescheißen, der euch Freiheiten gibt.« Heute arbeiteten seine beiden älteren Brüder zwar, aber: »Sie machen Baustellenabsicherung. Das ist ihre ganze Karriere. Und beide haben mal einen Dönerladen aufgemacht und dann wieder zugemacht. Also alle Klischees erfüllt.«

Sarıkayas eigene Kinder – durch deren Adern türkisches und polnisches Blut fließt – sollen als Deutsche aufwachsen. Den Sohn hat er David genannt, nach König David, dem Namensgeber mehrerer Freimaurer-Logen. Sarıkaya selber ist Freimaurer-Geselle. Die Tochter heißt Victoria, benannt nach der schwedischen Kronprinzessin, »die ich einfach toll finde«. Daran, seinen Kindern türkische Namen zu geben, habe er nicht einen Moment lang gedacht, sagt der Vater. »Sie sind beide blond, und ich bin sehr froh darüber, dass sie deutsch aussehen. Ich möchte nicht, dass sie irgendwann Probleme bekommen wegen ihrer Herkunft. Ich möchte nicht, dass sie schon von Weitem erkennbar sind als potenzielle Bürger zweiter Klasse.« Also laufen Türken doch Gefahr, als Bürger zweiter Klasse benachteiligt zu werden? Das schon, räumt Sarıkaya ein – er sieht die Hauptverantwortung dafür aber nicht bei den Deutschen, sondern bei den Türken selber.

Während ich Türken zwar nicht freisprechen will von der Verantwortung dafür, dass ihre Integration oftmals scheitert, so sehe ich doch einen großen Teil des Problems bei der deutschen Gesellschaft – die nach meiner Überzeugung mit ihrer Ausgrenzung dazu beiträgt, dass aus jungen Türken die von Sarıkaya beschworenen »BMW-Murats« und »Kickbox-Hassans« werden. Sarıkaya schätzt das anders ein als ich. »Ich würde zu

80 Prozent sagen, dass Deutschland kein Rassismusproblem hat, sondern dass die Migranten ein Anpassungsproblem haben«, sagt er. »Der Ball liegt bei den Migranten.«

Sarıkayas These, dass Teile der Türken die Integration der türkischstämmigen Bevölkerung in Deutschland insgesamt unterminieren, bringt mich zwar zum Nachdenken. Als Kronzeuge dafür, dass die AfD ungefährlich ist, taugt Sarıkaya aber trotzdem nicht: Ihm selber bereitet der Kurs seiner Partei wachsende Sorgen. Er habe in seinem unmittelbaren AfD-Umfeld zwar »keine extremistischen Auswüchse« erlebt, und er halte sich auch nicht für einen »Quotentürken« in der Partei. Er sieht in der AfD aber Kräfte an Einfluss gewinnen, »die sich ein Deutschland wie zwischen '33 und '45 wünschen und die auch eine entsprechende Wortwahl verwenden«, sagt er. »Klar fühlen sich dann die Leute angesprochen, die auch so denken. Klar ist das Kalkül. Und da mache ich mir sehr intensiv Gedanken drüber.«

Aufgeben will Sarıkaya dennoch nicht, zumindest noch nicht, sagt er bei unserem Treffen. »Ich stehe nach wie vor hinter der AfD, und ich will andere Migranten animieren mitzumachen. Damit ein Gegengewicht entsteht und damit sich die Gaulands und Höckes mit Leuten wie uns auseinandersetzen müssen.« Seiner Ehefrau hat er aber versprochen: »Sobald es mir zu bunt wird – zu braun, besser gesagt –, werde ich der Partei den Rücken kehren. Dann ist das Projekt AfD halt gescheitert.«

Nach unserem Treffen höre ich lange nichts von Sarıkaya. Dann, knapp ein halbes Jahr später, bekomme ich eine E-Mail von ihm. Er wolle mir nur mitteilen, schreibt er, dass er sich nach reiflichen Überlegungen dazu entschlossen habe, die AfD zu verlassen.

TEIL 3
ENTFREMDUNG

EXKURS: INTEGRATION, ASSIMILATION, LEITKULTUR?

Ab wann akzeptiert die deutsche Mehrheitsgesellschaft Zugewanderte als Deutsche? Ab wann ist man integriert in diese Gesellschaft? Die Journalistin und ZDF-Moderatorin Dunja Hayali wird regelmäßig wegen ihrer Herkunft angefeindet, und mit Herkunft meinen die Hetzer nicht die Stadt Datteln in Nordrhein-Westfalen, wo die Tochter irakischer Einwanderer geboren wurde. Hayali schrieb im Juni 2017 auf Facebook: »Ich bin deutsche Staatsbürgerin. Ich habe einen deutschen Pass. […] Aber was heißt denn überhaupt ›deutsch‹? Dass ich eine Kuckucksuhr an der Wand hängen habe? Dass ich Disziplin nicht nur zu buchstabieren, sondern auch zu leben weiß? Dass ich alle Strophen vom ›Jäger aus Kurpfalz‹ singen kann? Seit 250 Jahren versuchen nun schon Gelehrte und Ungelehrte, das ›Deutschsein‹ irgendwie zu fassen. Niemandem ist es wirklich gelungen.«

Ähnlich schwammig wird der Begriff Integration in der Debatte um Zuwanderer verwendet. Mein Vater definiert diesen Begriff für sich so: »Integration bedeutet meines Erachtens, dass man die Gesetze respektiert und dass man die Pflichten erfüllt, die daraus entstehen, dass man in Deutschland lebt, dass man also beispielsweise Steuern zahlt. Die Sprache zu können gehört ganz sicher auch dazu. Es geht aber nicht so weit, dass man unbedingt Schweinebraten essen muss.«

Den Verzehr von Schweinebraten machte auch Bundesinnenminister Thomas de Maizière nicht zur Bedingung. Er ging in seinen Forderungen aber trotzdem weiter als Tosun. Im April

2017 veröffentlichte der Minister in der *Bild am Sonntag* einen Gastbeitrag, der die fast vergessene Debatte über eine deutsche »Leitkultur« wieder anheizte. Der Text trug die populistische Überschrift »Wir sind nicht Burka«, was an der Realität vorbeizielte: Die einzige Burka, die ich in Deutschland jemals gesehen habe, war die, die ich meiner Ehefrau Cordula von einer Afghanistan-Reise mitbrachte und die danach an Fasching zum Einsatz kam. Der Vorsitzende des Zentralrats der Muslime in Deutschland, Aiman Mazyek, kritisierte im August 2016 im Sender RBB eine »Burkaisierung der Innenpolitik«[87]. Mazyek bot eine Wette an: »Einen Kasten Ayran, dass niemand hier in Deutschland mehr als fünf Burka-Trägerinnen insgesamt auffindet.«

De Maizière zählte die Achtung der Menschenwürde, der Verfassung und der Demokratie zu jenen Werten, die in allen westlichen Staaten gelten, weswegen er darüber hinaus zehn Thesen postulierte, die aus seiner Sicht das spezifisch Deutsche an seiner Leitkultur ausmachen. Darunter sind unstrittige Punkte wie die, dass Allgemeinbildung einen Wert an sich hat und dass Deutschland eine Kulturnation ist. Schon bei dem Satz, dass »unsere Nationalfahne und unsere Nationalhymne (…) selbstverständlicher Teil unseres Patriotismus« sind, dürften sich allerdings einige Deutsche aus dem linken Lager nicht angesprochen fühlen. De Maizière zählte sogar das Händeschütteln zur deutschen Leitkultur, und zwar als Teil seiner allerersten These zu sozialen Gewohnheiten, auf die die Deutschen angeblich Wert legten: »Wir geben uns zur Begrüßung die Hand.« Der Minister orakelte: »Was aber geschieht nun mit denjenigen, die zu uns gekommen sind, die hier eine Bleibeperspektive haben, die dennoch aber eine solche Leitkultur weder kennen, vielleicht nicht kennen wollen oder gar ablehnen? Bei denen wird die Integration wohl kaum gelingen.«

Ich habe meine Zweifel daran, ob Händeschütteln wirklich eine Voraussetzung für Integration ist. Erfolgsversprechender erscheint mir der Ansatz der *interkulturellen Integration*, die der Sozial- und Kulturwissenschaftler Prof. Horst Pöttker so beschreibt:

> Unter Integration sollte dabei nicht notwendig Assimilation im Sinne kultureller Homogenität verstanden werden, sondern ein Zusammenhalt der Gesellschaft dadurch, dass ihre Mitglieder sich über die Gültigkeit allgemeiner Werte (wie Menschenrechte, Verfassungsgrundsätze) einig sind, sich wechselseitig respektieren und über alle wichtigen Fragen verständigen, wobei Unterschiede in Bezug auf Religion, Sitten, Dialekte usw. erhalten bleiben können. Denn in Kindheit und Jugend erworbene kulturelle Identität lässt sich nicht austauschen, sondern allenfalls ergänzen und modifizieren.[88]

Der Soziologie-Professor Rainer Geißler berichtet, dass das Konzept der interkulturellen Integration im Einwanderungsland Kanada seit vier Jahrzehnten erfolgreich praktiziert werde. In seinem Buch *Die Sozialstruktur Deutschlands*[89] nennt Geißler drei (hier verkürzt wiedergegebene) Grundprinzipien, die nach seiner Auffassung auch für die Bewältigung der Integrationsprobleme in Deutschland richtungsweisend sein könnten:

1. Die Bevölkerungsmehrheit und die eingewanderten Minderheiten leben miteinander, nicht nebeneinander her. Das setzt eine gemeinsame Sprache ebenso voraus wie die Akzeptanz von

Gesetzen und Werten. Gleichzeitig werden soziale und kulturelle Besonderheiten respektiert. Geißler spricht von einem »Zusammenleben mit Unterschieden nach dem Prinzip von Einheit in Verschiedenheit (unity within diversity)«.

2. Migranten erhalten die gleichen Chancen auf Bildung und auf Jobs. Auch bei der Teilnahme am gesellschaftlichen, politischen und kulturellen Leben werden sie nicht benachteiligt.

3. Migration und Integration werden gesellschaftlich akzeptiert. Dazu gehört nach Ansicht des Soziologen die Erkenntnis, dass (gesteuerte) Einwanderung ebenso nützlich wie notwendig ist und dass interkulturelle Integration »aktiv gemanagt« werden muss. »Sie bedarf erheblicher politischer und gesellschaftlicher Anstrengungen vonseiten der Aufnahmegesellschaft (…), aber genauso wichtig sind die integrativen Anstrengungen der Migranten und ihrer Organisationen selbst.«

Kulturelle und soziale Besonderheiten von Minderheiten werden zumindest von Teilen der deutschen Mehrheitsgesellschaft nur widerwillig akzeptiert, und bis zur Chancengleichheit für Migranten ist es noch ein weiter Weg. Die Einsicht, dass Migration nützlich und erforderlich ist, hat sich in Deutschland ebenfalls noch nicht flächendeckend durchgesetzt. Politische Anstrengungen zur Integration sind über Jahrzehnte hinweg verschlafen worden, zugleich mangelte es viel zu lange an integrativen Anstrengungen vieler Migranten. Von interkultureller Integration ist Deutschland also weit entfernt.

Ich habe allerdings ohnehin den Verdacht, dass die meisten Deutschen nicht wirklich Integration meinen, wenn sie selbige einfordern. Die Bundesausländerbeauftragte definiert Integration dahingehend, »dass kulturell und anderweitig verschiedene Personen und Gruppen einer Gesellschaft gleichberechtigt zusammenleben«. Ich glaube, dass der damalige türkische Ministerpräsident und heutige Staatschef Recep Tayyip Erdoğan nicht ganz unrecht hatte, als er den Deutschen bei einer Rede im Februar 2008 implizit unterstellte, dass es ihnen eigentlich um etwas anderes gehe: nämlich um Assimilation, also um eine vollständige Anpassung an die Mehrheitsgesellschaft, was qua Definition die Aufgabe der Religion und der Gebräuche aus dem Ursprungsland beinhaltet. Erdoğan schoss zwar übers Ziel hinaus, als er in seiner Ansprache vor mehr als 15.000 Landsleuten in Köln sagte: »Assimilation ist ein Verbrechen gegen die Menschlichkeit. (…) Man kann von euch nicht erwarten, euch zu assimilieren.« Dennoch war der Sturm der Entrüstung in Deutschland bezeichnend, der seinen Worten folgte: Obwohl Erdoğan seine Landsleute in der gleichen Rede ausdrücklich dazu aufrief, Deutsch zu lernen, Kindern die bestmögliche Schulbildung zukommen zu lassen und sich als Teil Deutschlands zu begreifen, wurde ihm vorgeworfen, er stelle sich gegen die Integration der Türken. Wie so oft wurden die beiden Begriffe Integration und Assimilation durcheinandergeworfen, obwohl sie für die Betroffenen einen himmelweiten Unterschied machen. Drei Jahre später stellte Erdoğan bei einer Ansprache in Düsseldorf klar: »Ich sage Ja zur Integration. Ihr sollt euch natürlich in die deutsche Gesellschaft integrieren. Aber ich sage Nein zu Assimilation. (…) Niemand wird in der Lage sein, uns von unserer Kultur loszureißen. Unsere Kinder müssen Deutsch lernen, aber sie müssen erst Türkisch lernen.« (Ich bin allerdings überzeugt davon, dass das für die Integration der türkischen Kinder die falsche Reihenfolge ist.)

Erdoğan und Bundeskanzlerin Angela Merkel erklärten die Debatte über Assimilation bei einem Treffen im Februar 2014 in Berlin für beendet. »Wir haben uns jetzt ausgetauscht, dass es niemanden gibt, der so etwas möchte«, sagte Merkel. Ziel der Bundesregierung ist offiziell die Integration von Zuwanderern, auch wenn manche Leitkultur-These de Maizières eher den Geist von Assimilation zu atmen scheint. In der Bevölkerung wird dieser feine Unterschied aber sowieso kaum gemacht. Spätestens am Stammtisch ist nicht die Rede davon, dass Zuwanderer das Recht haben sollten, ihre kulturellen Besonderheiten zu bewahren, solange sie sich an die Spielregeln in Deutschland halten – sondern davon, dass »die Ausländer« sich gefälligst anzupassen haben.

Assimilation hat aus Sicht der Mehrheitsgesellschaft den angenehmen Effekt, dass sich die Minderheit und die mit ihr verbundenen Schwierigkeiten einfach auflösen. Ein Beispiel dafür, dass das funktionieren kann, sind die Polen, die im 19. Jahrhundert im Zuge der Industrialisierung nach Deutschland kamen. Mein Freund und Kollege Mike Szymanski, bis zum Herbst 2017 Korrespondent der *Süddeutschen Zeitung* in Istanbul, ist Nachfahre eines solchen Einwanderers. Mikes Urgroßvater kam um das Jahr 1900 herum aus der Region Posen nach Deutschland und heuerte bei der Bremer Wollkämmerei an. Dass Mikes Nachname vielen Deutschen geläufig ist, ist dem Duisburger Tatort-Kommissar Horst Schimanski zu verdanken. Ein deutscher Name ist Szymanski dennoch nicht, erst recht nicht in dieser Schreibweise. In Mikes Leben hat das aber überhaupt keine Rolle gespielt. »Der Name ist völlig akzeptiert. Dass jemand komisch geguckt hätte oder so, das hat es nie gegeben«, sagt er. »Manchmal kommt die Frage, woher der Name stammt. Aber kein einziges Mal wurde deshalb mein Deutschsein angezweifelt.« Auch für seine Deutschkenntnisse ist Mike nie gelobt worden. Mike kann genauso wenig Polnisch wie sein Vater, auch polnische Bräuche haben in seiner Familie nie eine Rolle gespielt. Mike hatte zudem nie das Gefühl, dass sein Nachname ihn stigmatisieren würde, dass er deswegen anders sein könnte als andere Deutsche. »Das ist einfach ein Nachname, der für andere kompliziert zu schreiben ist und den ich buchstabieren muss, aber das war's dann auch. Der Name ist weder in der Schule noch in meiner sonstigen Laufbahn jemals ein Problem gewesen.« Bis auf den Nachnamen hat Mikes Familie mit Polen rein gar nichts mehr zu tun.

Anders als bei den Polen aus dem vorvergangenen Jahrhundert wird sich unter den Türken in Deutschland allerdings nur eine Minderheit assimilieren. Zum einen standen die polnischen Einwanderer den Deutschen kulturell von vornherein viel näher, als es die türkischen Gastarbeiter jemals getan haben. Viel gewichtiger noch ist aber der Aspekt der Religion. Die Migranten aus Polen waren Christen, ebenso wie die Deutschen, da gab es keine Anpassungsschwierigkeiten. Türken sind dagegen in der Regel sunnitische Muslime, und für die meisten von ihnen wäre es undenkbar, dass sie oder ihre Nachfahren ihre Religion ablegen könnten. Hinzu kommt: Während die Mehrheitsgesellschaft die Assimilation der Zuwanderer aus Polen zugelassen hat, tut sie sich selbst mit solchen Türken schwer, die sich gerne assimilieren würden. Wer sich bei einem deutschen Gesprächspartner als Herr Szymanski vorstellt, wird problemlos als Landsmann akzeptiert. Ein Herr Balıkçıoğlu hat da viel schlechtere Karten – egal, wie deutsch er ist.

Tosun war eigentlich auf dem besten Weg zur Assimilation. Er hatte in Deutschland studiert und war darüber zum Atheisten geworden, eine Religion stand ihm also nicht im Weg. Er gründete eine deutsche Familie, arbeitete in einer deutschen Firma, besaß ein Haus in Deutschland und nahm die deutsche Staatsbürgerschaft an. »Ich habe sogar auf Deutsch geträumt, zu meiner eigenen Überraschung«, sagt er rückblickend. Als gleichwertig akzeptiert fühlte er sich hierzulande trotzdem nie.

Mit diesem Gefühl der Zurückweisung ist Tosun nicht alleine. In einer 2016 veröffentlichten repräsentativen Erhebung im Auftrag der Universität Münster unter türkischstämmigen Bürgern in Deutschland[90] stimmten insgesamt 54 Prozent der Befragten der Aussage zu: »Egal, wie sehr ich mich anstrenge, ich werde nicht als Teil der deutschen Gesellschaft anerkannt.« Zwar nahm dieser Wert von der ersten Generation (65 Prozent) zur zweiten beziehungsweise dritten Generation deutlich ab. Dennoch sagen auch von diesen immerhin in Deutschland aufgewachsenen Nachfahren der Gastarbeiter noch 43 Prozent, dass ihre Bemühungen um gesellschaftliche Anerkennung fruchtlos blieben. Als »Bürger zweiter Klasse« fühlen sich insgesamt 51 Prozent der Befragten. Auch hier nimmt der Wert von der ersten Generation (64 Prozent) zu den Nachfolgegenerationen (38 Prozent) stark ab, er ist mit deutlich über einem Drittel aber immer noch auf einem hohen Niveau.

Die Studie wartet auch mit erstaunlich positiven Befunden auf: zum Beispiel bei der Frage nach der empfundenen Verteilungsgerechtigkeit, also danach, ob allgemeine Güter und Lasten durch den Staat fair verteilt werden. 49 Prozent der türkischstämmigen Bürger sind der Meinung, dass sie im Vergleich dazu, wie andere Menschen in Deutschland leben, »ihren gerechten Anteil« oder sogar noch mehr als diesen Anteil erhalten. Das entspricht in etwa den Werten der Gesamtbevölkerung in Westdeutschland und liegt deutlich über denen im Osten der

Republik. Die Autoren der Studie kommen zu dem Schluss: »Die Probleme der Integration scheinen also nicht nur auf der strukturellen Ebene zu liegen (Bildung, Einbeziehung in den Arbeitsmarkt). Mindestens ebenso bedeutsam sind die Probleme auf der Anerkennungsebene, also auf der Ebene der Einstellungen und der Kommunikation.«

Auch Tosun sagt: »Mich hat immer beschäftigt, warum ich mich nicht integrieren konnte. Es ist ja nicht so, dass ich jeden Tag auf der Straße beleidigt worden wäre. Aber ich glaube, dass der Mensch auch eine geistige Heimat benötigt, um sich integrieren zu können. Die kannst du aber nur finden, wenn du auch ein Zugehörigkeitsgefühl hast. Es reicht nicht, die Sprache zu lernen und die Lebensart zu übernehmen. Ein Zugehörigkeitsgefühl kann sich nicht entwickeln, wenn du zu spüren bekommst, dass du nicht willkommen bist. Und das ist das Schlimme: sich unerwünscht zu fühlen und zu merken, dass man nicht dazugehört. Viele Türken haben das Gefühl, dass die Deutschen sie nicht integrieren wollen. Man spürt, dass die Türken nicht nur nicht gemocht werden, sondern dass sie insgeheim als minderwertig betrachtet werden. Was natürlich sehr verletzend ist.«

Ein weiteres Fazit der Studie aus Münster: »Obwohl die Angehörigen der zweiten und dritten Generation, also der in Deutschland Geborenen und als Kind Zugewanderten, besser integriert sind als die Angehörigen der ersten Generation, die erst als Erwachsene nach Deutschland gekommen sind, legen sie weniger als diese Wert auf eine Anpassung an die deutsche Kultur und mehr Wert darauf, selbstbewusst zu ihrer eigenen Kultur zu stehen.« Die Voraussetzungen für eine Assimilation – also dafür, dass sich die Probleme mit den Türken in Deutschland in Luft auflösen – werden also eher schlechter als besser.

1 RÜCKKEHR IN DIE TÜRKEI

Nach dem Ende von Tosuns Berufsleben in Deutschland im Jahr 1996 erfüllten er und Maria sich einen Traum; genau genommen handelte es sich um eine Kombination aus zwei Träumen: »Maria wollte gerne ein Hotel betreiben, und ich wollte gerne in die Türkei«, sagt mein Vater. Yalıkavak auf der südwesttürkischen Bodrum-Halbinsel war damals noch ein kleines Fischerdorf, heute haben Luxusjachten die meisten Fischerboote verdrängt. Meine Eltern kauften am Rande des Ortes ein Grundstück auf einem Hügel, das einen traumhaften Blick über die tiefblaue Ägäis bis zu den griechischen Inseln vor der Küste bot. Sie gründeten eine Firma und bauten ein kleines Hotel.

Das *Lavanta Hotel* bestand aus nur acht Zimmern, in drei separaten Häusern von Freunden meiner Eltern auf dem Areal waren noch einige Ferienwohnungen untergebracht. Lavanta ist das türkische Wort für Lavendel, der in den großzügigen Gärten rund um den großen Swimming-Pool wuchs und dort seinen betörenden Duft verstreute. Maria und Tosun haben ein Faible für alte Möbel und andere Antiquitäten, von denen sich bei ihren vielen Reisen eine veritable Menge angesammelt hatte. Die vielen Vasen, Beistelltischchen, Teppiche und Bilder fanden in *Lavanta* ein neues Zuhause. Mit ihren Mitbringseln aus der halben Welt richteten meine Eltern jedes der Zimmer in dem kleinen Hotel anders ein.

Ahnung davon, wie man ein Hotel aus dem Boden stampft, hatten sie allerdings nicht. Der Bau der insgesamt sechs Gebäude – das Hotel selber, die drei Häuser mit Ferienwohnungen, ihr eigenes Haus und ein Gebäude für Personal – stellte meine Eltern vor ungeahnte Herausforderungen.

»Wir haben völlig naiv einen Architekten ausgewählt, weil er angeblich in Deutschland studiert hatte«, sagt Tosun. »Er war ein sehr schlechter Architekt. Auch, weil er eigentlich nie kam, nachdem er kassiert hatte.«

Maria und Tosun hatten keine Ahnung von Architektur, was sie aber nicht davon abhielt, die Dinge in die eigene Hand zu nehmen. »Wir hatten die tolle Idee, dass wir jetzt *Architecture on the Spot* machen«, sagt Tosun. »So schön das klingt: Das war eine sehr teure Vorgehensweise und ist oft schiefgegangen. Was uns gestört hat, haben wir zwar geändert. Dabei gingen dann aber oft andere Sachen kaputt.«

Teuer zu stehen kam Maria und Tosun auch, dass sie sich eher von ästhetischen als von praktischen Erwägungen leiten ließen. So wollten sie beispielsweise Fenster und Türen mit Rundbögen einbauen lassen, die die Handwerker ihnen zwar in die Außenwände mauerten. »Wir merkten dann aber, dass die Bögen keiner Norm, keiner mathematischen Formel entsprachen«, sagt Tosun. »Wir konnten also keine vorgefertigten Fensterrahmen bestellen. Der Schreiner musste jeden Rahmen einzeln anfertigen.« Anders als heute waren die Geschäfte in Yalıkavak damals zwar auf Fischereibedarf, nicht aber auf die Ausstattung von Hotels ausgelegt. »Wir mussten sogar die Matratzen aus Istanbul kommen lassen«, sagt Maria. Auch die Fenstergläser wurden aus Istanbul geliefert. »Als sie ankamen, war die Hälfte davon zerbrochen, weil die Männer beim Transport nichts zwischen die einzelnen Gläser gepackt hatten, die lagen einfach aufeinander. Heute weiß ich nicht mehr, wie ich das alles überstanden habe.«

Maria und Tosun behielten zwar ihre Wohnung in Bernau am Chiemsee. Wegen des Hotels verbrachten sie fortan aber einen Großteil ihrer Zeit in der Türkei. »Die Rückkehr in die Türkei empfand ich als viel weniger dramatisch, als man sich das vielleicht vorstellen mag«, erinnert sich Tosun. »Es ist nicht so, dass ich auf die Knie ging und den Boden küsste. Ich war einfach da und fühlte mich wohl.« In den Jahrzehnten, die Tosun nicht in der Türkei gelebt hatte, hatte sich das Land allerdings stark verändert. »Mir war alles fremd«, sagt er. Nicht zuletzt das Verhalten der türkischen Behörden irritierte Tosun. »Mir war undurchsichtig, wie man die vielen Genehmigungen erhält, um ein Hotel aufzumachen.« Ich frage ihn, ob Mitarbeiter in den Behörden geschmiert werden wollten. »Ich will nichts Schlechtes über mein Land sagen, aber ja, das wollten sie. Ich habe geglaubt, dass man alle Hürden überwinden kann, wenn man alle Regeln befolgt – wie in Deutschland. Das war aber falsch. In Deutschland hatte ich die Überzeugung gewonnen, dass man bei den Behörden am Ende recht bekommt, wenn man recht hat. Das mag dauern, und die Behördenmitarbeiter sind manchmal unfreundlich, aber auf lange Sicht siegt das Recht.« Beim Bau des Hotels in der Türkei sei das anders gewesen, sagt Tosun. »Das war manchmal richtig unverschämt. Ein Mitarbeiter einer Behörde schlug vor, dass wir ein Feuerwehrauto spenden. Ich fragte ihn, wo es solche Autos zu kaufen gebe. Er sagte, ich müsse es gar nicht kaufen, es würde reichen, wenn ich ihm das Geld für das Feuerwehrauto überweisen würde.«

Tosun genoss die Natur, das Wetter und das Essen in seiner alten Heimat. Er fremdelte aber mit den Türken – und sie mit ihm. Längst hatte er Charaktereigenschaften übernommen, die gemeinhin Deutschen zugeschrieben werden. »Als ich Bauland für das Hotel suchte, bin ich in der Südwesttürkei herumgereist«, sagt er. »Der Makler war sehr überrascht, dass ich zu den Besichtigungen pünktlich kam. Bei einem gemeinsamen Abendessen mit anderen Kunden sagte er über mich: Dieser Mensch kommt bei unseren Terminen tatsächlich zu der Uhrzeit, die er mit mir abmacht.«

Tosun erschien nicht nur die Denkweise der Menschen in seinem alten Heimatland fremd, auch die Kommunikation mit ihnen lief nicht so flüssig wie erwartet. »Ich hatte meine prägenden Jahre in Deutschland gelebt. Nach der Rückkehr hatte ich sprachliche Probleme, weil ich einen veralteten Wortschatz hatte. Ich hatte außerdem einiges vergessen, weil ich ganz lange Zeit so gut wie kein Türkisch gesprochen hatte. Mit wem auch? Wir hatten nur deutsche Freunde. Ich habe in Deutschland keinen einzigen türkischen Freund gehabt. Wir verkehrten nur mit Deutschen. Als wir im Ausland lebten, hatte ich immer Kontakt zur deutschen Botschaft, aber nie zur türkischen. Ich habe damals viel besser Deutsch gesprochen als jetzt, und lange Zeit habe ich vieles besser auf Deutsch ausdrücken können als auf Türkisch. Natürlich wusste ich immer, dass ich türkischen Ursprungs bin. Aber ich habe mich weitgehend als Deutschen betrachtet. Nur habe ich irgendwann gemerkt, dass es die Deutschen nicht tun. Jetzt denke ich, dass ich vielleicht wie ein Albino war: Wenn er keinen Spiegel hat, glaubt er, dass er wie die anderen ist, dass er ganz normal ist.«

Für Tosun war das *Lavanta Hotel* gleichbedeutend mit einem Abschied von einem dauerhaften Leben in Deutschland, auch wenn ihm das damals nicht so deutlich vor Augen stand. Heute träumt er nicht mehr auf Deutsch, sondern wieder auf Türkisch.

Das Lavanta Hotel meiner Eltern in Yalıkavak

»Das Wieder-Türke-Werden war wohl ein schleichender Prozess«, sagt Tosun. »Ich kann nicht sagen, wann das angefangen hat. Es gab da kein Aha-Erlebnis.« Nachdem das *Lavanta Hotel* 1997 seine Pforten öffnete, nahmen die Gäste Tosun als einen kosmopolitischen Türken wahr, der mit seiner deutschen Ehefrau die Welt bereist hatte und schließlich zurückgekehrt war in seine Heimat. Die inneren Blessuren, die die Zurückweisungen in Deutschland bei meinem Vater hinterlassen haben, sollten sich erst später zeigen.

»Ich hatte Freude daran, mich mit Gästen auf Deutsch, Englisch oder Französisch zu unterhalten«, sagt Tosun. »Da gab es übrigens tatsächlich Sachen, die Vorurteile untermauerten, weil sie so häufig zu beobachten waren. Wir hatten vor allem englische, französische und deutsche Gäste. Meiner Meinung nach waren die Engländer oft weltoffener, die Franzosen charmanter und die Deutschen ernster. Die Deutschen standen außerdem oft ganz früh auf und legten Handtücher auf ihre Liegestühle, um die zu reservieren. Ehrlich! Bei Franzosen waren die Kinder meistens unwahrscheinlich höflich. Und viele von den Engländern haben wie verrückt gesoffen.«

Tosun kümmerte sich um das Personal, die Finanzen, um die Buchungen und um den Rest der Verwaltung, er hielt den Laden im Hintergrund am Laufen. Buchungsanfragen wurden damals noch nicht automatisiert über Webseiten abgewickelt, sondern liefen einzeln als Fax oder E-Mail auf. »Jeder Gast hat im Durchschnitt etwa fünfmal etwas gefragt, bis eine Buchung zustande kam. Und das auf Englisch, Deutsch, Französisch oder Türkisch«, sagt Tosun. »Man musste schnell antworten, und die Antwort musste sprachlich korrekt sein.« Mein Vater war allerdings auch mit den angenehmeren Dingen des Hotelier-Daseins betraut: zum Beispiel damit, einen Sundowner mit den Gästen zu trinken, Kinder im Pool zu bespaßen oder Tipps für Ausflüge zu geben. Die Seele des Hotels war vor allem meine Mutter, die während der Saison jeden Tag im Morgengrauen aufstand, um den Gästen persönlich das Frühstück zu bereiten, und die spätabends als Letzte ins Bett fiel. »Ich wollte nicht, dass Maria so viel arbeitet«, sagt Tosun rückblickend. »Aber sie war nicht zu stoppen. Das Frühstück zum Beispiel wollte sie unbedingt selber machen. Du kennst deine Mutter. Sie hat da eine sehr deutsche Mentalität.«

Dass meine Eltern sich persönlich um jeden Gast kümmerten, bescherte ihnen überdurchschnittlich viele Stammkunden. So verbrachten beispielsweise drei Generationen einer britischen Familie über viele Jahre hinweg ihren Sommerurlaub immer im

Lavanta Hotel. »Tom ist jetzt vier Jahre alt und kommt hierher, seit er zehn Wochen alt ist«, schrieb die Mutter im September 2003 bei einem der Aufenthalte, dem noch viele weitere folgen sollten, ins Gästebuch. »Er behandelt Lavanta wie sein Zuhause.« Unter gleichgeschlechtlichen Paaren sprach sich zudem die Toleranz der Hotelbesitzer herum, die in der mehrheitlich muslimischen Türkei keine Selbstverständlichkeit ist. »Wir hatten sehr viele homosexuelle Gäste«, sagt Maria. »Ich glaube, sie waren einfach dankbar dafür, dass wir sie wie ganz normale Gäste behandelt haben.«

Nicht nur den Bau, auch den Betrieb eines Hotels lernten Maria und Tosun *on the Job*. »Wir haben uns keine großen Gedanken darüber gemacht, wie man Hotelzimmer vermarktet«, sagt Tosun heute. »Wir hatten keine Erfahrung mit Hotels – außer der, dass wir selber oft Hotelgäste waren.« Von einem straffen Kostenmanagement konnte keine Rede sein. »Wir haben zum Beispiel ohne Rücksicht auf unsere Ausgaben Weinabende gemacht, bei denen jeder Gast so viel trinken konnte, wie er wollte.« Wenig verwunderlich also, dass meine Eltern als Hoteliers nicht reich wurden. »Das Hotel war von Anfang an recht erfolgreich. Allerdings nicht so sehr finanziell«, räumt Tosun ein. »Aber es stand fast in jedem Reiseführer, es war im Internet hoch bewertet, die Kunden waren alle sehr zufrieden. Maria machte alles wunderschön.« Gemeinsam mit Tosuns deutscher Rente reichten die Einnahmen für ein komfortables Leben in einer schönen Gegend. Während der Urlaubssaison bedeutete dieses Leben für Maria allerdings Schuften bis zum Umfallen, und zwar im wahrsten Sinn des Wortes: Sie stürzte immer häufiger und verletzte sich dabei. Bei meinen Eltern reifte die Erkenntnis heran, dass sie irgendwann zu alt würden, um ein Hotel zu betreiben. Ende 2013 verkauften sie *Lavanta*. Heute teilen sie ihre Zeit auf zwischen Bernau am Chiemsee und Istanbul. Tosuns Trauer über das Ende von *Lavanta* hält zwar bis heute an, Marias Erleichterung allerdings ebenfalls. Zwar machte meine Eltern auch der Verkauf des Hotels nicht reich, dennoch war der Zeitpunkt ein Glücksfall, denn bald darauf wären die meisten Gäste ausgeblieben. Im Jahr 2015 gingen die Urlaubszahlen in der Türkei zurück, im Folgejahr brachen sie regelrecht ein. Besonders Besucher aus dem Westen mieden die Türkei, in der zwar weiterhin Sonne und Meer lockten, in der die politische Lage aber immer ungemütlicher wurde.

2   DER BOSPORUS

Istanbul ist die einzige Stadt der Welt, die auf zwei Kontinenten liegt. Den europäischen und den asiatischen Teil trennt der Bosporus, der für mich den Zauber Istanbuls ausmacht. Im Durchschnitt durchfahren die 32 Kilometer lange Meerenge zwischen dem Marmara- und dem Schwarzen Meer jeden Tag weit mehr als 100 Schiffe, die vielen kleinen Fähren, die zwischen den Kontinenten pendeln, nicht mit eingerechnet. Vor unserem Balkon, der einen Blick auf das glitzernde Wasser erlaubt, spielen sich jeden Tag kleine Ausschnitte der großen Weltpolitik und der globalen Wirtschaftsströme ab: Eskortiert von der Küstenwache, kommen russische Kriegsschiffe vorbei, die Nachschub für die Soldaten auf der Marinebasis im syrischen Tartus bringen. U-Boote, deren graue Türme über die Wasseroberfläche ragen, fahren durch die Meerenge. Öltanker und Containerschiffe transportieren Rohstoffe und Waren von einem Land ins andere. Gigantische Arbeitsschiffe kämpfen gegen die Strömung an, um im Schwarzen Meer Gaspipelines zu legen. Bevor westliche Touristen die Türkei zu meiden begannen, legte ein Kreuzfahrtriese nach dem anderen im Hafen im europäischen Stadtteil Karaköy an. Dem Schiffsverkehr auf dem Bosporus könnte ich stundenlang zusehen. Und mir wird nie die Faszination dafür abhandenkommen, dass ich mit einer Fähre spontan von Europa nach Asien fahren kann – und sei es nur, um auf einem anderen Kontinent spazieren zu gehen.

Eine Bosporusfahrt ist für Istanbul-Besucher aus meiner Sicht ein Muss. Das galt auch für meine Frau Cordula und meinen

Stiefsohn Leo, als ich ihnen im Jahr 2007 zum ersten Mal Istanbul zeigte – lange bevor wir in die Türkei ziehen sollten. Die Fahrt mit den städtischen Schiffen beginnt in Eminönü am Eingang des Goldenen Horns. Beim Ablegen kann man die Hagia Sophia, die Blaue Moschee und den Topkapı-Palast bewundern. Das Schiff passiert dann den Dolmabahçe-Palast und fährt unter der ersten Bosporusbrücke durch, die die Regierung nach dem Putschversuch vom Juli 2016 in »Brücke der Märtyrer des 15. Juli« umbenannte. Passagiere können die vielen Yalı bestaunen, luxuriöse Holzvillen, die direkt am Ufer der Meerenge liegen und oft einen eigenen Bootsanleger haben. Kurz vor der Mündung ins Schwarze Meer macht das Schiff in Anadolu Kavağı auf der asiatischen Seite fest. Vor der Rückfahrt ist dort noch etwas Zeit, eine Burgruine zu besichtigen und am Hafen zu Mittag zu essen.

Der Kellner in dem Restaurant, in dem wir bei unserer Bosporusfahrt in Anadolu Kavağı einkehrten, sprach Deutsch, hielt mich aber wegen meines Aussehens für einen Türken. Ich weiß nicht, wie oft ich wildfremden Menschen meine Familiengeschichte erklären musste. Auf die wiederholten Nachfragen des hartnäckigen Kellners nach meiner Herkunft erwiderte ich jedenfalls der Einfachheit halber, ich sei ganz bestimmt Deutscher. Als er nach dem Essen allerdings meinen Namen auf meiner Kreditkarte las, brach es aus ihm heraus: »Can Merey. Sie sind also doch Türke!« Besonders regte der Mann sich über meine mangelnden Türkischkenntnisse auf. Ich kam nun ein weiteres Mal nicht darum herum, zu einer Erklärung anzusetzen: Vater Türke, Mutter Deutsche, in der Familie wurde kein Türkisch gesprochen und so weiter. Darauf meinte der Kellner – der eine Empörung an den Tag legte, als habe er mich beim

Prellen der Rechnung ertappt – für alle Restaurantgäste deutlich vernehmbar: »Ihr Vater hat bei Ihrer Erziehung versagt!«

Wegen solcher Erlebnisse wollte ich lange Zeit nicht Korrespondent in der Türkei werden. Manchen Türken fällt es schwer zu verstehen, dass ich mich trotz der Herkunft meines Vaters nicht als Türke sehe. Dass ich mich gegenüber Menschen rechtfertigen muss, die mein Leben eigentlich nichts angeht, kann mitunter auf die Nerven gehen.

Und dann ist da die Sache mit der Religion: Ich glaube nicht an Gott. Eine Aussage, die in Deutschland nur ein müdes Schulterzucken zur Folge hätte. Für strenggläubige Muslime grenzt das aber an Ketzerei, schließlich bin ich der Sohn eines Muslims, auch wenn Tosun das nur auf dem Papier ist. Bei einer Reise in Afghanistan – wo der Islam viel strenger ausgelegt wird als in der Türkei – brachte mich das einst in eine unangenehme Lage: Mitarbeiter des afghanischen Geheimdienstes NDS fragten mich am Rande eines Interviews, wie ich zu meinem Namen gekommen sei – und dann, wie es bei einer deutschen Mutter und einem türkischen Vater um meinen Glauben bestellt sei. Der Islam akzeptiert das Christentum als sogenannte Buchreligion, also als eine Glaubensrichtung, die wie der Islam und das Judentum eine Heilige Schrift besitzt. Traditionell genießen Anhänger solcher Religionen einen besonderen Schutz (auch wenn Islamisten das nicht so sehen). Für Atheisten gilt das nicht. In Afghanistan sah ich mich dazu gezwungen, mich als Christ auszugeben, um unangenehme Diskussionen zu vermeiden. Seitdem versuche ich, das Thema zu umgehen, wenn ich in mehrheitlich muslimischen Ländern bin. Wenn zum Plaudern aufgelegte türkische Taxifahrer darauf zu sprechen kommen, sage ich, dass ich Religion als Privatangelegenheit betrachte, über die ich nicht reden möchte.

Befremdlich können die Reaktionen ausfallen, wenn Deutsche mit türkischen Wurzeln Kritik an den herrschenden Verhältnissen in der Türkei üben. Die *Zeit*-Kollegin Özlem Topçu schrieb im Februar 2017 zur Haltung von AKP-Anhängern gegenüber deutsch-türkischen Journalisten:[91]

> Im besten Falle ist da die immer währende nebulöse Forderung nach mehr Objektivität, weil »wir« die türkische Regierung für ihre autoritäre Haltung kritisierten – als ob es keine regierungskritischen Türken gäbe – oder in die türkischen Kurdengebiete fahren, um über die desolate Situation dort zu berichten. »Wir« deutsch-türkischen Journalisten machen demnach unser Land schlecht (gemeint ist die Türkei; je nach Laune sind wir Deutsche oder Türken), schreiben im Auftrag unserer türkenfeindlichen Redaktionen oder der Bundesregierung. »Wir« wollen uns den Deutschen nur andienen; »wir« sind gar keine »echten« Türken, sondern Vaterlandsverräter, PKK-Sympathisanten. Oder doch Armenier? »Wir« haben eine versteckte Agenda.

Weil ich mich für einen ganz gewöhnlichen Deutschen halte (oder halten möchte), verdränge ich gelegentlich, dass ich aus Sicht mancher Türken doch irgendwie einer der Ihren bin. Beim EU-Türkei-Gipfel zur Flüchtlingskrise im März 2016 in Brüssel führte mir das ein Mitglied der Delegation aus Ankara vor Augen. Meine Aufgabe war es, im Sinne der Ausgewogenheit die Sicht der Türkei in unsere Artikel einfließen zu lassen. Nachdem wir den Stand der Verhandlungen besprochen hatten, setzte das Delegationsmitglied allerdings unvermittelt zur Kritik an meiner Berichterstattung an. Konkret ging es vor allem um den Fall des *Spiegel*-Kollegen Hasnain Kazim, den die Regierung kurz davor zur Ausreise gezwungen hatte, indem sie ihm die Verlängerung seiner Akkreditierung verweigert hatte. Den Mann aus Ankara erregte besonders die Passage, in der ich geschrieben hatte, dass ein deutscher Diplomat die Familie Kazim bis zur Passkontrolle begleitet hatte, aus Sorge, dass die türkischen Behörden die Ausreise verhindern könnten. Es entspann sich folgender Dialog:

Mann aus Ankara: »Was Sie da geschrieben haben über den Diplomaten, der die Familie begleitet hat, das war unmöglich.«

Ich: »Wie meinen Sie das? Das entsprach doch den Tatsachen.«

Mann aus Ankara: »Das mag schon sein. Aber das war eine völlig überflüssige Maßnahme.«

Ich: »Aber ich habe das ja nur berichtet, ich habe doch nicht über die Begleitung entschieden. Das entscheiden die Botschaft oder das Generalkonsulat.«

Mann aus Ankara: »Aber bloß weil es so war, müssen Sie es doch nicht schreiben. Damit rücken Sie die Türkei in ein schlechtes Licht. Das gilt übrigens auch für Ihre Berichte aus dem Südosten.« (Er meinte die mehrheitlich kurdischen Regionen der Türkei.)

Abgesehen davon, dass der Dialog ahnen lässt, wie sich die türkische Regierung die Arbeit von Journalisten vorstellt: Ich glaube nicht, dass der Regierungsvertreter sich getraut hätte, von einem aus seiner Sicht deutschen Korrespondenten einzufordern, dem Image der Türkei mehr Bedeutung beizumessen als der Wahrheit. In solcher Kritik steckt immer auch ein Kern, der sie gefährlich macht: Nämlich der Vorwurf des Vaterlandsverrats. Mancher Deutsche meint dagegen, als deutsch-türkischer

Journalist führe die AKP mir die Feder: Etwa jener Leser, dem einer meiner Berichte zu unkritisch erschien – und der aus meinem Namen schloss, dass ich »heimatliebend« (gemeint war natürlich die Türkei) und ein »Erdoğan-Versteher« sein müsse.

Nicht nur bei Regierungsvertretern in der Türkei und Lesern in Deutschland sorgt meine Herkunft gelegentlich für Konfusion. Mit einem deutschen Hotelbesitzer an der türkischen Ägäisküste sprach ich im Sommer 2016 über die Tourismuskrise, natürlich auf Deutsch. Der Hotelier sagte mir zum Abschluss aufmunternd: »Egal, wie schlimm es kommt: Wir halten Ihrem Land die Treue.« Ich war gerade mit dem Bezahlen der Rechnung beschäftigt, blickte verdutzt auf und fragte: »Welches Land meinen Sie? Ich bin eigentlich Deutscher.« Der nun ebenfalls etwas verwirrte Hotelier antwortete: »Ich meine natürlich, dass wir die Türkei nicht verlassen werden.«

Besonders die Sprache führt gelegentlich zu kuriosen Situationen: Ernsthaft damit begonnen, Türkisch zu lernen, habe ich erst mit unserem Umzug nach Istanbul. Ich spreche die Sprache also so gut oder schlecht wie ein deutscher Mittvierziger, der seit einigen Jahren im Land lebt und mehr oder weniger regelmäßig Unterricht bei einer sehr geduldigen Lehrerin nimmt. Bei Türken, die erst meinen Namen lesen, bevor sie mich sprechen, sorgt das mindestens für hochgezogene Augenbrauen, was mich dann wieder zu der immer gleichen Erklärung zwingt (die mir allerdings schon seit Längerem auch auf Türkisch fließend über die Lippen kommt). Wenn ich dagegen mit meiner Tochter unterwegs bin, wird anstandslos akzeptiert, dass ich Deutscher bin – womöglich kommt das türkische Unterbewusstsein zu der Schlussfolgerung, dass ich wohl kaum ein strohblondes Kind hätte zeugen können, wenn ich tatsächlich Türke wäre. Dann werde ich für meine Sprachkenntnisse regelmäßig in den höchsten Tönen gelobt.

Für deutsche Muttersprachler ist Türkisch mühsam zu lernen. Wie unterschiedlich die beiden Sprachen sind, das wissen am besten deutsch-türkische Dolmetscher zu berichten, vor denen ich mich in Ehrfurcht verneige. Einer davon ist Oliver Kontny, er beschrieb im März 2017 in der *tageszeitung* die Schwierigkeiten beim Übersetzen vom Türkischen ins Deutsche so: »Die (rechtsläufige) Syntax des Deutschen und die (linksläufige) Syntax des Türkischen sind so grundverschieden, dass Sie erstens für einen geraden deutschen Satz zu Beginn die Informationen brauchen, die Sie im Türkischen gegen Ende bekommen, und die ersten fünf bis zehn türkischen Satzbausteine im Kopf irgendwo ablegen müssen, um sie dann gegen Ende des deutschen Satzes geschickt irgendwo einzubauen. Zweitens brauchen Sie einen ganzen Satz, um die einzelnen Morpheme überhaupt richtig deuten zu können. Ganz zu schweigen vom Kontext.«[92]

Dankbar ist jeder europäische Sprachschüler dafür, dass Atatürk 1928 die Umstellung von der arabischen Schrift auf das lateinische Alphabet verfügte. Keine gute Nachricht war die Reform allerdings vor allem für Türken im fortgeschrittenen Alter. »Deine Uroma wurde dadurch plötzlich Analphabetin«, sagt Tosun. »Deine Ururoma ebenfalls. Die beiden älteren Damen schafften es nicht, die neue Schrift zu lernen.«

Angenehm für Europäer ist, dass Wörter prinzipiell so geschrieben werden, wie sie gesprochen werden. Besonders bei Lehnwörtern aus dem Französischen – früher die dominierende Fremdsprache der Gebildeten auch in der Türkei – erscheint das gelegentlich kurios: Damen lassen ihre Haare beim *kuaför* (coiffeur) in Form bringen, Herren gehen zum *berber* (barbier), der sich gerne auch um den Bart kümmert. Ohne *bilet* (billet) sollte man weder den *otobüs* (autobus) noch den *vapur* (bateau à vapeur, also den Dampfer) besteigen. Auch verfügt die durchaus charmante türkische Sprache über einige Begriffe, die Deutsche zum Schmunzeln bringen: etwa *yamyam*, was Kannibale bedeutet, oder das ebenfalls aus dem Französischen stammende *vasistas* (gesprochen wie »was ist das«) für Oberlichtfenster.

Wenn ich inzwischen auch über Kannibalen und Oberlichtfenster plaudern kann: So gut, dass ich den nationalistischen Kellner an der Schwarzmeermündung zufriedengestellt hätte, wird mein Türkisch nie werden. Dennoch: Bei unserer Bosporusfahrt damals verliebte sich meine Frau in Istanbul, und irgendwann legte auch ich meine Bedenken dagegen ad acta, als Halbtürke eine Korrespondentenstelle in der Türkei anzutreten. Ich freute mich darauf, Tosuns Heimatstadt und meine türkischen Wurzeln zu entdecken. Nach zehn Jahren in Südasien und Dutzenden Reisen nach Afghanistan schien die Zeit reif für etwas Neues.

Mein Flugzeug aus Neu-Delhi landete am Vormittag des 16. Juni 2013 in Istanbul, wenige Stunden, nachdem Erdoğan den Gezi-Park in der Innenstadt gewaltsam räumen ließ. Schon davor waren die Beziehungen zwischen Deutschland und der Türkei nicht spannungsfrei gewesen. Die landesweiten Gezi-Proteste, die ihren Ursprung in dem kleinen und bis dahin unbedeutenden Park am Taksim-Platz nahmen, markierten aber den Beginn einer Abwärtsspirale im deutsch-türkischen Verhältnis. In meinen wildesten Träumen hätte ich mir nicht ausmalen können, wie schlecht es in den darauffolgenden Jahren werden würde – und was diese Entwicklung für Diskussionen mit Tosun auslösen würde.

3   »EUROPÄER DES JAHRES«

Meinen ersten Sommer als Korrespondent in Istanbul werde ich immer mit dem beißenden Geruch von Tränengas verbinden. Der Gezi-Park war zwar geräumt worden, aber die Demonstranten gaben nicht auf. Die Abende bis zum Herbst verliefen häufig nach demselben Muster: Demonstranten versammelten sich ganz in der Nähe unseres Büros auf der Istiklal Caddesi, der berühmtesten Fußgängerzone der Türkei, und stimmten Sprechchöre gegen die Regierung an. Die Polizei fuhr Wasserwerfer auf, deren Wasser beißende Chemikalien beigemischt waren, und setzte zudem Tränengas und Plastikgeschosse ein. Schockierte Touristen ergriffen die Flucht, junge Familien mit Kindern suchten verzweifelt einen Ausweg aus dem Chaos.

In tendenziell regierungskritischen Istanbuler Vierteln wie Cihangir schlugen Bewohner an den geöffneten Fenstern auf Töpfe und Pfannen, um ihre Solidarität mit den Demonstranten zum Ausdruck zu bringen. Bis tief in die Nacht lieferten sich Demonstranten und Polizisten ein Katz-und-Maus-Spiel in den umliegenden Gassen. Für uns Journalisten wurde die Gasmaske zum ständigen Begleiter.

Zwischen Tosun und mir kam es damals zu ersten Differenzen. Ich war schockiert über die Brutalität, mit der die Polizei vorging. Mein Vater sah in den Demonstranten dagegen in erster Linie Chaoten, die sich gegen Erdoğan und damit gegen den Fortschritt in der Türkei stellten. Auch als wenige Monate später schwere Korruptionsvorwürfe gegen Mitglieder der AKP-Regierung erhoben wurden, verteidigte mein Vater die

Beschuldigten: Er argumentierte, dass – anders als früher in der Türkei – zumindest noch so viel Geld in der Staatskasse verbleibe, dass auch das Volk davon profitiere.

Spätestens mit der Niederschlagung der Gezi-Proteste lieferte Erdoğan den Beweis dafür, dass er nicht mehr der Reformer war, als der er gut zehn Jahre zuvor angetreten war. Berlin mahnte angesichts der Polizeigewalt bei den landesweiten Demonstrationen Rechtsstaatlichkeit und Verhältnismäßigkeit an, Ankara wies das als Einmischung in innere Angelegenheiten zurück – ein Schema, das sich über Jahre hinweg wiederholen sollte.

Erdoğan dürfte inzwischen zu einem der unbeliebtesten ausländischen Politiker in Deutschland geworden sein. Dabei ist es keine 15 Jahre her, dass er – damals noch als Ministerpräsident – in Berlin zum »Europäer des Jahres« gekürt wurde, in der Kategorie »Brücken des Respekts«. Bundeskanzler Gerhard Schröder sagte in seiner Laudatio im Oktober 2004: »Ihr Eintreten für mehr Freiheit, einen besseren Schutz der Menschenrechte und weniger staatliche Bevormundung ist für Sie, Herr Ministerpräsident, aber kein Zugeständnis an Europa, sondern es ist Konsequenz Ihrer politischen Überzeugung.«[93]

Am 12. September 1963 war in Ankara das Assoziierungsabkommen der Europäischen Wirtschaftsgemeinschaft mit der Türkei unterzeichnet worden, das den Grundstein für einen Beitritt zur heutigen EU legen sollte. Kanzler Schröder hatte 2004 gesagt, die Beitrittsverhandlungen würden langwierig. Er hatte aber auch hinzugefügt: »Ich habe keinen Zweifel, dass dieser Weg die Türkei nach Europa führen wird.« Zwar begannen die Beitrittsgespräche im Jahr 2005, sie nahmen aber nie wirklich Fahrt auf. Inzwischen sind sie völlig festgefahren, und im Juli 2017 empfahl das EU-Parlament, sie formal auszusetzen.

Aus heutiger Sicht mag vielen Europäern die spöttische Aussage des britischen Premierministers David Cameron aus dem Jahr 2016 realistischer erscheinen, der einen EU-Beitritt der Türkei »ungefähr im Jahr 3000« verortete.

Gerhard Schröders Nachfolgerin im Kanzleramt, Angela Merkel (CDU), war stets gegen die Vollmitgliedschaft der Türkei in der EU. Einen intensiven Kontakt zu Ankara suchte Merkel erst, als sie im Herbst 2015 in der Flüchtlingskrise in Bedrängnis geriet und die ungeliebte Türkei plötzlich zu einem Pfeiler ihrer politischen Überlebensstrategie wurde. Erdoğan hat recht mit dem Vorwurf, dass die Europäische Union sein Land mehr als ein halbes Jahrhundert lang wie einen ungebetenen Gast vor der Türe hat stehen lassen. Im April 2017 verstieg sich der türkische Präsident zu der Aussage, die EU sei »durchweg eine Kreuzritter-Allianz«. Die Anschuldigung ist in ihrer Wortwahl zwar überzogen, enthält aber einen wahren Kern: Ein mehrheitlich muslimisches Land – erst recht eines von der Größe der Türkei – wollen viele EU-Bürger nicht in ihrem christlichen Club sehen. Tief im kollektiven Gedächtnis des christlichen Europas scheint immer noch eine diffuse Angst vor den Osmanen zu schlummern. Zumindest ist nicht vergessen, dass das osmanische Heer 1529 und 1683 vor den Toren Wiens stand. Dort feierte am 12. September 2016 die rechte österreichische FPÖ das »Ende der Türkenbelagerung« 333 Jahre zuvor. Das Motto der Veranstaltung: »Abendland beschützen – damals wie heute«.

Mit einer EU-Mitgliedschaft der Türkei wäre für Tosun einer seiner größten Wünsche Wirklichkeit geworden. Umso größer ist heute die Enttäuschung meines Vaters darüber, dass er eine fest in Europa verankerte Türkei wohl nicht mehr erleben wird. Er ist inzwischen davon überzeugt, dass die EU auch in besseren politischen Zeiten nie ernsthaft erwogen hat, die Türkei aufzunehmen – und mir fällt es schwer, ihm da zu widersprechen. »Die wollen uns sowieso nicht, egal was wir machen«, sagt Tosun. »Das ist lächerlich. Wir wissen, dass eine Mitgliedschaft nie stattfinden wird.«

Tatsächlich ist Erdoğans Türkei heute so weit entfernt von einer Erfüllung der EU-Beitrittskriterien wie nie seit Beginn der Verhandlungen. Hätte sich die Türkei zu einer echten Demokratie entwickelt, wenn die EU ihr eine echte Chance auf eine Mitgliedschaft eingeräumt hätte? Ex-Kanzler Schröder sagte der *Zeit* im März 2016 auf die Frage, ob in einem solchen Fall »das Regime heute nicht Kurden verfolgen und gegen missliebige Zeitungsredaktionen vorgehen« würde: »Das weiß ich nicht. Aber unterstellen wir mal, die Verhandlungen über eine Mitgliedschaft wären weit fortgeschritten: Dass das eher positive Auswirkungen hätte auf Offenheit und Demokratie in der Türkei, kann man doch nicht ernsthaft bestreiten. Die politische Entwicklung in der Türkei hat auch damit zu tun, dass ihr die EU in den vergangenen Jahren die kalte Schulter gezeigt hat.«

Ähnlich schätzt das der türkischstämmige Schriftsteller Doğan Akhanlı ein, der in Köln lebt. Er geriet im August 2017 in die Schlagzeilen, als er bei einem Spanien-Urlaub festgenommen wurde, weil die türkischen Behörden ihn bei Interpol auf die Fahndungsliste gesetzt hatten. Die spanische Regierung verweigerte seine Auslieferung. Akhanlı sagte der *Süddeutschen Zeitung* kurz vor seiner Rückkehr nach Deutschland im Oktober: »Um 2005 war die erste Erdoğan-Regierung in der Lage und willens, das Land zu reformieren. Damals aber gab es keine klare Antwort, ob die Europäische Union ein muslimisch geprägtes Land aufnehmen wollte, besonders die Bundesrepublik war zögerlich. Jetzt ist es zu spät.«[94] Auch der Autor und Journalist Jürgen Gottschlich, der zu den erfahrensten Korrespondenten in der Türkei gehört, sieht eine Mitverantwortung für die Entwicklung bei Bundeskanzlerin Angela Merkel. In einem Essay für die von ihm mitbegründete *tageszeitung* schrieb Gottschlich im März 2017:

> Mit der Entscheidung der EU im Jahr 1999, die Türkei formal zum Beitrittskandidaten zu ernennen, schien der jahrhundertealte türkische Traum, Teil des Westens zu sein, unmittelbar vor der Vollendung zu stehen. Diesen Traum beendete nicht Recep Tayyip Erdoğan, sondern Angela Merkel, als sie nach ihrem Wahlsieg 2005 die Beitrittsverhandlungen mit der Türkei de facto zu den Akten legte. Ob Erdoğan jemals ernsthaft die rechtsstaatlichen und freiheitlichen Kriterien der EU umgesetzt hätte, ist seitdem eine müßige Frage. Merkel, und etwas später mit ihr der französische Präsident Sarkozy, sorgten dafür, dass er nie auf die Probe gestellt wurde. Seitdem sind auch die deutsch-türkischen Beziehungen im Niedergang begriffen.
> Dass Erdoğan seitdem in Richtung orientalischer Despotie statt europäischer Zivilgesellschaft marschiert, ist sicher nicht nur Merkels Schuld, aber sie hat, als Kanzlerin des entscheidenden EU-Landes, einen beträchtlichen Anteil daran.[95]

In den Jahren nach den Gezi-Protesten eskalierten die Spannungen zwischen Deutschland und der Türkei, und das in zunehmendem Tempo. Je mehr Erdoğan seine Macht ausbaute, desto argwöhnischer reagierte Berlin auf den einstigen Hoffnungsträger. Zu einem tiefen Zerwürfnis führte am 2. Juni 2016 die Völkermord-Resolution des Bundestages zu den Massakern an den Armeniern im Osmanischen Reich, die den Niedergang des bilateralen Verhältnisses am deutlichsten markierte. Als Reaktion auf die Resolution untersagte die türkische Regierung Bundestagsabgeordneten den Besuch deutscher Soldaten auf der Luftwaffenbasis İncirlik. Das Besuchsverbot führte im Sommer 2017 zum Abzug der Bundeswehr aus İncirlik – unter Nato-Partnern ein beispielloser Vorgang.

Unüblich unter Nato-Staaten ist es, den Botschafter eines Bündnispartners einzubestellen. Dennoch traf diese diplomatische Sanktionsmaßnahme den deutschen Botschafter in der Türkei, Martin Erdmann, alleine zwischen März 2016 und Oktober 2017 insgesamt 18 Mal, im Schnitt also fast einmal im Monat. Unter den ausländischen Botschaftern in Ankara war der Deutsche damit einsamer Spitzenreiter. Erdmann und sein Gesprächspartner im türkischen Außenministerium, Vize-Staatssekretär Mehmet Kemal Bozay, wurden sich über die vielen Einbestellungen so vertraut, dass sie sich mit ihren Vornamen ansprachen, sich also quasi duzten.

Kurz vor der Armenier-Resolution war Angela Merkel beim UN-Nothilfegipfel in Istanbul, vor ihrer Abreise lud die Kanzlerin deutsche Korrespondenten ins Generalkonsulat ein. Bei der Pressekonferenz äußerte sie ihre »tiefe Besorgnis« darüber, dass das Parlament in Ankara auf Betreiben Erdoğans die Immunität zahlreicher Parlamentarier aufgehoben hatte. Erdoğans Replik folgte prompt: Er drohte, das Flüchtlingsabkommen mit der EU nicht umzusetzen – wohl wissend, dass davon Merkels politisches Überleben abhängen könnte.

Dass die Sorge der Kanzlerin berechtigt war, zeigte sich bald darauf. Heute sitzen zahlreiche Oppositionsabgeordnete, aber auch etliche regierungskritische Journalisten unter Terrorvorwürfen im Gefängnis. Auf der Rangliste der Pressefreiheit von Reporter ohne Grenzen rutschte die Türkei 2017 auf Platz 155 von 180 ab. Der EU-Beitrittskandidat lag damit unmittelbar hinter Swasiland, Weißrussland und der Demokratischen Republik Kongo.

Die Spannungen wegen der Armenier-Resolution waren noch nicht abgeflaut, als in der Türkei das nächste politische Erdbeben anstand, das die Verwerfungen im bilateralen Verhältnis noch einmal verstärken sollte: der Putschversuch gegen Erdoğan am 15. Juli 2016.

4 PUTSCHVERSUCH

Erdoğan macht selten Ferien, doch im Juli 2016 gönnte er sich ein paar Tage mit der Familie an der türkischen Ägäisküste. Der Präsident gibt den Takt in der Türkei vor. An Tagen, an denen er nicht öffentlich auftritt, nimmt die Nachrichtenfrequenz ab. Am Freitag, dem 15. Juli 2016, ist unser wichtigster Termin die Jahrestagung der UN-Kulturorganisation UNESCO in Istanbul. Im dpa-Büro schließen wir Wetten darauf ab, ob die Delegierten auf ihrer Liste noch bis zur deutschen Weltkulturerbe-Nominierung vordringen werden, bevor sie Feierabend machen und uns in denselben entlassen. Im Zentrum der Nachrichten in Deutschland steht an diesem Tag ohnehin ein Anschlag in Nizza, den die Terrormiliz Islamischer Staat (IS) verübt hatte, und nicht die Türkei.

Im ersten Halbjahr 2016 hat die Türkei der Weltpresse eine Schlagzeile nach der nächsten geliefert, die meisten davon unerfreulich. Auslöser sind oftmals Terroranschläge gewesen. Im Januar hat sich ein Selbstmordattentäter des IS im Istanbuler Altstadtviertel Sultanahmet in die Luft gesprengt und zwölf deutsche Urlauber mit in den Tod gerissen. Im Februar und März hat eine Splittergruppe der verbotenen kurdischen Arbeiterpartei PKK schwere Anschläge in der Hauptstadt Ankara verübt, die Dutzende Menschen das Leben kosteten. Am 28. Juni ist der Istanbuler Atatürk-Flughafen zum Ziel von Terroristen geworden, wieder sind viele Tote zu beklagen gewesen.

Der laue Sommerabend des 15. Juli beginnt dagegen friedlich. Eine gute Zeit, bei einem Kollegen zum lange verschobenen

Feierabend-Drink auf dem Balkon vorbeizuschauen. Unser Gespräch wird wie meistens dominiert von der türkischen Politik, das heißt von Erdoğan. Die Handys sind an, falls doch noch etwas passieren sollte.

Auf meinem Handydisplay blinkt bald darauf die erste Eilmeldung einer türkischen Nachrichtenagentur auf: Die Bosporusbrücke in Istanbul wird in Fahrtrichtung von Asien nach Europa gesperrt. Ungewöhnlich, aber das kann auch ein Unfall sein. Auf Twitter häufen sich jetzt allerdings unbestätigte Tweets über Kampfjets, die über Ankara fliegen. Dann kommt die nächste Eilmeldung einer türkischen Agentur per SMS: Alle Polizisten in Ankara werden zum Dienst beordert.

Ich mache mich auf den Weg nach Hause und rufe in der Redaktion in Berlin an. »Klingt fast wie ein Putsch«, sagt der Kollege in der Zentrale. Ich antworte: »Das kann nicht sein.« Um 22.24 Uhr senden wir bei dpa eine Eilmeldung mit der Überschrift: »Putschversuch von Teilen des türkischen Militärs«. Inzwischen sind alle dpa-Kollegen in Istanbul online. Wir verabreden, uns im Büro zu treffen: Falls der Strom ausfallen sollte, haben wir dort einen Generator. Falls Mobilfunk und Internet gekappt werden, können wir im Büro über Satellitenverbindungen weiter Nachrichten senden.

Die Putschisten geben im Staatsfernsehen die Machtübernahme bekannt und erlassen eine landesweite Ausgangssperre. Auf den Straßen knallt es, und zwar mit zunehmender Frequenz. Bald ist uns klar, dass mitten im Zentrum Istanbuls geschossen wird. Die Idee, uns von unseren jeweiligen Stadtteilen aus auf den Weg zum Büro zu machen, erscheint uns nun zu riskant. Eine Kollegin berichtet, es seien ohnehin keine Taxis mehr zu bekommen. In ihrer Nachbarschaft komme es zu Hamsterkäufen.

Ein Kollege schaut sich auf den Straßen um – und sieht dort keine Polizisten mehr, nicht einmal vor den ausländischen Konsulaten, wo sie sonst immer stehen. »Die Posten, auf denen sie normalerweise sind, sind alle verlassen«, schreibt er in unserem internen Chat.

Wir schicken eine Eilmeldung nach der nächsten von unseren Laptops, mehr als zwanzig sollen es alleine in den wenigen Stunden bis Sonnenaufgang werden. Zum Vergleich: Im Jahr 2016 hat dpa im Schnitt vier bis fünf solcher *Breaking News* am Tag gesendet, und das über alle Ressorts verteilt und aus der ganzen Welt.

Vollends surreal wirkt die Situation dadurch, dass wir die meiste Zeit von unseren jeweiligen Wohnungen aus arbeiten, also in einer gewohnten Umgebung sitzen – während draußen die Welt auf dem Kopf steht. Ein Mitarbeiter der Regierung, von der niemand weiß, ob sie noch an der Macht ist, bedankt sich per WhatsApp bei ausländischen Korrespondenten für die bisherige Zusammenarbeit, »unabhängig vom Ausgang« dieser Nacht.

Plötzlich wird Erdoğan – sonst auf der großen Bühne zu Hause – über den Videotelefonie-Dienst *Facetime* auf ein Handy beim Nachrichtensender CNN Türk zugeschaltet, die Kamera zoomt auf das Display. Von einem Smartphone aus ruft der Präsident die Menschen dazu auf, auf die Straßen zu gehen und sich den Putschisten entgegenzustellen. Der Appell per Handy wird zum Wendepunkt dieser blutigen Nacht. »Menschen marschieren und rufen Gott ist groß und Nein zum Putsch«, schreibt ein dpa-Reporter in unserer internen Chatgruppe. »Horden von Menschen.«

Istanbul wird von Explosionen erschüttert, die Putschisten-Panzer auf der Bosporusbrücke feuern auf Zivilisten. An meiner Wohnung im sechsten Stock fliegt ein Kampfhubschrauber mit abgeschalteten Positionslichtern vorbei, er wirkt zum Greifen nahe. Fassungslos stehe ich auf dem Balkon unserer Wohnung und frage mich, auf welcher Seite die Besatzung wohl ist. Später stellt sich heraus: Es sind Putschisten gewesen, die wenige Hundert Meter Luftlinie entfernt im Fußballstadion von Beşiktaş landen. Ich bin erleichtert, dass meine Familie im Sommerurlaub und nicht im Land ist.

Mitten in der Nacht, außerhalb der Gebetszeiten, erwachen die Muezzins in den Moscheen zum Leben. Auch von den Minaretten ertönt nun der Aufruf, sich den Umstürzlern entgegenzustellen. Ein Gerücht macht die Runde, wonach Erdoğan sich abgesetzt habe, womöglich nach Deutschland. Nichts davon stimmt. Erdoğan landet in Istanbul, während die Kampfjets der Putschisten noch in der Luft sind, und wird von einer jubelnden Menschenmenge empfangen.

Plötzlich wird die Innenstadt von einem so ohrenbetäubend lauten Knall erschüttert, dass ich kurz glaube, die Putschisten – die bereits das Parlament aus der Luft angegriffen haben – hätten nun den Taksim-Platz unweit unserer Wohnung bombardiert. Doch es ist kein Luftschlag, sondern das, was Militärs eine *Show of Force* nennen, eine Machtdemonstration: Kurz nach Erdoğans Landung durchbrechen von den Putschisten gekaperte F-16-Kampfjets im Tiefflug über dem Istanbuler Zentrum die Schallmauer. Die Druckwelle lässt Fensterscheiben in unserem Haus bersten. Die angelehnte Balkontür unserer Wohnung fliegt auf, als habe jemand mit einem Springerstiefel von außen dagegengetreten.

Je länger die Nacht allerdings dauert, desto klarer zeichnet sich ab, dass der Putsch niedergeschlagen werden und der 15. Juli

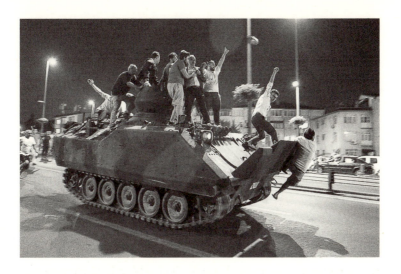

Türken stellen sich den Putschisten entgegen

2016 einen historischen Einschnitt in der Türkei markieren wird. Erdoğans Aufruf an die Bevölkerung, auf die Straßen zu gehen, hat den Anfang vom Ende des Umsturzversuches markiert. Viele Türken bezahlen ihren Widerstand gegen den Staatsstreich allerdings mit dem Leben.

Dass die Bundesregierung den Versuch, den zwar ungeliebten, aber dennoch demokratisch gewählten Präsidenten gewaltsam zu stürzen, nur lauwarm verurteilte, hält Erdoğan ihr bis heute vor. Tatsächlich wurden die Statements aus Berlin nicht von Solidaritätsbekundungen, sondern von Ermahnungen dominiert: Der Präsident möge sich bei der Reaktion auf den gescheiterten Staatsstreich bitte zurückhalten. Erdoğan – der den Putschversuch schon am nächsten Morgen »einen Segen Gottes« nannte – tat das genaue Gegenteil: Er rief »Säuberungen« aus. Diese Maßnahmen richteten sich zunächst gegen Anhänger des in den USA lebenden Predigers Fethullah Gülen, den Erdoğan für den Putschversuch verantwortlich machte und mit dem er bis zum offenen Bruch 2013 verbündet war. Schon bald trafen sie aber auch Regierungskritiker, die mit Gülen nichts zu tun hatten.

Ein Jahr nach dem Umsturzversuch lautete die Bilanz: Rund 150.000 Staatsbedienstete wurden suspendiert oder entlassen, mehr als 50.000 Verdächtige wurden in Untersuchungshaft gesperrt. Die AKP und das Präsidialamt bemühten sich dennoch, den Jahrestag des Putschversuches als ein gigantisches Fest der Demokratie zu inszenieren. Auf Postern wurde das »Epos des 15. Juli« zelebriert. Bei den Feierlichkeiten, die die ganze Nacht vom 15. auf den 16. Juli 2017 andauerten, kündigte Erdoğan an, Verrätern werde man »die Köpfe abreißen«. Parlamentspräsident İsmail Kahraman – auch er gehört zur AKP – wollte den markigen Worten womöglich nicht nachstehen, als er am Jahrestag sagte: »Volk, Fahne, Koran, Glaube, Gebetsruf, Freiheit, Unabhängigkeit sind unsere Ehre, unsere Würde. Denjenigen, die unsere Werte angreifen, brechen wir die Hände, schneiden ihnen die Zunge ab und vernichten ihr Leben.« Als ich Tosun – der sich gerade am Chiemsee aufhielt – dieses Zitat schickte, schrieb er mir zurück: »Kahramans Aussagen machen mir Angst.«

Mein Vater gehört zu jener Generation von Türken, die durch die Militärputsche in den Jahren 1960, 1971 und 1980 traumatisiert worden sind. Er war strikt gegen den Putschversuch vom Juli 2016 – und ärgerte sich danach besonders über die Reaktionen aus Deutschland. »Wenn ich die deutschen Medien lese, habe ich den Eindruck, dass mancher lieber einen Putsch als Erdoğan hätte«, schrieb er mir in einer E-Mail.

Dass Erdoğan kurz nach dem Putschversuch 2016 gerichtlich verboten wurde, sich live zu einer Kundgebung von Zehntausenden seiner Anhänger in Köln schalten zu lassen, führte zu neuem Ärger mit Deutschland. »Ich glaube nicht an die deutsche Justiz und habe auch keinen Respekt vor der deutschen Justiz in diesem Zusammenhang«, sagte der Präsident in einem RTL-Interview. Die Reaktionen aus Deutschland nach dem Umsturzversuch sorgten auch für Unverständnis bei AKP-nahen Deutschtürken. Im Büro des Abgeordneten Mustafa Yeneroğlu, bei der AKP zuständig für die Auslandstürken, trafen frustrierte E-Mails ein. Ein Deutschtürke schrieb dem Parlamentarier: »Wir sind weder hier zu Hause noch in der Türkei. Wir fühlen uns zu hundert Prozent türkisch, versuchen uns doch irgendwie als Deutsche zu fühlen und belügen uns selbst.« Mehrere Schreiber warfen in ihren E-Mails die Frage auf, ob es nicht an der Zeit sei, in die Türkei zurückzukehren.

Die Folgen des Putschversuches belasteten das bilaterale Verhältnis auch in den Monaten danach: Erdoğan forderte mit zunehmender Vehemenz die Auslieferung von Gülen-Anhängern, die nach Deutschland flohen – während er gleichzeitig damit drohte, die Todesstrafe wieder einzuführen. Der Präsident warf der Bundesregierung außerdem vor, nicht nur Anhängern Gülens, sondern auch der PKK Zuflucht zu bieten. Erdoğan sagte im November 2016 an die Adresse der Deutschen: »Man wird sich zeitlebens an euch erinnern, weil ihr den Terror unterstützt habt.« Dieses Verhalten werde Deutschland »wie ein Bumerang« treffen.

In Deutschland geriet in den Monaten nach dem Putschversuch vor allem die Türkisch-Islamische Union der Anstalt für Religion in den Fokus, kurz Ditib. Der Ditib-Dachverband ist ein eingetragener Verein mit Sitz in Köln, doch so unabhängig, wie der Moscheeverband sich gibt, ist er nicht: Der Vorstandsvorsitzende wird nominell zwar gewählt, ist seit der Gründung von Ditib 1984 aber immer der jeweilige Religionsattaché der türkischen Botschaft in Berlin – der zugleich der höchste Vertreter der türkischen Religionsbehörde Diyanet in Deutschland ist. Diyanet wiederum ist dem Amt des Ministerpräsidenten unterstellt. Nach der Satzung von Ditib – die der Verein nicht im Internet veröffentlicht – darf zudem nur für Vorstandsposten kandidieren, wer die Zustimmung des Beirats erhält. Der Vorsitzende des Beirats ist der Präsident von Diyanet in Ankara. Diyanet schickt rund 1000 Imame, die in der Türkei Staatsbedienstete sind, an die Ditib-Moscheen in Deutschland. Bis zu den Spannungen mit Ankara ist das eine bequeme Regelung gewesen: Sie erlaubte es Deutschland, sich davor zu drücken, Verantwortung für die religiöse Betreuung der mehrheitlich türkischstämmigen Muslime im Land zu übernehmen. Noch dazu kommt die türkische Regierung seit jeher für alle Kosten auf, die der Einsatz der Geistlichen produziert.

Anfang 2017 wurde der Vorwurf laut, Ankara nutze die Ditib-Imame als Spitzel, um Anhänger der Gülen-Bewegung in Deutschland auszuspähen. Grundlage war ein Schreiben von Diyanet an türkische Botschaften und Konsulate im Ausland vom 20. September 2016. In dem Brief wurden die Adressaten aufgefordert, detaillierte Berichte über Gülen-Strukturen an Diyanet zu schicken – und zwar »bis Dienstschluss am Dienstag, dem 27. September 2016«. Diyanet-Präsident Mehmet Görmez wies nach Bekanntwerden des Briefes zwar darauf hin, dass das Schreiben nicht an die Imame adressiert war, sondern an die Religionsattachés in den diplomatischen Vertretungen. Unerwähnt ließ Görmez aber, dass es sich bei dem Attaché in Berlin eben um den Vorstandsvorsitzenden von Ditib handelt.

Einige Imame in Deutschland schickten daraufhin tatsächlich Listen mit den Namen angeblicher Gülen-Anhänger in ihrem Einzugsbereich nach Ankara. Im Februar 2017 durchsuchte die Polizei die Wohnungen von vier Geistlichen, die zu dem Zeitpunkt allerdings schon wieder zurück in der Türkei waren. Diyanet zog mehrere Imame aus Deutschland ab. (Die Ermittlungen gegen Ditib-Imame »wegen des Verdachts der geheimdienstlichen Agententätigkeit« wurden im Dezember 2017 eingestellt. Bei sieben Verdächtigen sah die Bundesanwaltschaft zwar einen hinreichenden Tatverdacht, sie hatten Deutschland aber verlassen.)

Diyanet-Präsident Görmez, der von Staats wegen die oberste islamische Autorität in der Türkei verkörpert, lud nach den Hausdurchsuchungen Korrespondenten in die Diyanet-Zentrale in Ankara ein, um die Spannungen zu entschärfen. Der Chef der Religionsbehörde – wie immer gekleidet in einen edlen Kaftan – betonte, die Geistlichen, die mutmaßliche Gülen-Anhänger gemeldet hatten, hätten zwar »ihre Kompetenzen überschritten«, von »Spionage« könne aber keine Rede sein. Der Abzug sei ein »Zeichen des guten Willens« – und kein Schuldeingeständnis. Erdoğan-Sprecher İbrahim Kalın nannte das Vorgehen der deutschen Behörden »eine Art Hexenjagd gegen Ditib«. Kalın warf Deutschland vor, aus politischen Motiven gegen den Moscheeverband vorzugehen, der in »absoluter Transparenz« tätig sei.

Ditib ist nicht die einzige Organisation, über die Erdoğan Einfluss auf die Türken in Deutschland nimmt. Die Union Europäisch-Türkischer Demokraten (UETD) nennt als Ziel, das »politische, soziale und kulturelle Engagement der Türken in der Europäischen Union« und deren »Integrationsprozess« zu fördern. Bei der Eröffnungsfeier der UETD-Europazentrale in Köln im November 2005 sprach Bundeskanzler Gerhard Schröder,

der den anwesenden Ministerpräsidenten Erdoğan dabei einen »lieben Freund« nannte[96]. Die UETD wirbt heute offen für Erdoğan, in Deutschland tritt sie vor allem durch die Organisation von Veranstaltungen im AKP-Umfeld in Erscheinung. Unter anderem war sie maßgeblich an der Organisation der Demonstration in Köln nach dem Putschversuch beteiligt, zu der Erdoğan nicht per Video zugeschaltet werden durfte. (In der danach eskalierenden Krise zwischen Berlin und Ankara bemühten sich UETD-Vertreter allerdings um Entspannung.) Nach Einschätzung des nordrhein-westfälischen Innenministeriums bestehen sogar Verbindungen zwischen AKP-Vertretern und einer in Deutschland operierenden türkisch-nationalistischen Rockergruppe namens Osmanen Germania. Bundesaußenminister Sigmar Gabriel und Justizminister Heiko Maas forderten im August 2017 in einem Gastbeitrag bei *Spiegel Online* eine schärfere Kontrolle von Vereinen und Moscheen, die Erdoğan nahestehen. Die Minister warfen Erdoğan vor, Türken in Deutschland in einen »Kulturkampf« stürzen zu wollen, und warnten: »Wir dürfen einer massiven Gefährdung unseres freiheitlich-demokratischen Staates nicht tatenlos zusehen.«[97]

Viele Fragen zum vereitelten Putsch in der Türkei sind bis heute offen – vor allem die, ob der Drahtzieher tatsächlich Erdoğans einstiger Verbündeter Fethullah Gülen gewesen ist. Nicht geklärt ist auch, wann die Regierung von dem geplanten Staatsstreich Kenntnis erhielt und ob sie ihn hätte vereiteln können. Klar ist aber, dass der Umsturzversuch Erdoğan den Weg dafür ebnete, das wichtigste Projekt seiner politischen Laufbahn umzusetzen: die Einführung eines Präsidialsystems, das nach den Befürchtungen der Opposition das Ende der parlamentarischen Demokratie bedeuten könnte – Oppositionsführer Kemal Kılıçdaroğlu nannte Erdoğan schon vor dem Putschversuch einen »Diktator«. Der Wahlkampf vor dem Verfassungsreferendum über das Präsidialsystem markierte einen weiteren Tiefpunkt im deutsch-türkischen Verhältnis: Türkischen Regierungsvertretern wurden von den Behörden in Deutschland, aber auch in den Niederlanden Wahlkampfauftritte untersagt. Erdoğan hatte sein perfektes Wahlkampfthema gefunden, das von innen- und außenpolitischen Problemen ablenkte: Ausgerechnet diejenigen, die die Türkei in Sachen Meinungsfreiheit stets belehren wollten, verböten Auftritte seiner Minister, wetterte er. Allen voran Deutschland wolle das Präsidialsystem und damit eine starke, selbstbewusste Türkei verhindern.

Erdoğan nahm gleich alle Europäer in die Verantwortung und drohte: »Wenn ihr euch weiterhin so benehmt, wird morgen kein einziger Europäer, kein einziger Westler auch nur irgendwo auf der Welt sicher und beruhigt einen Schritt auf die Straße setzen können.« Ins Visier gerieten besonders die Deutschen, die Erdoğan und seine Regierungsmitglieder mit Nazi-Vergleichen überzogen – wohl wissend, dass das die ultimative Beleidigung ist. Erdoğan warf sogar Merkel persönlich »Nazi-Methoden« vor. An türkische Wähler in Europa, die er um Zustimmung zu seiner Verfassungsreform bat, appellierte der Präsident knapp zwei Wochen vor dem Referendum: »Und ich sage, gebt diesen Enkeln des Nationalsozialismus, die diese faschistischen Repressionen anwenden, mit einem Ja aus den Urnen und mit Gottes Hilfe die entsprechende Antwort.«

Erdoğan gewann die Volksabstimmung am 16. April mit 51,4 Prozent. Der knappe Sieg war umstritten: Die Organisation für Sicherheit und Zusammenarbeit in Europa (OSZE) bemängelte Unregelmäßigkeiten am Tag der Abstimmung. Die

Opposition sprach von Wahlbetrug. Die EU und die Bundesregierung sparten sich alle Glückwünsche. In Deutschland brach nach dem Referendum eine andere Diskussion los: Wie es sein könne, dass 63,1 Prozent der Stimmen der Deutschtürken auf das Erdoğan-Lager entfielen – womit der umstrittene Präsident in der Bundesrepublik trotz seines deutschfeindlichen Wahlkampfs viel besser abschnitt als in der Türkei selber. Der AfD-Spitzenkandidat für die Bundestagswahl 2017, Alexander Gauland, sagte dem Schweizer *Tagesanzeiger*: »Das überwältigende Ja der Deutschtürken zu Erdoğans Verfassungsreferendum hat gezeigt, dass die Integration total gescheitert ist. Deshalb wäre es sinnvoll, wenn die Wege sich wieder trennen würden: dass der Türke seine Loyalität zwischen Istanbul und Ankara auslebt und wir unsere deutsche Identität hier pflegen.«[98]

Die gut 412.000 Jastimmen der Deutschtürken zum Präsidialsystem entschieden das Referendum zwar nicht: Erdoğans Lager kam nach Angaben der Wahlkommission auf einen Vorsprung von rund 1,4 Millionen Stimmen. Möglicherweise trug der Streit mit Deutschland aber trotzdem entscheidend zu Erdoğans Sieg bei. Vor dem Referendum sagte der AKP-Abgeordnete Hüseyin Kocabıyık dem regierungsnahen Sender A Haber zu dem Streit über die Auftrittsverbote: »Lasst uns nicht wütend auf diese Deutschen und Niederländer sein. Vielleicht müssen wir ihnen ein wenig danken. Sie haben etwa zwei Punkte zu unseren Jastimmen beigetragen, da können Sie sicher sein.« Zwei Punkte, die bei dem knappen Ergebnis den Unterschied zwischen Sieg und Niederlage ausgemacht hätten. Die Genugtuung war Erdoğan anzumerken, als er dem Sender Al-Dschasira nach dem Referendum sagte: »Dass in Deutschland die Jastimmen so hoch ausgefallen sind, hat sie wahnsinnig gemacht.«

5 DEUTSCHE GEFANGENE

Am Sonntag, dem 25. Dezember 2016, veröffentlichte die Onlineausgabe der regierungsnahen Zeitung *Sabah* eine gerade einmal 20 Zeilen lange Meldung. Die kurze Nachricht fand in Deutschland, wo gerade der erste Weihnachtsfeiertag begangen wurde, kaum Aufmerksamkeit. Dabei markierte sie den Beginn einer beispiellosen Krise zwischen Deutschland und der Türkei. *Sabah* berichtete über Razzien im Zusammenhang mit Ermittlungen gegen eine regierungsfeindliche türkische Hackergruppe namens *Redhack*, die sich drei Monate zuvor Zugang zu den E-Mails von Energieminister Berat Albayrak verschafft hatte. Im Laufe der darauffolgenden Wochen und Monate gerieten Inhalte aus den Mails an die Öffentlichkeit. Schließlich veröffentlichte Wikileaks alle knapp 58.000 Mails, Daten mit einem Volumen von rund 20 Gigabyte wurden für jeden Internetnutzer abrufbar.

Das Energieministerium ist nicht unbedeutend, gehört aber auch nicht zu den wichtigsten Ressorts in der türkischen Regierung. Albayrak ist dennoch kein gewöhnlicher Minister, sondern der Schwiegersohn von Präsident Recep Tayyip Erdoğan. Er wird als möglicher Kronprinz gehandelt, sollte Erdoğan jemals abtreten.

Sabah berichtete, fünf Personen seien bei den Razzien festgenommen worden, nach einer weiteren werde gesucht. Drei weitere Verdächtige hielten sich im Ausland auf. Dass es sich bei den insgesamt neun Beschuldigten – denen laut *Sabah* Mitgliedschaft in einer Terrororganisation und die Verbreitung persönlicher Daten vorgeworfen wurde – um Journalisten handelte, wurde nicht erwähnt. Dafür wurden die Namen der Verdächtigen genannt.

Darunter war auch ein Name, den bald darauf ganz Deutschland kennen sollte: Deniz Yücel.

Der deutsch-türkische Korrespondent der *Welt* hatte in zwei Artikeln Bezug auf die gehackten Mails aus Albayraks Konto genommen: Im ersten Bericht ging es um mögliche türkische Verbindungen zur Terrormiliz Islamischer Staat (IS) und den Einfluss der AKP auf Medien. Der zweite Artikel handelte von »der geheimen Troll-Armee des Recep Tayyip Erdoğan«, also von Versuchen der Regierung, Einfluss auf soziale Medien zu nehmen. Nach (deutschen) journalistischen Maßstäben war an den Berichten nichts zu bemängeln, Deniz benannte auch deutlich, was die Mails nicht bewiesen; zum Beispiel gab es darin keinen Beleg dafür, dass die Regierung Waffen an den IS geliefert habe. Auch Details aus den Mails, die Albayraks Privatleben betrafen, fanden in den *Welt*-Berichten keinen Niederschlag. Zudem war es nicht Deniz, der die Mail-Inhalte publik machte: Zum Zeitpunkt der Veröffentlichungen in der *Welt* waren sie bereits öffentlich zugänglich. Dass der AKP-Regierung Deniz' kritische Haltung bereits lange ein Dorn im Auge war, war allerdings schon vor den beiden Artikeln kein Geheimnis.

Sabah berichtete an jenem 25. Dezember, Deniz gehöre zu jenen drei Verdächtigen, die sich im Ausland aufhielten. Das stimmte allerdings nicht. Er war in Istanbul, als er durch *Sabah* erfuhr, dass die Polizei nach ihm suchte. Er tauchte ab. Wir hatten kurz Kontakt, und Deniz wäre nicht Deniz, würde er sich nicht auch in den unmöglichsten Lagen seinen Humor bewahren. Nachdem er mir schrieb, dass er an einem sicheren Ort angekommen sei, schickte er hinterher: »Şöne Weihnacht.«

Die Bemühungen der Bundesregierung, auf diplomatischem Wege eine Lösung zu finden, blieben erfolglos. Eine Ausreise –

die vermutlich spätestens bei der Passkontrolle vereitelt und als Fluchtversuch und Schuldeingeständnis gewertet worden wäre – erschien zu riskant. 52 Tage nach dem *Sabah*-Artikel stellte Deniz sich der Polizei. Sein Optimismus war immer noch ungebrochen: »Wird schon«, schrieb er, bevor er sich am 14. Februar auf den Weg zum Istanbuler Polizeihauptquartier im Stadtteil Fatih machte. Der Optimismus sollte unbegründet sein. Deniz wurde festgenommen, am 27. Februar verhängte ein Haftrichter Untersuchungshaft. Die Vorwürfe: Terrorpropaganda und Aufwiegelung der Bevölkerung, von *Redhack* war keine Rede mehr. Die Anschuldigungen beruhten auf Deniz' Berichterstattung, unter anderem ging es um einen Witz über Türken und Kurden, den der Journalist in einem seiner Artikel zitiert hatte. Deniz saß schon in Isolationshaft im Gefängnis von Silivri, als Erdoğan sich am 3. März persönlich einschaltete und öffentlich Anschuldigungen gegen den Journalisten erhob, von denen beim Haftrichter gar keine Rede gewesen war. Der Präsident behauptete, Deniz sei ein »deutscher Agent« und ein PKK-Terrorist. Damit war der Journalist von höchster staatlicher Stelle vorverurteilt. Eine offizielle Anklageschrift legte die Staatsanwaltschaft dagegen monatelang nicht vor. Mit der ersten Inhaftierung eines deutschen Korrespondenten – und mit den durch nichts belegten Anschuldigungen Erdoğans – erreichten die deutsch-türkischen Spannungen ein zuvor nie da gewesenes Ausmaß.

Deniz sollte nicht der einzige deutsche Gefangene bleiben. Am 30. April 2017 stürmten Polizisten die Wohnung der türkischstämmigen Journalistin und Übersetzerin Meşale Tolu, die in Istanbul für die linke türkische Nachrichtenagentur Etha arbeitete. Bald danach kam auch sie unter Terrorverdacht in Untersuchungshaft. Anders als Deniz Yücel, der Doppelstaater ist, besitzt Çorlu ausschließlich einen deutschen Pass. Und schon bald darauf sollte die Eskalation ein neues Niveau erreichen: Am 5. Juli stürmte die Polizei ein Seminar von Menschenrechtlern im Hotel *Ascot* auf Büyükada, der größten der Prinzeninseln im Marmarameer vor der Küste Istanbuls. Zehn Aktivisten wurden festgenommen, darunter der Deutsche Peter Steudtner, der als Referent eingeladen war. Bei dem Workshop ging es um digitale Verschlüsselungstechniken, aber auch um Übungen zur Stressbewältigung. Steudtner hatte keinen Bezug zur Türkei, er war weder ein unbequemer Journalist noch ein offener Erdoğan-Kritiker. Der Menschenrechtler – den Amnesty International als »Gewaltfreiheits- und Wohlbefinden-Trainer« beschreibt – war nur für den Workshop nach Istanbul gereist. Er wäre nach wenigen Tagen zurück zu seiner Familie nach Berlin geflogen.

Nach der Festnahme der Menschenrechtler rückte Erdoğan die Aktivisten in die Nähe der Umstürzler vom Juli 2016. Beim G20-Gipfel in Hamburg sagte der Präsident, die Versammlung auf Büyükada habe in ihrem Charakter »einer Fortsetzung des 15. Juli« entsprochen. Wenig verwunderlich, dass ein Istanbuler Strafgericht daraufhin Untersuchungshaft gegen Steudtner und mehrere andere der Beschuldigten verhängte, denen Mitgliedschaft in einer Terrororganisation und Unterstützung solcher Gruppen vorgeworfen wurde. Steudtners Anwalt Murat Boduroğlu sagte, die Anklageschrift lese sich »wie ein schlechter Roman«[99], und sogar ein AKP-naher Jurist räumte hinter vorgehaltener Hand ein, die Anschuldigungen seien »lächerlich«.

Schon vor der Razzia gegen die Menschenrechtler hatte die bis dato zurückhaltend agierende Bundesregierung ihren Kurs gegen Erdoğan verschärft: Sie untersagte dem Präsidenten nicht nur einen von ihm gewünschten Auftritt am Rande des G20-Gipfels im Juli in Hamburg, sondern verbot Wahlkampfauftritte ausländischer Politiker gleich prinzipiell. Die Maßnahme ist auf die AKP-Regierung gemünzt: Für Politiker aus der EU gilt sie nicht. Mit der Inhaftierung Steudtners platzte der Bundesregierung dann der Kragen. Bundesaußenminister Sigmar Gabriel (SPD) – der die deutschen Inhaftierten in den Wochen darauf als »Geiseln« bezeichnete – brach seinen Urlaub ab und kündigte in Berlin eine Neuausrichtung der deutschen Türkei-Politik an. »Wieder und wieder haben wir Geduld geübt, uns zurückgenommen und nicht mit gleicher Münze heimgezahlt. Wieder und wieder haben wir darauf gesetzt, dass schon wieder Vernunft einkehren wird und wir zu gedeihlichen Beziehungen zurückfinden können. Wieder und wieder sind wir enttäuscht worden. Immer wieder wurde gleich die nächste Stufe der Eskalation erklommen«, sagte Gabriel. »Die Fälle von Peter Steudtner, Deniz Yücel und Meşale Tolu stehen beispielhaft für die abwegigen Vorwürfe von ›Terrorpropaganda‹, die offensichtlich dazu dienen, jede kritische Stimme zum Schweigen zu bringen, derer man habhaft werden kann, auch aus Deutschland. Und sie stehen für ein Unrecht, das jeden treffen kann.« Der Chefdiplomat warnte ausdrücklich davor, »dass deutsche Staatsbürger in der Türkei vor willkürlichen Verhaftungen nicht mehr sicher sind«.[100] Eine an sich ungeheuerliche Aussage über einen Staat, mit dem Deutschland offiziell immer noch befreundet ist.

Was in Ankara für Unruhe sorgte, waren allerdings nicht Gabriels Verweise auf die erodierenden »Fundamente von Rechtsstaatlichkeit und Demokratie«. Es waren die verschärften Reisehinweise des Auswärtigen Amtes, die Touristen abschrecken und auf die die Türkei bald darauf mit einer »Reisewarnung für die Bundesrepublik Deutschland« reagierte. Vor allem aber war es dieser Satz Gabriels: »Man kann niemandem zu Investitionen in einem Land raten, wenn es dort keine Rechtssicherheit mehr gibt und sogar Unternehmen in die Nähe von Terroristen gerückt werden.« Zuvor war die Existenz einer Liste der türkischen Behörden im Zusammenhang mit Terrorermittlungen öffentlich geworden, auf der 668 deutsche Unternehmen standen. Diese Liste sorgte für nachhaltige Verunsicherung bei ausländischen Investoren, die die türkische Wirtschaft dringend braucht. Erdoğan ist darauf angewiesen, dass die Wirtschaft läuft, bis im November 2019 erstmals zeitgleich Präsidenten- und Parlamentswahlen anstehen – mit den Wahlen soll die Reform zur Einführung von Erdoğans Präsidialsystem abgeschlossen werden. Erdoğan-Sprecher İbrahim Kalın schrieb in einem Beitrag für die regierungsnahe Zeitung *Daily Sabah*, die auf Englisch erscheint und sich an Ausländer in der Türkei richtet: »Es gibt für Deutsche und andere ausländische Staatsbürger keine Bedrohung, wenn sie die Türkei besuchen oder Geschäfte machen.« Der Präsidenten-Sprecher garantierte also zumindest Touristen und Geschäftsleuten deren Sicherheit. In demselben Beitrag kritisierte er »die Besessenheit der deutschen Medien mit Erdoğan«, deren Berichte sich »wie die abschweifenden Gedanken von Geistesgestörten« läsen[101].

Daily Sabah veröffentlichte innerhalb von nur zwei Tagen gleich fünf weitere Kommentare zu Deutschland. Bei ihnen handelte es sich weitgehend um Frontalangriffe gegen die Bundesregierung. Ein Satz in einem der Meinungsstücke beschrieb die Stimmungslage zwischen der Türkei und Deutschland in diesem heißen Juli 2017 allerdings recht treffend: »Dankenswerterweise haben die beiden Länder keine gemeinsame Grenze – sonst würden wir uns auch noch Sorgen über Grenzgefechte machen.«[102]

Tosun, den die Eskalation immer besorgter stimmte, sah das in diesen Tagen ganz ähnlich. Er sagte mir: »Wenn die beiden Länder Nachbarn wären, würde nicht viel fehlen, dass sie militärische Einheiten an der Grenze aufmarschieren lassen würden. Ich hätte es nie für möglich gehalten, dass sich die Türkei und Deutschland so verfeinden.«

Im Herbst sandte die türkische Seite überraschend Signale der Entspannung aus. Ende Oktober wurde Peter Steudtner aus der Untersuchungshaft entlassen, im Dezember Meşale Tolu. Deniz Yücel saß allerdings weiterhin in U-Haft, als das Jahr 2018 anbrach. In einer Botschaft aus dem Gefängnis kritisierte Yücel, er werde »seit fast einem Jahr ohne Anklage als Geisel gehalten«.

Zum Jahreswechsel 2017/2018 gewährte Außenminister Mevlüt Çavuşoğlu der dpa ein Interview, auch das war als Teil der Entspannungsbemühungen zu verstehen. Çavuşoğlu empfing uns in Atatürks früheren Gemächern im *Ankara Palas*, dem Gästehaus des Außenministeriums in Ankara. Der Minister sagte, er rechne mit einer deutlichen Verbesserung der Beziehungen, verknüpfte das aber zugleich mit einer Warnung an die Adresse Berlins. »Wenn Deutschland sich einen Schritt auf uns zubewegt, geht die Türkei zwei Schritte auf Deutschland zu. Das ist keine Schwäche, das kommt von Herzen. Aber wenn Deutschland die Türkei bedroht, wird die Türkei zurückschlagen.«

Präsident Erdoğan hatte wenige Tage zuvor die Losung ausgegeben: »Wir müssen die Zahl unserer Feinde verringern und die Zahl unserer Freunde erhöhen.« An einen Neuanfang in der deutsch-türkischen Freundschaft wollte ein deutscher Spitzenbeamter trotz der Entspannungssignale aus Ankara nicht so recht glauben. Er sagte: »Die Beziehungen werden nie wieder so sein wie vor der Krise.«

6   DEUTSCHE DOPPELMORAL

Erdoğans Ausfälle verleiten dazu, seine Aussagen pauschal abzutun. Doch ganz so einfach ist es nicht: In dem Getöse geht unter, dass manche Kritikpunkte, die der Präsident anspricht, zumindest diskussionswürdig sind. Zum Beispiel, wenn er die wachsende Fremden-, Türken- und Islamfeindlichkeit in Deutschland anprangert. Nicht alleine ist Erdoğan auch mit seinem Unmut über die schleppende Aufarbeitung der Morde an acht Türken, einem Griechen und einer deutschen Polizistin zwischen den Jahren 2000 und 2006, hinter denen die Ermittler zunächst Täter aus dem türkischen Drogenmilieu vermuteten, für die aber die Terrorzelle des Nationalsozialistischen Untergrunds (NSU) verantwortlich war. Bevor bekannt wurde, dass Neonazis die Taten begangen hatten, bürgerte sich in deutschen Medien dafür der ebenso griffige wie diskriminierende Begriff der »Döner-Morde« ein, obwohl nur zwei der Opfer überhaupt in einem Döner-Imbiss gearbeitet hatten. »Döner-Morde« wurde 2011 zum Unwort des Jahres gewählt. In der Begründung der Jury hieß es, der Ausdruck stehe prototypisch dafür, dass die politische Dimension der Mordserie jahrelang verkannt oder willentlich ignoriert worden sei. »Mit der sachlich unangemessenen, folkloristisch-stereotypen Etikettierung einer rechtsterroristischen Mordserie werden ganze Bevölkerungsgruppen ausgegrenzt und die Opfer selbst in höchstem Maße diskriminiert, indem sie aufgrund ihrer Herkunft auf ein Imbissgericht reduziert werden.«[103]

In der Gefühlswelt mancher Deutscher dominierte allerdings nicht die Empörung darüber, dass Neonazis jahrelang ungestört morden konnten. Der Anwalt Mehmet Daimagüler beschrieb im November 2015 in der *Zeit*, wie die Reaktionen darauf ausfielen, dass er als Deutscher mit türkischen Wurzeln Nebenkläger im NSU-Prozess vertritt:

> Ich bekomme viele Schreiben, Mails, Briefe, Anrufe. Manchmal Briefe ohne Briefmarken, unter meiner Wohnungstür durchgeschoben. Die einen wollen mir in den Kopf schießen, die anderen mich öffentlich verbrennen, manche kommen auch ohne Gewaltfantasien aus. Aber was sie alle sagen, auch die physisch harmlosen: Du bist anders, du bist kein Deutscher, du bist Türke, du wirst nie zu uns gehören. […] Ich will nicht wütend sein, aber ich bin es. Ich weiß, ich habe in Deutschland keine Heimat, jedenfalls keine selbstverständliche wie meine deutschen Freunde, allenfalls eine Heimat bis auf Weiteres. Auf Polizei und Justiz kann ich im Zweifel nicht zählen. In Deutschland geboren, eine Eins im Deutsch-Abi? Hat nichts zu bedeuten. Ich bin Türke, mit einem deutschen Pass.[104]

Ein wiederkehrender Vorwurf Erdoğans an die Adresse Deutschlands ist der der Doppelmoral. Auch das ist eine Anschuldigung, die der Präsident nicht grundlos erhebt. Da wäre zum Beispiel die Armenier-Resolution vom Juni 2016: Der Bundestag fühlte sich berufen, die Gräueltaten im Osmanischen Reich als Völkermord einzustufen, bevor es eine vergleichbare Resolution zu den deutschen Massakern an den Herero im heutigen Namibia gab. Bundestagspräsident Norbert Lammert (CDU) nannte das »ein bisschen peinlich«, und noch viel vernichtender fiel die Kritik der Herero aus. »Der Völkermord an den Armeniern fand nur sieben Jahre nach dem an den Herero statt, hier sprechen die Deutschen plötzlich wie selbstverständlich von Völkermord«, sagte Esther Muinjangue, die Vorsitzende des Ovaherero Genocide Committee (OGC), im Juli 2016 der *Welt*. »Was ist der Unterschied? Die Herero sind schwarz, die Deutschen glauben, dass sie Schwarze nicht ernst nehmen müssen. Das ist für mich die einzige Schlussfolgerung.«[105]

Ich finde, es gibt sehr überzeugende Argumente dafür, dass es sich bei den Massakern an den Armeniern 1915 um Völkermord handelte. (Die Türkei bestreitet die Gräueltaten übrigens nicht, sondern wehrt sich gegen den Begriff des Genozids.) So breit akzeptiert wie beim Holocaust an den Juden ist die Einstufung aber nicht. Mir fällt es schwer, mir darüber ein abschließendes Urteil zu bilden; ich bin kein Historiker. Das gilt für die überwiegende Mehrheit der Bundestagsabgeordneten allerdings ebenso. Was in der Diskussion um die Bundestags-Resolution kaum Beachtung fand: Erdoğans Regierung und das türkische Parlament waren 2005 auf Armenien zugegangen, um den Streit beizulegen. Im April 2005 schlug Erdoğan dem armenischen Präsidenten Robert Kotscharjan vor, »eine gemeinsame Gruppe aus Historikern und anderen Experten aus unseren beiden Ländern zu bilden, um die Entwicklungen und Vorfälle von 1915 nicht nur in den Archiven der Türkei und Armeniens, sondern auch in den Archiven aller relevanten Drittstaaten zu erforschen und ihre Ergebnisse der internationalen Öffentlichkeit mitzuteilen. Ich glaube, dass eine solche Initiative Aufschluss über eine umstrittene Geschichtsepoche geben und einen Schritt darstellen würde, der zur Normalisierung des Verhältnisses unserer Länder beiträgt.«[106] Mit den Stimmen der Opposition unterstützte das Parlament in Ankara den Vorstoß, der letztlich auch am Widerstand Armeniens scheiterte. Kotscharjans Amtsnachfolger Sersch Sargsjan sah hinter der Initiative die Absicht, »den Prozess der Anerkennung des Völkermordes an den Armeniern zu verzögern und die Aufmerksamkeit der Internationalen Gemeinschaft von diesem Verbrechen abzulenken«.[107]

Nicht nur Erdoğan war im Juni 2016 empört über die Völkermord-Resolution des Bundestages, weite Teile der türkischen Opposition waren ebenfalls aufgebracht (und Tosun übrigens auch). Die AKP-feindliche und stramm kemalistische Zeitung *Sözcü* druckte eine Fotomontage von Kanzlerin Merkel (die an der Abstimmung aus »Termingründen« nicht teilgenommen hatte) mit Hitlerbart und in einer Naziuniform vor einer Hakenkreuzflagge. Das Blatt titelte auf Deutsch: »Schämen Sie sich!«

Normalerweise ist die Verunglimpfung Merkels als Nazi eine Domäne von AKP-nahen Zeitungen, die sich in ihren Fotomontagen regelrecht überbieten. So lautete beispielsweise eine Überschrift bei *Akşam* im August 2016 »Heil Merkel«, daneben durfte sich ein Redakteur an der Bildbearbeitungs-Software versuchen: Die Kanzlerin trug Hitlerbart und reckte den Arm zum Nazigruß. *Güneş* nannte die »hässliche Tante« Merkel im März 2017 »Frau Hitler«, abgebildet wurde sie in SS-Uniform mit Hakenkreuzbinde. Das Blatt befand: »Sie unterscheidet sich überhaupt nicht von Hitler.« Wer glaubte, dass das nicht mehr zu toppen wäre, hatte die Rechnung ohne *Yeni Akit* gemacht: Die Zeitung zeigte im Juli 2017 eine Fotomontage Merkels mit Hakenkreuz neben der Schlagzeile »Schlimmer als Hitler«. Im dazugehörigen Artikel berichtete das islamistische Blatt, in Deutschland würden kranke Türken nicht behandelt, türkische Arbeiter würden entlassen, Wohnungen würden nicht mehr an Türken vermietet. »Bei der Unterdrückung und beim Hass hat Merkels Deutschland Hitler überholt.«

Die Nazi-Verunglimpfungen in türkischen Zeitungen sorgen in Deutschland zuverlässig für Empörung – und zwar auch bei jenen Deutschen, die meinen, dass Erdoğan sich vom ZDF-Komiker Jan Böhmermann gefälligst als pädophiler Ziegenficker beschimpfen zu lassen habe. Dass für Türken solche Beleidigungen schwerer wiegen als die Verunglimpfung als Nazi, spielte kaum eine Rolle in der abgehobenen Diskussion in Deutschland darüber, »was Satire darf«. Der deutsch-türkische Journalist Hakan Tanrıverdi schrieb bei jetzt.de:

> Das Problem ist, dass dieses Gedicht rassistisch ist. Auf mich wirkt es so, als ob die Redaktion eine Kiste voller Klischees über Kanaken aufgestellt hätte, dann durfte jeder Mitarbeiter ein Vorurteil ziehen, und das wurde als Reim verarbeitet. Denn, und das ist das Problem, die »Schmähkritik« geht eben nicht gegen Erdoğan. Mit einem Großteil der Beschimpfungen, die Erdoğan treffen sollen, werden Türken seit Jahrzehnten beleidigt.[108]

Fragen wirft auch der Umgang Deutschlands (und des Westens insgesamt) mit der PKK auf, den Erdoğan regelmäßig anprangert. Die PKK steht nicht nur in der Türkei, sondern auch in der EU und den USA auf der Liste der Terrorgruppen. Zwar werden PKK-Kader in der Bundesrepublik gelegentlich vor Gericht gestellt, von einem konsequenten Vorgehen gegen die verbotene Organisation kann aber keine Rede sein. »Der unausgesprochene Deal lautet: Wir lassen euch in Ruhe, ihr lasst uns in Ruhe«, sagt ein deutscher Beamter.

Wie ungehindert die PKK in Deutschland Kämpfer anwerben, Gelder einsammeln und Propaganda betreiben kann, darüber gibt der Verfassungsschutzbericht unverblümt Auskunft.[109] »Für den bewaffneten Kampf werden Jugendliche in Deutschland rekrutiert und durch PKK-Kader auf ihre Tauglichkeit geprüft«, heißt es lakonisch im Jahresbericht 2016 des Inlandsgeheimdienstes, der die Zahl der PKK-Anhänger in der Bundesrepublik auf 14.000 schätzt. Die alljährliche Spendenkampagne der Organisation habe in Deutschland erneut ein »herausragendes Ergebnis« erzielt: Mehr als 13 Millionen Euro habe die PKK von September 2015 bis Anfang 2016 einsammeln können. Während der Spendenerlös in Europa insgesamt mit 25 Millionen Euro konstant geblieben sei, habe die PKK in Deutschland »ihre Spendeneinnahmen in den vergangenen zehn Jahren mehr als verdoppeln können«. Die Spenden und die anderen eingesammelten Gelder würden »vor allem für den Unterhalt der Organisation und des umfangreichen Propagandaapparates in Europa genutzt, dienen zum Teil aber auch der Unterstützung in den Kampfgebieten«. Zur Umsetzung ihrer Vorgaben nutze die PKK in Deutschland »überwiegend die örtlichen kurdischen Vereine, die den Anhängern der Organisation als Treffpunkt und Anlaufstelle dienen«.

Diese Vereine, die offen operieren, organisieren unter anderem das alljährliche kurdische Kulturfestival in Deutschland, nach Erkenntnissen deutscher Sicherheitsbehörden »eine der wichtigsten Aktivitäten« zur Unterstützung der PKK. 2011 fand das Fest in Köln statt, die Polizei registrierte »mehrere tausend Fahnen und Plakate der PKK«. Außerdem wurde aus dem Ausland eine Rede des PKK-Kommandeurs Murat Karayılan – der im Kampfanzug vor einer PKK-Flagge posierte – auf eine Videoleinwand eingespielt. Fünf Jahre später wurde Erdoğan ebenfalls in Köln eine solche Videobotschaft an seine Anhänger untersagt. Das Oberverwaltungsgericht Münster begründete das Verbot damit, dass Redner bei Demonstrationen persönlich anwesend sein müssten.

Auch legen westliche Staaten im Umgang mit der Türkei nicht unbedingt besonders große Sensibilität an den Tag. Die Anteilnahme nach Anschlägen in Paris oder London fällt viel größer aus, als wenn in Istanbul oder Ankara Bomben detonieren. Im März 2016 zündete eine PKK-Splittergruppe auf dem belebten Kızılay-Platz im Herzen Ankaras eine Autobombe, 37 Menschen wurden getötet. Als vier Tage später der türkische Ministerpräsident Ahmet Davutoğlu zum Gipfeltreffen mit der EU nach Brüssel kam, demonstrierten in unmittelbarer Nähe des Ratsgebäudes PKK-Anhänger. Sie hatten sich vor einer riesigen grünen Flagge mit gelber Sonne und rotem Stern versammelt: dem Symbol des PKK-Dachverbandes KCK. Die belgische Polizei sicherte den Protest. Vier Tage nach dem Gipfel überzog die Terrormiliz IS Brüssel mit Selbstmordanschlägen, 35 Menschen kamen dabei ums Leben. Es ist ein hypothetisches Konstrukt, aber man stelle sich kurz vor, der EU-Türkei-Gipfel hätte erst nach den Anschlägen von Brüssel stattgefunden, der Tagungsort wäre Ankara gewesen, und die EU-Delegationen wären an Demonstranten vorbeigefahren, die unter türkischem Polizeischutz die schwarzen Flaggen des IS geschwenkt hätten. Ich vermute, die Empörung in der EU über die Türken wäre groß gewesen. Das Gleiche gilt, wenn man sich den wieder hypothetischen Fall vorstellt, beim Verfassungsschutzbericht würde es sich stattdessen um einen Bericht des türkischen Geheimdiensts MIT handeln, der darin aufzeigen würde, wie ungehindert der

IS in der Türkei operieren könne. Die naheliegende Frage, die dann sicherlich gestellt werden würde: Warum werden diese Aktivitäten nicht gestoppt, wenn sie doch bekannt sind?

Scheinheilig ist die Unterscheidung, die Politiker in Europa und den USA zwischen der PKK und ihrem syrischen Ableger YPG machen. Die YPG ist der Verbündete des Westens im Kampf gegen den IS in Nordsyrien, die USA belieferten die Miliz sogar mit Waffen. Oft sind es aber dieselben kurdischen Kämpfer, die je nach Bedarf für die PKK oder für die YPG kämpfen.[110] Ein und derselbe Kämpfer ist aus westlicher Sicht also ein Terrorist, wenn er auf der türkischen Seite der Grenze operiert, wird aber zum Verbündeten, wenn er die Grenze nach Syrien überschreitet. Dass die Linke im Bundestag offen mit der PKK sympathisiert, zugleich aber (im Rahmen von Truppenbesuchen bei der Bundeswehr) Zugang für ihre Abgeordneten zu türkischen Militärbasen in İncirlik oder Konya verlangte, machte den Streit mit Ankara nicht einfacher.

Erstaunlich verklärt ist auch die Haltung Deutschlands zur Bewegung des in den USA lebenden Predigers Fethullah Gülen, den Erdoğan für den Putschversuch vom Juli 2016 verantwortlich macht. Unter den Anhängern Gülens, die in der Bundesrepublik Schutz gesucht haben, sind nach türkischer Darstellung auch solche, die unmittelbar an dem blutigen Staatsstreich gegen den demokratisch gewählten Präsidenten eines Nato-Partnerlandes beteiligt waren. Die Gülen-Bewegung versteht es meisterlich, sich nach außen so zu geben, wie sich christliche Westler den Muster-Muslim wünschen: dialogbereit und gewaltfrei, auf Aussöhnung und Bildung bedacht. Ein Mantra der Gülen-Anhänger lautet: Baut Schulen statt Moscheen. Allerdings gibt es da ein Video Gülens aus dem Jahr 1999, das auf andere Motive hindeutet. Darin ruft der Prediger seine Anhänger dazu auf, »alle Verfassungsinstitutionen der Staatsstruktur der Türkei« zu durchdringen – »ohne dass sie unsere Existenz bemerken«.

Unbestritten ist in der Türkei über alle politischen Lager hinweg, dass Mitglieder der Gülen-Bewegung vor allem die Polizei und die Justiz, aber auch das Militär unterwandert haben – was natürlich vor allem deswegen gelang, weil Erdoğan und Gülen Verbündete waren. Juristen aus der Gülen-Bewegung spielten eine maßgebliche Rolle darin, zwischen 2008 und 2012 zahlreiche Regierungskritiker mit konstruierten Anklagen hinter Gitter zu bringen. Zwar blieb die türkische Regierung Beweise dafür schuldig, dass Gülen persönlich hinter dem Putschversuch vom Juli 2016 steckte, und der Prediger selber dementierte das. Unter Anhängern Erdoğans und der Opposition herrscht aber seltene Einigkeit darüber, dass Anhänger der Gülen-Bewegung zumindest maßgeblich an dem Staatsstreich beteiligt waren.

Entsprechend große Irritationen rief in der Türkei ein Interview mit dem Präsidenten des Bundesnachrichtendienstes im *Spiegel* im März 2017 hervor. BND-Chef Bruno Kahl sagte dort: »Die Gülen-Bewegung ist eine zivile Vereinigung zur religiösen und säkularen Weiterbildung.«[111] Nicht nur in Kahls eigenem Dienst sorgte diese Aussage für Stirnrunzeln. Ein deutscher Beamter, der nicht für den BND arbeitet, nannte den Umgang der Behörden mit der Gülen-Bewegung »blauäugig«. Er sagte: »Das ist eben keine Nachhilfevereinigung.« Es handele sich tatsächlich um eine Organisation, die in der Türkei die Regierung habe übernehmen wollen. Der Beamte fügte hinzu: »Nicht alles, was Erdoğan sagt, ist falsch.«

Im Streit um die Spitzelvorwürfe gegen Ditib-Imame nach dem Putschversuch warf der Präsident der Religionsbehörde

Diyanet, Mehmet Görmez, eine interessante Frage auf: Ob die Empörung in Deutschland auch so groß ausgefallen wäre, wenn es nicht darum gegangen wäre, Informationen über die Gülen-Bewegung in den Moscheegemeinden zu sammeln, sondern über Strukturen der Terrormiliz IS? Aus deutscher Perspektive hinkt der Vergleich, weil die Gülen-Bewegung in der Bundesrepublik nicht als Terrororganisation eingestuft ist. Aus Sicht vieler Türken – und zwar nicht nur solcher, die die AKP wählen – stellt die Gülen-Bewegung aber eine existenzielle Bedrohung für den Staat dar.

Natürlich liefert Erdoğan mit seiner Politik und seinen Ausfällen Anlass zu Kritik, und selbstverständlich reagieren Deutsche auf Nazi-Vergleiche zu Recht mit Empörung. Dennoch ist die indifferente Haltung gegenüber gefährlichen oder gar terroristischen Erdoğan-Gegnern verwunderlich, weil Gülen- oder PKK-Strukturen auch für die innere Sicherheit Deutschlands eine Bedrohung darstellen können. Vielleicht liegt ein Grund dafür in der Unbeliebtheit Erdoğans, analog zu der Formel, wonach der Feind meines Feindes mein Freund ist.

Wie emotional viele Deutsche auf Erdoğan reagieren, zeigt sich unter anderem daran, dass sich selbst türkische Kritiker des Präsidenten genötigt sehen, sich für dessen Verhalten zu rechtfertigen. Eine türkische Bekannte sagt, sie werde bei Reisen so häufig auf Erdoğan angesprochen, dass sie sich vorkomme, als habe sie einen unsichtbaren Onkel im Schlepptau, der sich danebenbenehme und für den sie sich ständig entschuldigen müsse. Deutsche Türkei-Touristen berichten im Sommer 2017 davon, dass sie sich in ihrem Umfeld zu Hause inzwischen dafür rechtfertigen müssen, dass sie überhaupt noch in das Land reisen. Ähnliche Reaktionen auf Ägypten-Urlaube sind mir nicht bekannt. Dass der ägyptische Präsident Abdel Fattah al-Sisi alles andere als ein lupenreiner Demokrat ist, hielt die Bundesregierung übrigens nicht davon ab, ihm den roten Teppich auszurollen – Menschenrechtsverletzungen hin oder her. Ich befürchte, dass in der Wut auf Erdoğan bei manchen Deutschen noch etwas anderes mitschwingt als die altruistische Sorge um die Demokratie in der Türkei: eine (womöglich unterbewusste) Feindseligkeit gegenüber Türken. Der Karikaturist Til Mette hat das in einer Zeichnung im *Stern* im Frühjahr 2017 sehr passend beschrieben:

7 ENTTÄUSCHTE LIEBE

Tosun ist so liberal, wie man sich als Sohn einen Vater nur wünschen kann. Als ich als Jugendlicher weit nach links abdriftete, diskutierte er meine leicht wirren Thesen mit mir, ohne sie von vornherein als Unfug abzutun. Als ich mich als junger Erwachsener zum Pazifisten erklärte und Tosun als Kriegstreiber verunglimpfte, weil er an Nato-Projekten mitarbeitete, nahm ihn das furchtbar mit. Ob jemand ein Christ oder ein Muslim, ein Schwarzer oder ein Weißer, ein Homo- oder ein Heterosexueller ist, ist meinem Vater gleichgültig. Auch politisch tickt Tosun linksliberal – zumindest in Deutschland. Seit er dort wählen darf, stimmt er für die SPD oder die Grünen. In der Türkei gab er seine Stimme dagegen lange Zeit der AKP und Recep Tayyip Erdoğan. Bei Kritik an dessen Politik kann es bis heute passieren, dass ihm die Sicherung durchbrennt – allerdings nur dann, wenn diese Kritik aus Deutschland kommt. Ich habe mir auf diese Schizophrenie lange Zeit keinen Reim machen können. Erst bei meinen Gesprächen mit Tosun für dieses Buch ist mir klar geworden, dass mein Vater ein Paradebeispiel dafür ist, wie der gebrochene Stolz vieler Deutschtürken diese in Erdoğans weit geöffnete Arme getrieben hat.

Über Jahrzehnte hinweg haben sich weder die jeweiligen Bundesregierungen noch die Regierungen in Ankara um die Türken in Deutschland gekümmert. Aus deutscher Sicht waren die Gastarbeiter Mitbürger mit Verfallsdatum, die sich bald wieder von dannen machen würden. Die elitären Weißtürken in der Türkei wiederum blickten herab auf die ungebildeten

Schwarztürken aus Anatolien, die ihr Glück in *Almanya* suchten. In Deutschland wurden die Gastarbeiter und ihre Familien diskriminiert, in ihrer alten Heimat wurden sie als *Almancılar* verspottet, als Deutschländer, die gar keine richtigen Türken mehr seien. Ihre Stimmen zählten im wahrsten Sinne des Wortes nicht: In Deutschland durften sie nicht wählen, solange sie die deutsche Staatsbürgerschaft nicht besaßen. Um sich an Wahlen in der Türkei zu beteiligen, mussten sie extra dorthin reisen, was nur wenige auf sich nahmen. Erdoğan erkannte das Potenzial, das da schlummerte, und er wusste um seine Popularität vor allem bei den Türken in Deutschland – wie die meisten von ihnen stammt er aus einfachen Verhältnissen. Das Vakuum, das die deutschen und die türkischen Regierungen gelassen hatten, füllte er dankbar aus.

So setzte Erdoğan unter anderem durch, dass Türken seit 2014 auch im Ausland ihre Stimmen abgeben können. Seitdem haben die Auslandstürken ein erhebliches politisches Gewicht: Knapp drei Millionen von ihnen waren beim Verfassungsreferendum 2017 als stimmberechtigt registriert, sie stellten damit rund fünf Prozent aller türkischen Wahlberechtigten. Die größte Gruppe bildeten die Türken in Deutschland: Mehr als 1,4 Millionen von ihnen standen 2017 auf den Listen der türkischen Wahlkommission.

Erdoğan vermittelt den Türken in Deutschland das Gefühl, dass er für sie da ist. Mehrfach kam er in die Bundesrepublik, wo er in vollen Hallen zu seinen jubelnden Landsleuten sprach. In Köln versicherte er ihnen im Jahr 2008, dass seine Regierung immer an ihrer Seite stehen und sich um ihre Probleme kümmern werde. »In jedem Land der Erde können unsere Staatsbürger, die Türken, erhobenen Hauptes leben«, sagte er vor rund 15.000 jubelnden Zuhörern. »Gott sei Dank kann heute der türkische Staatsbürger seinen Pass mit Stolz tragen.«

Die Erfolge Erdoğans verblassen in der Diskussion um seinen politischen Führungsstil. Dabei hat er die Türkei nach seinem Amtsantritt 2003 auch positiv verändert, vor allem im wirtschaftlichen Bereich. Im ersten Erdoğan-Jahrzehnt verdreifachte sich das statistische Pro-Kopf-Einkommen. Aus dem »kranken Mann am Bosporus« wurde ein aufstrebendes Land, das inzwischen zu den G20 gehört, der Gemeinschaft der wichtigen Wirtschaftsmächte. Die Infrastruktur in der Türkei ist häufig besser als die in der Bundesrepublik. In Istanbul kommt die Müllabfuhr mehrmals am Tag, das U-Bahn-Netz wird in einer beeindruckenden Geschwindigkeit ausgebaut, der dritte Flughafen der Millionenmetropole soll einer der größten der Welt werden. Fertiggestellt werden wird er wohl vor dem Berliner Pannen-Airport, auch wenn die Bauarbeiten in Istanbul erst knapp vier Jahre nach dem ersten geplatzten Eröffnungstermin in Berlin begannen. Tosun steht stellvertretend für viele Deutschtürken, wenn er sagt: »Erdoğan hat mir meinen Stolz zurückgegeben.«

Ich glaube, dass vielen Deutschen das Verständnis dafür fehlt, wie lädiert dieser Stolz der Deutschtürken ist. Um Menschen das Gefühl zu vermitteln, dass sie weniger wert sind, bedarf es nicht notwendigerweise eines Skinhead-Angriffs. Dafür reichen Aussagen wie die von Thilo Sarrazin – Autor des umstrittenen Bestsellers *Deutschland schafft sich ab*, Exbundesbankvorstand und früherer SPD-Politiker –, der der Kulturzeitschrift *Lettre International* im September 2009 sagte, eine große Zahl der Araber und Türken in Deutschland »hat keine produktive Funktion, außer für den Obst- und Gemüsehandel«. Oder die Ausführungen des früheren Vize-Chefredakteurs der *Bild am Sonntag* und heutigen

AfD-Politikers Nikolaus Fest, der sich im März 2017 in seinem Blog darüber echauffierte, dass »arabische, türkische oder afrikanische Jugendliche« Älteren nicht den Weg freimachen würden. »Alle sind laut, aggressiv, präpotent, ohne den Willen zur einfachsten Höflichkeit, ohne jede soziale Intelligenz. Nicht einfach sind diese Leute, sondern primitiv und bösartig. Insofern muss man das Wort von Max Frisch, demzufolge wir Gastarbeiter riefen, aber Menschen bekamen, vielleicht korrigieren: Wir riefen Gastarbeiter, bekamen aber Gesindel.«[112]

Pauschale Beleidigungen wie die von Fest sind das eine. Das andere sind Bemerkungen, die vermutlich nicht böse gemeint sind, die aber zeigen, dass Deutschtürken immer noch nicht als Teil der Gesellschaft wahrgenommen werden – ganz egal, wie lange sie schon hier sind. Etwa dann, wenn Tosun in einer Gastwirtschaft in fließendem Deutsch einen Schweinebraten bestellt und zu hören bekommt: »Ach, Sie sind schon so weit integriert, dass Sie Schweinefleisch essen?«

Tosun schleppt dieses Minderwertigkeitsgefühl inzwischen seit Jahrzehnten mit sich herum. Er sagt: »Ich habe ein gutes Auskommen, ich werde in Bernau von den Nachbarn respektiert. Ich habe deutsche Freunde. Ich müsste meine Sympathie mit wehenden Fahnen nach Deutschland tragen. Das kann ich aber nicht, weil ich irgendwie nicht als gleichwertiger Mensch betrachtet werde. Nicht, dass mich jemand persönlich beleidigt. Es ist vielmehr die stillschweigende, allgemein vorherrschende Meinung: Ach ja, die Türken … Das verletzt meine Würde.« Tosun sagt, echten Nazis sei er nur selten begegnet. »Aber der größte Feind sind nicht die Nazis, sondern rassistische Gefühle, die unterdrückt werden, weil man weiß, dass es sich nicht schickt, rassistisch zu sein. Ich glaube, dass solche Gefühle bei einigen

Deutschen vorhanden sind. Es gibt natürlich auch sehr viele sehr gute Deutsche. Das ist wie mit einer Suppe: Wenn du eine sehr gute Suppe kochst und ein bisschen zu viel Salz reinmachst, dann schmeckt die ganze Suppe nicht. So ist es in Deutschland meiner Meinung nach. Zumindest schmeckt mir die Suppe nicht.«

Mit Erdoğan verband mein Vater nicht von vornherein die Hoffnung, dass er seine Würde wiederherstellen könnte. »Als er an die Macht kam, fand ich ihn überhaupt nicht gut, weil ich eigentlich für einen säkularen Staat bin«, sagt Tosun. Je rasanter sich die Türkei unter Erdoğan aber entwickelte, desto mehr verfiel mein Vater dem starken Mann in Ankara. Und je lauter die Kritik vor allem aus Deutschland wurde, desto mehr wurde Tosun zu einem glühenden Verteidiger Erdoğans.

»Dass Erdoğan zum Feind Nummer eins in Deutschland wurde, fing zu der Zeit an, als du in die Türkei gekommen bist«, sagte mein Vater in einem unserer Gespräche – er spielte auf die Gezi-Proteste im Sommer 2013 an, als ich nach Istanbul zog. Mit diesem Umzug und mit meiner neuen Aufgabe als Türkei-Korrespondent begannen auch unsere Diskussionen, die immer wieder in Streit ausarteten.

Nachdem Tosun und Maria ihr Hotel verkauft hatten, zogen sie im Herbst 2013 in unsere Straße in Istanbul. In dem Jahrzehnt, in dem ich in Delhi gelebt hatte, hatten wir uns höchstens drei-, viermal im Jahr gesehen. Nun trafen wir uns mehrmals in der Woche, wenn meine Eltern in Istanbul und nicht am Chiemsee waren. Egal, mit welchem Thema wir beim Abendessen begannen: Irgendwann landeten wir immer bei Erdoğan, und immer wurde die Debatte hitzig. Wenn Tosun mit mir stritt, zog er einen Graben zwischen »wir« und »ihr« – »wir« stand für die gedemütigten Türken, als deren Vertreter er sich sah, »ihr« für die überheblichen Deutschen, für die ich seiner Ansicht nach stand. Häufig endeten die Abendessen in einer bedrückten Atmosphäre, und auf dem kurzen Heimweg schworen meine Frau und ich uns, politische Diskussionen mit Tosun künftig zu vermeiden – ein Schwur, der fast immer schon beim nächsten Abendessen gebrochen wurde.

Die Streitereien trübten in dieser Zeit mein Verhältnis zu meinem Vater, und erst recht belasteten sie die Ehe meiner Eltern. Maria sagt: »Wenn ich da ganz ehrlich sein soll, wir konnten uns jahrelang nicht über Politik unterhalten, weil wir uns immer wieder gestritten haben. Ich habe nie verstanden, warum er so viel Sympathie für Erdoğan aufgebracht und nicht gesehen hat, wohin dieser Mann die Türkei führt. Das hat uns entfremdet, das muss man schon sagen. Und wenn wir über Probleme in der Türkei gesprochen haben, hat Tosun immer Deutschland als Vergleich herangezogen, was in den meisten Fällen weder Hand noch Fuß hatte. Das ist, was mich zur Raserei getrieben hat. Man konnte mit ihm nicht diskutieren.«

Mein Vater kritisiert dagegen bis heute ein »Erdoğan-Bashing« in Deutschland, das schon in Mode gewesen sei, als Erdoğan dafür noch gar keine Gründe geliefert habe. »Das hat begonnen mit spöttischen Bemerkungen über den Sultan vom Bosporus«, sagt Tosun. »Wenn ich wieder zu hundert Prozent Türke geworden sein sollte, dann nicht bei meiner Rückkehr in die Türkei, sondern als die deutschen Medien angefangen haben, so übermäßig intensiv auf Erdoğan zu schimpfen. Ich glaube, ich habe Erdoğan oft aus Trotz verteidigt. Diese ständige Schimpferei hat mich – teilweise wider besseres Wissen – dazu bewogen, Partei für ihn zu ergreifen. Ich habe mich immer gewundert: Wie kann man so auf unserem Stolz herumtrampeln.«

Meine Eltern im Herbst 2017 am Bosporus

Trotz seiner Unterstützung für die AKP – mit der er auch in seinem Istanbuler Freundeskreis isoliert war – gehörte mein Vater nie zu jenen Türken, die Erdoğan öffentlich zujubeln. Auf Deutsche wirkt oft befremdlich, welchen Personenkult AKP-Anhänger um den Präsidenten betreiben. Beispielhaft dafür war eine Veranstaltung zum Weltfrauentag im März 2016 in Ankara, bei der eine Türkin Folgendes vortrug: »Mein Gott, gewähre unserem Präsidenten, dass er seine Dienste zu Ende bringt«, sagte die junge Mutter in ihrer Ansprache, die Erdoğan zu Tränen rührte. »Denn unser Land, die Menschheit und die islamische Welt brauchen ihn. Wenn sein Leben dafür nicht ausreicht und ich aber noch zu leben habe, dann, mein Gott, gib ihm bitte mein Leben.« Allerdings ist Personenkult in der Türkei kein Alleinstellungsmerkmal der AKP. Gülen-Anhänger verehren den Prediger Fethullah Gülen fast wie einen Heiligen, viele Kurden sehen in PKK-Chef Abdullah Öcalan ihren unumstrittenen Führer. Kemalisten lassen nichts auf Atatürk kommen, dessen Bild noch immer in jeder Amtsstube, in jedem Klassenzimmer und in jedem öffentlichen Gebäude hängt. »Die Wurzeln der Demokratie in der Türkei sind nicht besonders stark«, sagt Tosun. »Auch Atatürk war ein Diktator, wenn auch ein wohlmeinender. Mit ihm haben die Türken ihre beste Zeit gehabt. Die Deutschen haben dagegen mit Hitler die größte mögliche Katastrophe erlebt. Daher ruft das Wort Diktator in beiden Ländern verschiedene Assoziationen hervor.«

Tosuns Unterstützung für Erdoğan erschien mir in unseren Diskussionen oft auf eine irrationale Art und Weise bedingungslos, mein Vater widerspricht mir da allerdings. »Bedingungslos habe ich die AKP nicht unterstützt«, schrieb er mir in einer Mail. »Für die AKP war ich, weil sie die Macht des Militärs gebrochen haben, und wegen ihrer Wirtschaftspolitik, Europa- und Außenpolitik, besonders was die Annäherung an Armenien und die Lösungsbemühungen im Zypernkonflikt betraf. Auch der Fleiß und das Engagement der AKP-Politiker haben mich beeindruckt.« Womit Erdoğan bei Tosun viele Punkte sammelte – und womit er sich international großen Respekt verschaffte –, war der Friedensprozess mit der PKK. Erdoğan stieß diesen Prozess gegen starke Widerstände in der türkischen Gesellschaft an. Die Gülen-Bewegung versuchte, die Bemühungen zu unterminieren, die auch säkulare Weißtürken skeptisch sahen. Der Kurdenkonflikt ist allerdings ein weiteres Thema, bei dem sich Widersprüche in Tosuns Denken auftun.

Im März 2015 erwähnte ich bei einem unserer Familienabendessen in Istanbul eher beiläufig, dass ich eine Dienstreise zum kurdischen Neujahrsfest Newroz nach Diyarbakır plante. Mein Vater – der fast die gesamte Türkei bereist hat – sagte zu meiner Verblüffung, dass er noch nie in der Kurdenmetropole im Südosten des Landes gewesen sei. Ich schlug spontan vor, er könne mich begleiten. Das war nicht ganz ohne Hintergedanken: Als ich ein junger Erwachsener war, haben wir über die Kurdenpolitik der Türkei gestritten. Tosun vertrat zwar nie die Hardliner-Position mancher Weißtürken, die in Kurden letztlich nur »Bergtürken« sahen. Er erwartete von den Kurden aber, dass sie sich – wie andere türkische Volksgruppen auch – assimilieren würden.

Nach meinem Vorschlag am Abendbrottisch wollte plötzlich nicht nur Tosun, sondern auch der Rest der Familie nach Diyarbakır mitkommen. So planten wir einen Familienausflug in die Kurdenregion, was die Sicherheitslage zu dem Zeitpunkt noch erlaubte. Die Stimmung in Diyarbakır rund um das Newroz-Fest 2015 war ausgelassen, ein Ende des mehr als dreißigjährigen Konflikts schien möglich. Die Menschen tanzten bis in die Nacht auf den Straßen, und zwar zu kurdischer Musik mit kurdischem Gesang – früher hätte ihnen dafür Gefängnis gedroht.

Kaum waren wir nach der Landung ins Taxi gestiegen, begann Tosun, mit dem Fahrer über Politik zu diskutieren. Dieses Muster sollte sich über die kommenden Tage wiederholen: Mein Vater führte etliche Gespräche, die ihn sehr nachdenklich stimmten. Heute sagt er: »Ich bin in einem Dilemma. Ich bin für einen Palästinenserstaat, weil ich denke, dass man den Palästinensern unrecht tut. Ich war für die Schwarzen in Südafrika, weil ich dachte, dass man ihnen unrecht tut. Warum bin ich dann nicht für einen Kurdenstaat? Das ist Doppelmoral. Eigentlich müsste ich dafür sein, dass die Kurden ihr eigenes Land bekommen. Aber ich bin nun einmal Türke. Und weil ein Kurdenstaat die Teilung der Türkei und sehr viel Leid bedeuten würde, kann ich nicht dafür sein. Ich sehe aber ein, dass viele Kurden anders denken. Ich bin sehr dafür, dass wir uns mit den Kurden verständigen und friedlich in einem Land leben.« Die Türken litten in ihrem kollektiven Unterbewusstsein immer noch unter dem Trauma des Osmanischen Reiches, das über die Jahrhunderte hinweg immer weitere Gebiete abgeben musste und zusammenschrumpfte, sagt Tosun. »Das letzte Gebiet, das wir verlieren könnten, ist die Südosttürkei.« Inzwischen ist der Friedensprozess Geschichte, im Sommer 2016 endete die Waffenruhe mit der PKK. Allerdings trägt Erdoğan entgegen der landläufigen Meinung in Deutschland nicht die alleinige Schuld am Ende des Friedensprozesses: Die PKK ist für die erneute Eskalation des Konflikts ebenso verantwortlich.

Tosun sagt, nie unterstützt habe er die Bildungspolitik der AKP, die vor allem in einer dramatischen Zunahme religiös geprägter İmam-Hatip-Schulen Niederschlag findet, und die Bemühungen um eine Islamisierung der Türkei. »Wie du weißt, halte ich von Religion nicht viel. Aber ich dachte, dass die positiven Seiten bei der AKP bei Weitem überwiegen würden. Ich habe die Kraft der Religion unterschätzt. Ein Fehler, den nicht religiöse Menschen oft begehen.«

Letztlich weckte auch Erdoğans zunehmend autoritärer Führungsstil bei Tosun Zweifel. Inzwischen hat er mit der AKP gebrochen – ein schmerzhafter Prozess. »Die Entwicklung der Türkei ist für mich eine große Enttäuschung«, schrieb mir mein Vater. »Ich habe lange Zeit nicht wahrnehmen wollen, dass die

AKP das Land in eine islamische Gesellschaft verwandeln könnte. Vielmehr habe ich das Erstarken des Islams für eine normale Reaktion gehalten. Atatürk, den ich verehre, hatte aus dem Sitz des Kalifats und dem Schwert des Islams, wofür die Osmanen standen, einen laizistischen Staat kreiert. Das Pendel musste zurückkommen. Schließlich hatte auch in Russland die Religion den Kommunismus überlebt. Allerdings kam das Pendel in der Türkei mit unerwarteter Wucht zurück.« Diese Wucht gibt inzwischen übrigens sogar manchen AKP-Funktionären zu denken. Einer davon sagte mir: »Wenn ich in den Spiegel schaue, frage ich mich manchmal, ob wir noch die Unterdrückten sind oder ob wir zu Unterdrückern geworden sind.«

Für Tosun war mit der Verfassungsreform zur Einführung von Erdoğans Präsidialsystem endgültig eine Grenze überschritten. »Was da verankert wird, kann kaum rückgängig gemacht werden«, sagt mein Vater. »Ich habe die ganze Zeit die Hoffnung gehabt, dass es nicht so schlimm kommt. Jetzt werde ich eine glückliche und freie Türkei aufgrund meines Alters nicht mehr erleben. Das tut mir so leid.« Tosun betont zwar, dass er die Verhältnisse in der heutigen Türkei nicht mit denen in Nazi-Deutschland gleichsetzen wolle, er sagt aber auch: »Ich glaube, dass Deutsche, die das Dritte Reich erlebt haben und die am Anfang an Hitler geglaubt haben, damals so enttäuscht und traurig gewesen sein müssen wie ich jetzt.« Allerdings hätten die Deutschen damals durch die Lektüre von Hitlers *Mein Kampf* wissen können, was ihnen droht. Erdoğans Entwicklung sei dagegen nicht voraussehbar gewesen. »Er war doch sogar Europäer des Jahres.«

Tosun sagt, sein Stolz sei durch diese Enttäuschung ein zweites Mal gebrochen worden. »Kritik aus Deutschland ärgert mich aber immer noch. Ich muss dann innerlich dagegen ankämpfen, dass ich nicht doch für Erdoğan Partei ergreife, obwohl es mir fernliegt, ihn zu verteidigen. Aber es fällt mir einfach schwer zu glauben, dass eine bedeutende Mehrheit in Deutschland das Wohl der Türken oder demokratische Werte in der Türkei verteidigen will. Und wenn Deutschland der drittgrößte Exporteur von Waffen ist, dann kann ich das Gerede von Menschenrechten nicht so recht nachvollziehen. Mich ärgert, dass ein Volk, das nicht vor der eigenen Haustür kehrt, uns ständig Lektionen erteilen will.«

Ich führe in solchen Diskussionen meist an, dass die Tatsache, dass Deutschland nicht frei von Fehlern ist, nicht automatisch bedeutet, dass deutsche Kritik ungerechtfertigt ist. Tosuns Vorwurf, Deutschland sei überheblich, tue ich meist reflexhaft als typisch türkisches Vorurteil ab. Allerdings teilen Tosuns Meinung in diesem Punkt nicht nur viele Türken. Eine Überschrift im US-Magazin *Foreign Policy* lautete im April 2017: »Deutschland hat ein Arroganz-Problem«. Im dazugehörigen Artikel hieß es: »Die Deutschen glauben zunehmend, dass sie, und nur sie, am besten Bescheid wissen« – und zwar gleichgültig, ob es um Flüchtlings-, Wirtschafts- oder Energiepolitik gehe. »Auf Deutsch wird dieses Phänomen in einem Wort zusammengefasst: Besserwisserei.«[113]

Nicht nur Tosun, auch mich irritiert, wenn für Erdoğans Verhalten gleich alle Türken in Geiselhaft genommen werden, und zwar sowohl in der Türkei als auch in Deutschland. Als ein Beispiel dafür mögen die Leserkommentare unter einem meiner Berichte zu den deutsch-türkischen Spannungen und zu Erdoğans Nazi-Vergleichen vom März 2017 dienen. Eine Leserin schrieb: »Kein Einkauf bei Türken, kein Urlaub in der Türkei, bei Doppel-

staatsbürgerschaft sofort die Staatsbürgerschaft aus der EU entziehen, keine Verlängerung einer Arbeitserlaubnis, und wir werden sehen, wie schnell einige wieder ihren Verstand einschalten.«
Ein anderer Leser ergänzte: »Und kein Unternehmer soll einen Türken einstellen!« Eine ähnliche Erfahrung machte im Frühjahr 2017 eine türkische Familie, die einen Obst- und Gemüseladen im niedersächsischen Lingen betrieb. Die Familie Yavuz veröffentlichte einen Brief, in dem ihr ein ausrufezeichenverliebter »deutscher Demokrat« schrieb: »Meine Familie, meine Freunde und ich sowie viele Lingener kaufen seit recht vielen Jahren gern und gut frisches Obst und Gemüse in Ihrem Markt! Wenn wir jedoch im Augenblick hören, was von der türkischen Regierung (Erdoğan und andere) an Beleidigungen gegenüber Deutschland kommt, sind wir sehr verärgert! Daher haben meine Freunde und ich beschlossen, ab sofort nicht mehr in einem türkischen Geschäft einzukaufen!!! Ich bin sicher, viele Lingener denken so! Für Ihre Familie tut mir das leid, denn sowohl Ihre Ware als auch Ihre Freundlichkeit war immer hervorragend!«

Hinter solchen Äußerungen steckt der Gedanke, dass jene Türken ihre Koffer packen sollten, die nicht so denken oder abstimmen, wie die deutsche Mehrheitsgesellschaft sich das wünscht. Das ist eine Vorstellung, die kaum mit der Meinungsfreiheit in Einklang zu bringen ist, jedenfalls solange die Meinungen im Rahmen des Grundgesetzes bleiben. Entsprechend schwierig ist die Debatte. Auch ich finde, dass Deutschtürken, die überzeugt sind, die Türkei sei das bessere Land, darüber nachdenken sollten, warum sie dann nicht dort leben. Und auch ich habe Probleme damit, wenn Menschen, die die Vorzüge einer Demokratie genießen, für die Einführung eines autoritäreren

Systems in einem anderen Land stimmen, dessen Auswirkungen sie nicht zu spüren bekommen werden. Besonders große Bauchschmerzen habe ich, wenn Türken im sicheren Deutschland die Todesstrafe in der Türkei fordern, die sie selber nie zu befürchten haben werden. Andererseits ist es auch bei diesem Thema leicht, in die Doppelmoral-Falle zu tappen: Einem Kollegen in Istanbul sagte ich kürzlich, ich wolle nicht, dass meine Tochter in einem Land aufwachse, in dem Menschen hingerichtet würden. Er fragte, ob das für mich auch ein Kriterium wäre, wenn ich mit meiner Familie nicht in der Türkei, sondern in den USA leben würde. Die ehrliche Antwort lautet: Nein, wäre es nicht. Tosun sagte bei einer unserer Diskussionen: »Ich bin dafür, dass auch Türken in Deutschland denken dürfen, dass die Todesstrafe in Ordnung ist. Das ist nicht meine Meinung. Aber kann man Menschen für ihre Gedanken bestrafen?«

Die »Türken raus«-Forderung krankt an der Tatsache, dass Hunderttausende dieser Türken inzwischen auch Deutsche sind.[114] Die Debatte um die doppelte Staatsbürgerschaft ist ein Dauerbrenner in Deutschland. Mit einer Reform im Jahr 2000 wurde eingeführt, dass hier geborene Kinder von Ausländern neben der Staatsbürgerschaft der Eltern unter bestimmten Voraussetzungen automatisch auch die deutsche Staatsbürgerschaft bekommen.[115] Auf Antrag galt diese Regelung rückwirkend auch für Kinder von Ausländern, die zwischen 1990 und dem Inkrafttreten der Reform geboren wurden. Grundsätzlich mussten sich Doppelstaater, die durch Geburt Deutsche wurden, aber vor ihrem 21. Geburtstag für einen der beiden Pässe entscheiden. Bei einer weiteren Reform im Jahr 2014 fiel die sogenannte Optionspflicht weg. Seitdem sind dauerhaft beide Staatsbürgerschaften möglich.[116]

Befeuert wurde der Streit über den Doppelpass durch das Wahlergebnis beim türkischen Verfassungsreferendum. Dazu trugen vor allem Schlagzeilen bei, wonach fast zwei Drittel der Türken in Deutschland für Erdoğan stimmten – was irreführend ist: Von den knapp drei Millionen Menschen mit türkischen Wurzeln waren mehr als 1,4 Millionen wahlberechtigt, davon stimmten etwas mehr als 650.000 ab, also nicht einmal die Hälfte. 412.000 davon gaben ihre Stimme dem Erdoğan-Lager. Das entsprach zwar tatsächlich einem Wahlergebnis von gut 63 Prozent. Auf alle Wahlberechtigten in Deutschland gerechnet machte das aber nur rund 30 Prozent aus, auf alle Menschen mit türkischen Wurzeln weniger als 15 Prozent.

Der deutsch-türkische Journalist Gökalp Babayiğit kommentierte in der *Süddeutschen Zeitung*, die 412.000 Ja-Sager hätten in Wahrheit »nicht für die autokratische Verfassung in der Türkei gestimmt, sondern gegen Zustände in Deutschland protestiert. Sie sagten Ja zu einem machtpolitischen Vorhaben, das sie kaum betreffen wird, und verstanden ihr Ja als Auflehnung gegen ein Deutschland, von dem sie sich abgelehnt und gegängelt fühlen.« Babayiğit warnte, Überlegungen aus der Union, als Reaktion auf das Ergebnis die Erleichterungen bei der doppelten Staatsbürgerschaft wieder rückgängig zu machen, »gehen in die exakt falsche Richtung. Wenn Erdoğan Gesetze in Deutschland auf den Weg bringen könnte, würde er auf diese und ähnliche Ideen kommen, um die türkische Diaspora noch enger an sich zu binden und den Keil noch tiefer zwischen deutsche Gesellschaft und türkischstämmige Minderheit zu treiben.«[117]

Was in der Debatte um die doppelte Staatsbürgerschaft von deutscher Seite immer wieder gefordert wird: ein klares Bekenntnis zu Deutschland. Der CDU-Politiker Jens Spahn schrieb anlässlich der Demonstration von Erdoğan-Anhängern in Köln kurz nach dem Putschversuch im Juli 2016 im *Tagesspiegel:*

> Wir dürfen erwarten, dass jemand, der Deutscher werden will, klar sagt, wo er steht. Wer den Rechtsstaat will, Grundrechte wie die Presse-, Religions- und Meinungsfreiheit schätzt und unser Land mag, der ist herzlich willkommen, Deutscher zu werden.
> Wessen Herz aber für Erdoğan schlägt, wer findet, dass er die Türkei wieder groß und stolz mache, wer für ihn und seine AKP auf die Straße geht und seine Gegner mundtot zu machen sucht, der sollte das besser in der Türkei tun – und nicht in Köln. Und dem müssen wir eine klare Entscheidung abverlangen.[118]

Tosun sagt, als er bei seiner Einbürgerung 1985 aus der türkischen Staatsbürgerschaft entlassen wurde, habe ihn das zwar traurig gestimmt. Damals seien die beiden Staaten aber befreundet gewesen, der Schritt habe sich daher nicht wie eine Entscheidung gegen eine der beiden Seiten angefühlt. »Es war eher wie die Frage, ob man in Ankara oder Istanbul wohnt«, erinnert er sich. Inzwischen sei das anders. »Heute würde ich es als einen großen Verrat ansehen, meinen türkischen Pass abzugeben.«

Tosun ist 77 Jahre alt, als ich diese Zeilen schreibe, und er hat den Versuch aufgegeben, von der Gesellschaft als Deutscher anerkannt zu werden. Wenn er nach seiner Nationalität gefragt wird, sagt er nicht, dass er Deutscher ist, sondern Türke. »Auf der Integrationsskala gibt es zwei Extreme: Überanpassung und Resignation«, meint er. »Ich habe resigniert, weil ich jetzt zu alt bin und die Bitterkeit und auch Wut in mir arbeiten.« Dennoch haben die Jahrzehnte, in denen er fast wie ein Deutscher unter Deutschen lebte, tiefe Spuren hinterlassen. Auch wenn mein Vater sich als Türke sieht: Die Familie, die er gegründet hat, begreift sich als deutsch. Bei aller Enttäuschung ist Deutschland also – wenn vielleicht auch gezwungenermaßen – doch auch sein Land geworden.

Wie Tosun heute über Deutschland denkt, hängt von seiner Stimmungslage ab. Wenn wir gerade über Politik streiten, ist sein Ärger über das Land zu spüren, in dem er sich nie als gleichwertig akzeptiert gefühlt hat. Wenn die Wut verraucht ist, setzt er sich abends oft mit einem Glas Wein an den Laptop und schickt mir eine E-Mail. Dann klingt er viel versöhnlicher. »Mein Herz schlägt eher für die Türkei«, schrieb mir mein Vater in einer dieser Mails. »Aber frei nach Trump: Turkey first. Aber Germany second! So ohne Weiteres kann ich Deutschland, wo ich so viele Jahre meines Lebens verbracht habe, nicht fallenlassen.« Deshalb empfinde er auch die deutsche Debatte über Loyalität als so schwierig. »Ich identifiziere mich jetzt mehr mit der Türkei«, schrieb er weiter. »Aber das erinnert mich an die Frage: Liebst Du Deine Mutter oder Deinen Vater mehr? Oder an die Frage, welchen seiner beiden Söhne man eher opfern würde. Wenn ein Krieg ausbrechen würde und ich mich entscheiden müsste, auf welcher Seite ich stehe, wäre es wahrscheinlich die Türkei. Aber mit äußerst schwerem Herzen. Früher hätte ich versucht, mich auf keine der beiden Seiten zu stellen. Wenn allerdings beispielsweise ein Krieg zwischen Deutschland und Russland käme, dann würde ich ganz klar auf der Seite Deutschlands stehen. Aber man kann doch Menschen nicht auf der Basis solcher extremen Situationen beurteilen. Moderne Gesellschaften funktionieren nicht so, dass Staaten dauernd gegeneinander in Kriege ziehen. Und soll wirklich all das Gute, das ich anbieten kann, nicht zählen, weil ich mich in so einem extremen Fall für die andere Seite entscheiden würde?«

Tosun ist überzeugt: »Man kann mehrere Länder lieben.« Mein Vater sagt, er selber fühle sich wie in einer »*Ménage-à-Trois*« – was in seinem Fall eine ebenso langjährige wie komplizierte Dreierbeziehung geworden ist. »Ich liebe die Türkei, aber ich liebe auch Deutschland. Die Türkei ein bisschen mehr, aber das heißt eben nicht, dass ich Deutschland nicht liebe«, sagt mein Vater. Zwar schimpfe er manchmal auf Deutschland. »Aber das ist wahrscheinlich aus enttäuschter Liebe.«

RESÜMEE

Kleine Kinder hinterfragen die Herkunft ihrer Eltern nicht. Ich weiß nicht, in welchem Alter mir bewusst wurde, dass mein Vater Türke und damit anders als die Väter meiner deutschen Freunde ist. Ich weiß aber noch, dass ich mich als Jugendlicher für seine Herkunft schämte. Heute schäme ich mich dafür, dass ich jemals so empfunden habe.

Als ich 2013 als Korrespondent in die Türkei kam, dachte ich, das Land würde mich nicht stärker berühren als beispielsweise Afghanistan, womit ich mich in den Jahren davor hauptsächlich beschäftigt hatte. Natürlich gehen einem Land und Leute nahe, und eine besondere Beziehung bleibt. Dennoch schließt man als Auslandskorrespondent mit seinem Berichtsgebiet in gewisser Weise ab, wenn man das letzte Mal das Flugzeug besteigt und abreist. Heute weiß ich, dass die Türkei für mich einen ganz besonderen Stellenwert hat, auch wenn ich mich stets als Deutscher fühlen werde. Die Türkei wird – vor allem wegen meines Vaters – immer ein Teil von mir bleiben.

Deswegen ist die stetige Verschlechterung der deutsch-türkischen Beziehungen auch kein rein politisches Phänomen für mich: Die Auswirkungen finden direkten Niederschlag in unserer Familie. Je schlechter das Verhältnis wird, desto schlechter ist häufig auch die Stimmung beim Abendessen. Jeder Konflikt auf der politischen Ebene birgt die Gefahr eines persönlichen Streits mit meinem Vater, auch wenn Tosun in den vergangenen Jahren in dieser Hinsicht milder geworden ist – und obwohl ich glaube, dass ihn auch unsere vielen Gespräche für dieses Buch zu einer differenzierteren Haltung bewogen haben.

Das trifft auf mich sicherlich ebenfalls zu: Auch ich habe in den Gesprächen mit Tosun und durch meine Arbeit in der Türkei gelernt, die Dinge differenzierter zu betrachten. Die Versuchung ist groß, in Erdoğan den alleinigen Schuldigen für das miserable deutsch-türkische Verhältnis zu sehen. Das greift aber zu kurz: Die EU und allen voran Deutschland sind nicht frei von Verantwortung. Insbesondere gilt das dafür, dass so viele Deutschtürken Anhänger Erdoğans geworden sind – was von vielen Deutschen kritisiert wird, ohne die Gründe dafür zu hinterfragen.

Eigentlich gibt es zur Integration der Deutschtürken aus deutscher Sicht keine Alternative. Denn ansonsten droht ein Teufelskreis: Je stärker die Deutschtürken ausgegrenzt werden, desto anfälliger werden sie für das Werben Erdoğans (oder irgendwann womöglich eines anderen starken Mannes in Ankara). Je stärker wiederum der Einfluss der türkischen Regierung in der Bundesrepublik wird, desto mehr Ablehnung werden die Deutschtürken erfahren. Hinzu kommt: Solange die Deutschtürken sich vor allem als Türken (oder Kurden) fühlen, werden die innertürkischen Konflikte immer auch auf deutschem Boden ausgetragen werden. Eine Ausgrenzung von Minderheiten birgt außerdem immer die Gefahr der Radikalisierung, was sich in Europa seit einigen Jahren besonders die Terrormiliz Islamischer Staat (IS) zunutze macht.

Eine zunehmende Entfremdung zwischen Deutschtürken und der Mehrheitsgesellschaft würde die sozialen Spannungen verschärfen, die im schlimmsten Fall in Gewalt ausarten könnten. Die Konsequenz, die Politiker aus dem rechten Spektrum daraus ziehen, ist allerdings die falsche: Forderungen wie die, unliebsame Türken zurück in die Türkei zu schicken, mögen Wählerstimmen bringen, sind aber wirklichkeitsfremd. Sie verkennen, dass zahlreiche Türken längst auch einen deutschen Pass haben und dass Deutschtürken ein Teil der Gesellschaft geworden sind. Nebenbei stellen die ehemaligen Gastarbeiter inzwischen auch einen bedeutenden Wirtschaftsfaktor dar.

Das Ziel muss daher sein, dass Deutschtürken sich in erster Linie als Deutsche und erst danach als Türken fühlen. Voraussetzung dafür ist, dass ihnen das Gefühl vermittelt wird, gleichwertige Mitglieder der Gesellschaft zu sein. Dabei ist nicht nur die Politik gefragt. Dafür muss es vor allem zu einem Umdenken in der Mehrheitsgesellschaft kommen. Wenn Deutsche mit türkischen Namen die gleichen Chancen auf dem Arbeitsmarkt haben, wenn sie bei der Wohnungssuche nicht mehr diskriminiert werden, wenn sie eines Tages vielleicht sogar nicht mehr dafür gelobt werden, die deutsche Sprache zu beherrschen, kurz: Wenn die Herkunft ihrer Vorfahren irgendwann keine Rolle mehr spielt, dann ist dieses Ziel erreicht. Ein Umdenken muss es aber auch geben bei jenen Deutschtürken, die es sich in der Opferrolle allzu bequem gemacht haben: Wer nur auf Deutschland schimpft, ohne sich aktiv um einen Platz in der Gesellschaft zu bemühen, muss sich nicht darüber wundern, dass er nicht integriert ist.

Deutschland hat sich in Sachen Integration jahrelang zwar langsam, aber doch in die richtige Richtung bewegt. Seit der Verschlechterung der deutsch-türkischen Beziehungen droht die Entwicklung in die entgegengesetzte Richtung zu gehen – sowohl vonseiten vieler Deutschtürken als auch vonseiten der Mehrheitsgesellschaft. Hinzu kommt seit der Flüchtlingskrise eine neue Polarisierung, die in Deutschland vor allem Kräfte aus dem rechten Lager vorantreiben: die zwischen dem christlichen Teil der Bevölkerung und jenen Menschen, die aus muslimischen Ländern wie Syrien oder Tunesien, aber eben auch aus der Türkei stammen.

Diese Polarisierung schadet der deutschen Gesellschaft. Sie nützt vor allem Erdoğan, der die Deutschtürken für seine machtpolitischen Zwecke instrumentalisiert. Die Bundesregierung und die EU wären gut beraten, Ankara im Rahmen einer konsequenteren Türkei-Politik klare Grenzen zu setzen, deren Überschreitung Folgen haben muss. Von Ermahnungen und erhobenen Zeigefingern, das haben die vergangenen Jahre gezeigt, lässt sich Erdoğan nicht beeindrucken: Kompromissbereitschaft wertet er als Zeichen der Schwäche.

Deutschland hat sich lange Zeit förmlich als Prügelknabe angeboten, indem es auf Provokationen aus Ankara im besten Fall mit moralischen Appellen oder im schlimmsten Fall mit Ratlosigkeit reagierte; erst im Sommer 2017 setzte langsam ein Umdenken ein. Bislang ist es Erdoğan stets gelungen, aus Spannungen mit der Bundesrepublik politischen Profit zu schlagen, und zwar sowohl bei den Deutschtürken als auch bei den Wählern in der Türkei. Beim Verfassungsreferendum im April 2016 hat sich dieses Prinzip für ihn besonders bewährt. Ende 2019 stehen Wahlen in der Türkei an, die für Erdoğan von zentraler Bedeutung sind. Folgt der Präsident seinem bisherigen Wahlkampfmuster, wird er wieder ein Feindbild benötigen.

Tosuns deutschlandkritische Haltung habe ich lange Zeit als schrullig abgetan, als eine aus Frustration geborene Marotte eines alternden Mannes, der damit das Familienklima stört. Dieses Buch war auch der Versuch, meinen Vater besser zu verstehen. Heute kann ich nachvollziehen, woher seine Gefühle rühren. Die Gespräche mit ihm in unseren jeweiligen Wohnzimmern, in Cafés, in Restaurants und bei Spaziergängen waren gelegentlich streitbar, viel häufiger aber waren sie erhellend und erheiternd – Tosun kann auch bei ernsten Themen sehr lustig sein. Bisweilen waren die Gespräche über seine Versuche, Deutscher zu werden, auch schmerzhaft: Es tut weh, wenn der eigene Vater eingesteht, dass er mit einem Lebensprojekt gescheitert ist. Eine seiner Aussagen hat mich besonders berührt. Nach meiner Rückkehr vom Besuch bei seiner Schwester Ertem in den USA erzählte ich ihm, dass deren Sohn – mein Cousin Orhan – seine türkischen Wurzeln für nicht mehr als eine Fußnote hält. Tosun sorgt sich besonders darum, dass seine Enkelin, meine Tochter Mia, eines Tages unter einer zunehmenden Türkenfeindlichkeit in Deutschland leiden könnte. Er schickte mir eine E-Mail, in der er schrieb: »Ich hoffe, dass der türkische Opa für Mia irgendwann auch nur noch eine Fußnote sein wird.«

DANKSAGUNG

Einem Nachrichtenagentur-Journalisten stellt sich eher selten die Frage, ob das Thema, über das er gerade schreibt, von Bedeutung ist: Wäre darin keine Nachricht enthalten, würde er nicht berichten. Das Verfassen eines Buches ist – zumindest nach meiner Erfahrung – ein Prozess, der von deutlich mehr Selbstzweifeln geprägt ist. Umso dankbarer bin ich jenen Menschen, die an dieses Projekt geglaubt und es damit erst ermöglicht haben: meinem Agenten Alexander Simon, dem Leiter des Blessing Verlags, Holger Kuntze, und meinem Lektor Edgar Bracht.

Als Lektor des Blessing Verlags hat Edgar Bracht das Manuskript wesentlich verbessert und dabei das Kunststück vollbracht, behutsam vorzugehen. Martin Bialecki, Jochen Buchsteiner, Marc Gegenfurtner, Irmi Kern und Mike Szymanski haben ihre knappe Zeit dafür geopfert, das Manuskript zu lesen und wertvolle Anregungen zu geben.

Viele Erfahrungen, die in dieses Buch geflossen sind, konnte ich nur als Auslandskorrespondent sammeln. Ich glaube, dass es kaum spannendere Jobs gibt, und ich empfinde diesen Beruf als ein Privileg. Dass ich ihn ausüben darf, verdanke ich meinem Arbeitgeber, der Deutschen Presse-Agentur. Meinungen in diesem Buch sind selbstverständlich keine der dpa, sondern meine eigenen.

Die Arbeit als Türkeikorrespondent lässt in diesen bewegten Zeiten wenig Raum für andere Beschäftigungen. Dieses Buch ist in der Freizeit entstanden, in Urlauben und an zahllosen Wochenenden. Das ging zulasten meiner Familie, die mir mit unendlicher Geduld und Liebe zur Seite stand. Danke, Cordula, Mia und Leo, dass ihr mich in dieser Zeit klaglos ertragen habt. Nicht nur für diese Zeit gilt: Was für ein Glück, dass ich euch habe! Ich wünschte mir, mein Bruder Kenan hätte dieses Buch noch lesen können. Er ist leider viel zu früh gestorben.

Mein besonderer Dank gebührt meinen Eltern, Maria und Tosun. Dafür, dass sie mir erlaubt haben, über ihr Leben zu schreiben. Vor allem aber für ihre bedingungslose Unterstützung und für ihre grenzenlose Liebe.

ANMERKUNGEN

1. Der Offizier ist ein Einzelfall und steht nicht stellvertretend für die Bundeswehr, die mich in Afghanistan etliche Male freundlich aufgenommen hat. Ich habe unter den Soldaten, für die ich bei diesen Besuchen viel Respekt entwickelt habe, nicht mehr oder weniger Rassismus beobachtet als im Rest der Gesellschaft.
2. *Die Zeit:* Wie man in Deutschland fremd ist, 25. März 2004, http://www.zeit.de/2004/14/Leben_in_Deutschland_2fFremd_sein/komplettansicht
3. Türkischer Honig ist weißer Nougat und wird (fälschlicherweise) oft als Synonym für die türkische Süßigkeit Lokum verwendet
4. Propaganda And War – The Allied Front During The First World War, Katalog zur Ausstellung in Istanbul 2014, ISBN 978-075-6959-92-3
5. Jürgen Gottschlich: Beihilfe zum Völkermord: Deutschlands Rolle bei der Vernichtung der Armenier, Ch. Links Verlag, ISBN 978-3861538172
6. Siehe Magisterarbeit von Müge Arslan: Die Lexeme »heimatlos« und »Heimatlosigkeit« im Deutschen und im Türkischen: Ein Beitrag zur Semantik, Lexikologie, Soziolinguistik und Literaturwissenschaft. http://www.openaccess.hacettepe.edu.tr:8080/xmlui/bitstream/handle/11655/1186/e496674b-e76c-46f8-808b-5c013713d981.pdf?sequence=1
7. Fritz Neumark: Zuflucht am Bosporus, Knecht Verlag 1980, ISBN 978-3782004435
8. Originaldokument als PDF: https://www.bundesregierung.de/Content/DE/Artikel/IB/Anlagen/2011-09-28-richtlinien-anwerbeabkommen-1962.pdf;jsessionid=17CD9977F87D1C253A5C1FB972F72DB9.s4t2?__blob=publicationFile&v=2
9. *Rheinische Post:* 50 Jahre Gastarbeiter aus der Türkei, 24. Oktober 2011: http://www.rp-online.de/panorama/deutschland/50-jahre-gastarbeiter-aus-der-tuerkei-aid-1.2525749

10 Bundeszentrale für Politische Bildung: »Von der Fremde zur Heimat«, http://www.bpb.de/geschichte/deutsche-geschichte/anwerbeabkommen/43161/von-der-fremde-zur-heimat
11 http://www.zeit.de/1982/05/was-tun-mit-den-tuerken/komplettansicht
12 PDF des Abkommens mit Anlage: http://www.bpb.de/system/files/pdf/ONE7ZC.pdf
13 http://www.bpb.de/cache/images/4/43274-1x2-galerie.jpg?8F829
14 Migrationsbericht 2015 der Bundesregierung (Seite 162)
15 http://www.spiegel.de/spiegel/print/d-43801107.html
16 http://www.bpb.de/geschichte/deutsche-geschichte/anwerbeabkommen/43270/anwerbestopp-1973
17 *Spiegel*-Artikel als PDF: http://magazin.spiegel.de/EpubDelivery/spiegel/pdf/46175674
18 Eberhard Sander (Hrsg.): Alles ändert sich und bleibt wie's immer war – 50 Jahre Maßmannplatz, Utz-Verlag München, 1999, ISBN 3-89675-036-4, http://www.utzverlag.de/buecher/31036all.pdf
19 Ebd.
20 Heute leben in dem Wohnheim nur noch Studenten, und es gibt nur noch Einzelzimmer. http://www.massmannplatz.de/
21 Vgl. Urteil des Bundesverfassungsgerichts vom 22. Februar 2011, http://www.bundesverfassungsgericht.de/SharedDocs/Entscheidungen/DE/2011/02/rk20110222_1bvr040909.html
22 Vgl. http://www.spiegel.de/spiegel/spiegelgeschichte/d-70747526.html
23 Mehr zu »Honest John«: http://weaponsystems.net/weaponsystem/DD06%20-%20MGR-1%20Honest%20John.html
24 http://www.merhaba-usmilitary.com/1WRIGHTDindex.html
25 Holger Schmale: »Die Insel der Glücklichen«, *Berliner Zeitung*, 23. Mai 2009, http://www.berliner-zeitung.de/west-berlin-war-zu-zeiten-der-teilung-etwas-besonderes---einwohner-bekamen-behelfsmaessige-ausweise-und-durften-den-bundestag-nicht-waehlen--die-insel-der-gluecklichen--15883548
26 Rede Kennedys: http://www.berlin.de/berlin-im-ueberblick/geschichte/artikel.453085.php
27 Mir kam der Betrag so absurd hoch vor, dass ich Marias Erinnerung in Zweifel zog – zu Unrecht, mea culpa. Der Röhrenradio-Experte

Michael Krämer, der die Internetseite http://www.radiosammlung.de/ betreibt, versichert, der Preis sei damals durchaus realistisch gewesen. Er schreibt mir: »Es waren ja wirklich hochwertige Röhrenradios, und die Preise für ein Gerät mit etwas mehr Ausstattung lagen wirklich oft in diesen Bereichen. Musiktruhen sogar bis teilweise 2000 DM. Darum wurden früher oft solche Radios zur Hochzeit oder ähnlichen Anlässen verschenkt.«

[28] http://www.spiegel.de/spiegel/print/d-41955159.html
[29] http://www.zeit.de/1976/17/tore-zu-die-tuerken-kommen/komplettansicht
[30] https://www.destatis.de/DE/Publikationen/Datenreport/Downloads/Datenreport2016Kap7.pdf?__blob=publicationFile
[31] Das rechte (Un)Recht, Ein erstes A-Z des Rechts und seiner »Gelehrten« im Nationalsozialismus und ihr Fortwirken in der Gegenwart, S. 43, http://kritjur.spline.de/wp-content/uploads/2015/05/Reader_web.pdf
[32] Der Leitfaden ist unter anderem hier dokumentiert: http://www.zeit.de/online/2006/02/gesinnungstest/komplettansicht
[33] https://www.bundesregierung.de/Webs/Breg/DE/Bundesregierung/BeauftragtefuerIntegration/Staatsangehoerigkeit/verlust Staatsangehoerigk/_node.html
[34] Grundgesetz: http://www.gesetze-im-internet.de/bundesrecht/gg/gesamt.pdf
[35] §25 Reichs- und Staatsangehörigkeitsgesetz bis zur Reform am 1. Januar 2000, http://www.documentarchiv.de/ksr/1913/reichs-staatsangehoerigkeitsgesetz.html
[36] §25 Staatsangehörigkeitsgesetz, https://www.gesetze-im-internet.de/rustag/__25.html
[37] Vgl. FAZ vom 7. Februar 2005, http://www.faz.net/aktuell/politik/inland/staatsangehoerigkeit-48-000-tuerkischstaemmige-mit-zwei-paessen-1210132.html
[38] Charles King: Midnight at the Pera Palace: The Birth of Modern Istanbul, November 2015, ISBN 978-0-393-35186-6
[39] Die Türkei führte verpflichtende Nachnamen erst 1934 ein, İsmail war der Erste aus der Familie, der Merey hieß. Wie die Wahl des Namens –

der in der Türkei eher selten, dafür aber beispielsweise in Ungarn verbreitet ist – zustande kam, ist leider nicht überliefert. Verbindungen früherer Generationen der Familie nach Ungarn sind nicht bekannt. Mit der Reform 1934 bekam Präsident Mustafa Kemal von der Nationalversammlung in Ankara den Nachnamen Atatürk verliehen.

40 Broschüre »Einwanderungsland Deutschland« der Migrationsbeauftragten der Bundesregierung: https://www.bundesregierung.de/Content/Infomaterial/BPA/IB/Einwanderungsland%20Deutschland.pdf?__blob=publicationFile&v=4

41 Die AfD ist beispielsweise davon überzeugt: »Deutschland ist aufgrund seiner geografischen Lage, seiner Geschichte, Bevölkerung und dichten Besiedelung kein klassisches Einwanderungsland.« https://www.alternativefuer.de/wp-content/uploads/sites/7/2016/07/2016-06-20_afd-kurzfassung_grundsatzprogramm_webversion.pdf

42 US-Angaben: https://factfinder.census.gov/faces/tableservices/jsf/pages/productview.xhtml?pid=ACS_11_1YR_B04006&prodType=table

43 DCA: https://diyanetamerica.org/about-us/what-is-dca/

44 http://www.ditib.de/default.php?id=5&lang=de

45 Gespräch bei Diyanet am 18. Januar 2017

46 http://www.pi-news.net/2014/05/Erdoğan-beschimpft-gruenen-super-tuerken-cem-oezdemir-bundesregierung-sauer/

47 https://twitter.com/Besser_Deniz/status/643695358036606976

48 Verfassungsschutzbericht 2016: https://www.bmi.bund.de/SharedDocs/Downloads/DE/Broschueren/2017/vsb-2016.pdf?__blob=publicationFile

49 Interview der Sender WDR und NDR mit Bayık im nordirakischen Kandil, ausgestrahlt am 9. April 2015

50 Interview mit Leyla İmret für dpa in Diyarbakır am 12. Oktober 2016

51 Studie »Diskriminierung am Ausbildungsmarkt« http://www.svr-migration.de/wp-content/uploads/2014/11/SVR-FB_Diskriminierung-am-Ausbildungsmarkt.pdf

52 Discrimination against Female Migrants wearing Headscarve: http://ftp.iza.org/dp10217.pdf

53 https://www.hanna-und-ismail.de/

54 Allgemeines Gleichbehandlungsgesetz: https://www.gesetze-im-internet.de/agg/
55 http://www.zeit.de/1976/17/tore-zu-die-tuerken-kommen
56 http://www.spiegel.de/politik/deutschland/kohl-wollte-jeden-zweiten-tuerken-in-deutschland-loswerden-a-914318.html
57 http://www.spiegel.de/spiegel/print/d-13511842.html
58 Günter Wallraff: Ganz unten, KiWi-Taschenbuch, ISBN: 9783462019247
59 dpa-Chronologien vom 21. August 2012 und 29. Mai 2013
60 *TAZ* vom 10. Juni 1998
61 http://www.unwortdesjahres.net/index.php?id=33
62 http://dip21.bundestag.de/dip21/btd/12/040/1204045.pdf
63 Vgl. Rainer Hermann: Where is Turkey Headed? Culture Battles in Turkey, Blue Dome Press 2014
64 http://www.taz.de/!5103673/
65 http://www.spiegel.de/spiegel/print/d-138493571.html
66 Angaben der Deutsch-Türkischen Handelskammer: http://www.td-ihk.de/deutschland
67 WISO Diskurs der Friedrich-Ebert-Stiftung: Zur Rolle der Medien in der Einwanderungsgesellschaft, August 2010 http://library.fes.de/pdf-files/wiso/07394-20100820.pdf
68 https://www.bundesregierung.de/Content/DE/Archiv16/Artikel/2007/07/Anlage/2007-08-30-nationaler-integrationsplan.pdf?__blob=publicationFile&v=1
69 http://www.neuemedienmacher.de/ueber-uns/standpunkte/
70 http://www.zeit.de/2017/09/welt-korrespondent-deniz-yuecel-tuerkei-objektivitaet
71 http://www.faz.net/aktuell/politik/ausland/kommentar-einmal-tuerke-immer-tuerke-14885078.html (Online trug der Kommentar die Überschrift »Einmal Türke, immer Türke?«, in der Printversion »Für immer Türke«)
72 http://www.zeit.de/2017/09/welt-korrespondent-deniz-yuecel-tuerkei-objektivitaet/komplettansicht
73 http://www.faz.net/aktuell/politik/ausland/debatte-ueber-martens-kommentar-bloss-nicht-pakistan-14896384.html

[74] http://www.faz.net/aktuell/politik/ausland/ein-journalist-mit-tuerkischen-wurzeln-berichtet-14896393.html
[75] Hasnain Kazim: Grünkohl und Curry: Die Geschichte einer Einwanderung, dtv 2011, ISBN 978-3423247399
[76] Alle Zitate aus sozialen Medien in den folgenden Kapiteln habe ich im Original gelassen, inklusive Rechtschreib- und Zeichensetzungsfehlern
[77] Zu seinen Schriftwechseln mit Karlheinz S. und anderen Lesern erscheint im Mai 2018 im Penguin Verlag ein Buch von Hasnain Kazim: »Post von Karlheinz. Wütende Mails von richtigen Deutschen – und was ich ihnen antworte«
[78] https://www.pi-news.net/2016/06/spiegel-reporter-deutschland-den-migranten/
[79] Name geändert
[80] http://www.sueddeutsche.de/digital/soziale-medien-sieben-dinge-die-ich-in-der-rechten-facebook-echokammer-gelernt-habe-1.3581195
[81] https://www.mzw-widerstand.com/politik/asylanten-bekommen-flirtkurs/
[82] https://politikstube.com/asylbewerber-kocht-seine-stieftochter/
[83] https://www.welt.de/politik/deutschland/article156842593/Kopftuch-tragende-Muslimin-brutal-niedergeschlagen.html
[84] »Die afghanische Misere« – Warum der Westen am Hindukusch zu scheitern droht, Wiley-VCH Verlag 2008, ISBN 978-3527504084
[85] https://www.welt.de/politik/deutschland/article160655659/Fast-1000-Anschlaege-auf-Fluechtlingsheime-im-Jahr-2016.html
[86] http://www.taz.de/!5258962/
[87] http://www.rbb-online.de/politik/beitrag/2016/08/zentralrat-der-muslime-kritisiert--burkaisierung--der-innenpolit.html
[88] http://mediendienst-integration.de/artikel/mehr-vielfalt-als-weg-zur-integration.html
[89] Rainer Geißler: Die Sozialstruktur Deutschlands, Verlag Springer VS, ISBN 978-3531186290
[90] »Integration und Religion aus Sicht von Türkeistämmigen in Deutschland«. Repräsentative Erhebung von TNS Emnid im Auftrag des Exzellenzclusters »Religion und Politik« der Universität Münster,

https://www.uni-muenster.de/imperia/md/content/religion_und_politik/aktuelles/2016/06_2016/studie_integration_und_religion_aus_sicht_t__rkeist__mmiger.pdf

91 http://www.zeit.de/2017/09/welt-korrespondent-deniz-yuecel-tuerkei-objektivitaet/komplettansicht

92 http://www.taz.de/!5388412/

93 Schröder-Laudatio: https://www.bundesregierung.de/Content/DE/Bulletin/2001_2007/2004/88-2_Schr%C3%B6der.html;jsessionid=C63D33923A9731A03F948DE601D7C052.s4t1

94 *Süddeutsche Zeitung* vom 19. Oktober 2017

95 http://www.taz.de/!5385984/

96 Schröder-Ansprache: https://www.bundesregierung.de/Content/DE/Bulletin/2001_2007/2005/11/89-2_Schroeder.html;jsessionid=DE279C27849A63DE4D825B3E19CE8B2F.s39t2

97 http://www.spiegel.de/politik/ausland/recep-tayyip-erdogan-kein-kulturkampf-in-deutschland-gastbeitrag-von-maas-und-gabriel-a-1164041.html

98 *Tagesanzeiger* vom 30. Mai 2017: http://www.tagesanzeiger.ch/ausland/europa/der-islam-passt-nicht-zu-unseren-werten/story/13017601

99 Gespräch Boduroğlus mit dpa am

100 Statement Gabriel: http://www.auswaertiges-amt.de/DE/Infoservice/Presse/Meldungen/2017/170720-BM_Pressestatement_TUR.html?nn=336378

101 https://www.dailysabah.com/columns/İbrahim-Kalın/2017/07/25/turkey-germany-europe-quo-vadis

102 Kommentar in Daily Sabah: https://www.dailysabah.com/columns/beril-dedeoglu/2017/07/25/who-benefits-from-tension-turkey-or-germany

103 Begründung der Jury: http://www.unwortdesjahres.net/index.php?id=43

104 http://www.zeit.de/2015/44/nsu-prozess-wut

105 Welt-Bericht: https://www.welt.de/politik/ausland/article156078534/Herero-Stamm-empoert-sich-ueber-Armenien-Resolution.html

106 Brief Erdoğans: http://www.mfa.gov.tr/data/DISPOLITIKA/text-of-the-letter-of-h_e_-prime-minister-recep-tayyip-Erdoğan-addressed-to-h_e_-robert-kocharian.pdf

[107] Sargsjan-Interview in *Hürriyet*: http://www.hurriyetdailynews.com/armenia-ready-for-normalization-of-ties-president-sargsyan-says.aspx?pageID=238&nID=81490&NewsCatID=510

[108] http://www.jetzt.de/fernsehen/was-boehmermanns-gedicht-ausloest

[109] Bericht des Bundesamtes für Verfassungsschutz 2016: https://www.bmi.bund.de/SharedDocs/Downloads/DE/Broschueren/2017/vsb-2016.pdf?__blob=publicationFile

[110] http://www.atlanticcouncil.org/blogs/menasource/the-ypg-pkk-connection

[111] http://www.spiegel.de/politik/ausland/tuerkei-putschversuch-laut-bnd-chef-wohl-nur-vorwand-fuer-radikalen-kurs-erdogans-a-1139271.html

[112] Blog von Nikolaus Fest: http://nicolaus-fest.de/menschenwuerde-und-logikbrueche/

[113] Artikel in *Foreign Policy:* http://foreignpolicy.com/2017/04/27/germany-is-getting-too-arrogant-merkel/?utm_content=bufferfd5c6&utm_medium=social&utm_source=facebook.com&utm_campaign=buffer

[114] Nach dem Zensus 2011 hatten 530.000 Menschen in Deutschland neben der deutschen auch die türkische Staatsbürgerschaft. Verlässliche Zahlen gibt es nicht, weil die türkischen Konsulate keine Informationen darüber weitergeben, wer die türkische Staatsbürgerschaft nach einem Austritt wieder angenommen hat.

[115] Voraussetzung ist, dass ein Elternteil seit mindestens acht Jahren rechtmäßig in Deutschland lebt und zum Zeitpunkt der Geburt ein unbefristetes Aufenthaltsrecht besitzt.

[116] http://www.bmi.bund.de/DE/Themen/Migration-Integration/Optionspflicht/optionspflicht_node.html

[117] http://www.sueddeutsche.de/politik/deutschtuerken-auflehnung-gegen-ablehnung-1.3467498

[118] http://www.tagesspiegel.de/politik/jens-spahn-ueber-tuerken-in-deutschland-unser-praesident-heisst-gauck-nicht-erdogan/13942424.html

PERSONENREGISTER

Albayrak, Berat 267f.
Atai, Golineh 178
Atalay, Pinar 178
Atatürk, Mustafa Kemal 20, 104, 107f., 116f., 137, 246, 292, 295, 314

Babayiğit, Gökalp 299
BayIk, Cemil 134
Beckman, Robert (Bob) 118ff.
Beckman (geb. Merey), Ertem 63, 115ff., 307
Beckman, Orhan 116ff., 126
Boduroğlu, Murat 270
Bozay, Mehmet Kemal 253
Böhmermann, Jan 216, 278
Brill, Klaus 40, 66

Cameron, David 250
Cavusoğlu, Mevlüt 273
Chomeini, Ajatollah Ruhollah 74, 76

Daimagüler, Mehmet 161, 275
Demircan, Ozan 174

Erdmann, Martin 253
Erdoğan, Recep Tayyip 10f., 101, 104, 106f., 131ff., 159, 172, 182, 191, 208, 216, 218, 227, 245, 247–249

Fest, Nikolaus 288

Gabriel, Sigmar 264, 271ff.
Gauland, Alexander 186, 188, 266
Gasset, Ortega y 40
Geißler, Rainer 166, 225f.
Giese, Daniel 185f.
Gottschlich, Jürgen 20, 252
Görmez, Mehmet 262f., 283
Gott, Karel 176
Günaydın, Süleyman 104f.
Güngör, Baha 171, 175ff.
Gülen, Fethullah 260ff., 281ff., 292

Hampel, Armin Paul 197–212
Hayali, Dunja 178, 223
Heinzle, Christoph 197
Herlyn, Wilm 168
Heuss, Theodor 24f.
Hitler, Adolf 20, 44, 151, 185, 278, 292, 295
Höcke, Björn 207
Hurtz, Simon 190

İmret, Leyla 133

Kahl, Bruno 282
Kalın, İbrahim 263, 272
Kahraman, İsmail 260
Karayılan, Murat 279
Kazim, Hasnain 180ff., 190, 244
Kıyak, Mely 184

Kılıçdaroğlu, Kemal 264
King, Martin Luther 118
Kocabıyık, Hüseyin 266
Kohl, Helmut 145f., 158, 176
Kohl, Peter 146
Kontny, Oliver 246
Kotscharjan, Robert 276

Lammert, Norbert 275

Maas, Heiko 264
Maizière, Thomas de 223f., 228
Martens, Michael 171f., 174f.
Mau, Hermann 36
Maunz, Theodor 84
Mazyek, Aiman 224
Mehmet VI., Sultan 104
Merkel, Angela 215, 227f., 250,
  252f., 265, 277f.
Merey, Bedia 110
Merey, Ertem (siehe Beckman)
Merey, İsmail Hakkı 101
Merey, Mustafa Nejdet 108
Merey, Uğur 110
Mette, Til 284
Molière 109
Moreno, Juan 161
Muinjangue, Esther 276
Müller, Rainer 190–196

Neumark, Fritz 21f.

Ohnesorg, Benno 161
O'Neill, Eugene 41
Özdemir, Cem 131ff.
Özer, Yusuf Zia 16f.

Pahlavi, Schah Reza 73
Pamuk, Orhan 11
Pöttker, Horst 225
Puschkin, Alexander 41

Reuter, Ernst 20
Rodrigues, Armando Sá 29f.
Rose, Charlie 178

Sargsjan, Sersch 277
Sarıkaya, Fatih 213ff.
Sarkozy, Nicolas 252
Sarrazin, Thilo 287
Scholl, Mehmet 137
Schröder, Gerhard 249ff., 263
Sirin, Mitri 178
Sopp, Hellmut 33
Spahn, Jens 299
Steudtner, Peter 270, 273
Struck, Peter 198
Szymanski, Mike 228, 309

Tanrıverdi, Hakan 278
Tolu, Meşale 152, 269, 271
Topçu, Özlem 132, 167, 172, 174,
  243

Victoria, Kronprinzessin von
  Schweden 213, 219

Wallraff, Günter 150ff., 156
Washington, George 120
Weiß, Hermann 36f.

Yeneroğlu, Mustafa 261
Yücel, Deniz 132, 171f., 174, 268ff.